ars vivendi

Thilo und Jan Castner

Der Städte-Verführer Metropolregion Nürnberg

40 Touren für Entdecker

Ein ars vivendi Freizeitführer

Neben neuen und noch unveröffentlichten Touren versammelt dieser Band auch überarbeitete und aktualisierte Beiträge aus folgenden *ars vivendi* Freizeitführern:
Der Großstadt-Verführer Franken
Der Kleinstadt-Verführer Franken (1 und 2)

Bei der Realisierung dieses Buches ließen wir größtmögliche Sorgfalt walten. Falls dennoch Informationen falsch oder inzwischen überholt sein sollten, bedauern wir dies, können aber auf keinen Fall eine Haftung übernehmen.

Erste Auflage Oktober 2015

www.arsvivendi.com

Lektorat: Magdalena Haid
Korrektorat: Eva Elisabeth Wagner
Umschlaggestaltung: ars vivendi verlag
Umschlagfotografien: o. l. (Tirschenreuth) marleym/fotolia; o. r. (Bamberg) Joachim Opelka/fotolia; u. l. (Nürnberg) tempic/istock; u. r. (Dinkelsbühl) Ingrid Wenzel.
Karte und Factsheet: Metropolregion Nürnberg
Lithografie: Repro-Studio Harald Schmidt
Satz: ars vivendi verlag
Druck: Werbedruck GmbH Horst Schreckhase, Spangenberg
Printed in Germany

ISBN 978-3-86913-595-3

Inhalt

Vorwort

Liebe Leserinnen und Leser,

die Metropolregion Nürnberg feiert in diesem Jahr ihren zehnten Geburtstag. Vor zehn Jahren taten sich Oberbürgermeister, Bürgermeister und Landräte zusammen, um die Region auf der internationalen Landkarte sichtbar zu machen. Ich danke dem ars vivendi verlag, dass er aus diesem Anlass den *Städte-Verführer Metropolregion Nürnberg* herausbringt.

Wir feiern den zehnten Geburtstag der Metropolregion unter dem Motto »Ein Hoch aufs Hier«. Und das Hier, das schreiben wir besonders groß – weil uns bewusst ist, dass wir in einer der schönsten Regionen Deutschlands leben!

Es geht übrigens auch unseren Bürgerinnen und Bürgern so – eine aktuelle Umfrage hat ergeben, dass 96 Prozent gerne in der Metropolregion leben.

Warum das so ist – in diesem Freizeitführer finden sich jede Menge Beweise dafür! Unsere Städte in der Metropolregion sind allesamt Juwelen.

Lassen Sie sich von diesem Buch verführen, fahren Sie in unsere Städte, bummeln Sie durch die Straßen und Gassen und erfahren Sie, welche Fülle an erstaunlichen Fundstücken sie bereithalten.

Dieser Band kann da natürlich nur eine Auswahl bieten. Sehen Sie ihn daher wirklich als einen »Verführer« im besten Sinn, der Sie dazu bringt, auf eigene Faust loszuziehen und die Schönheiten unserer Städte und Gemeinden zu erkunden.

Ich wünsche Ihnen viel Freude und tolle Erlebnisse mit dem *Städte-Verführer Metropolregion Nürnberg*.

Armin Kroder
Ratsvorsitzender der Metropolregion Nürnberg
Landrat des Landkreises Nürnberger Land

Vorwort der Verfasser

Die am 28. April 2005 aus der Taufe gehobene Europäische Metropolregion Nürnberg (EMN) ist voller einzigartiger städtebaulicher Perlen. In den insgesamt 23 Landkreisen und elf kreisfreien Städten gibt es eine schier unübersehbare Zahl von schmucken Bürgerhäusern, anheimelnden Gärten und Parkanlagen, prunkvollen Kirchen, interessanten Museen, stattlichen Rathäusern, grandiosen Marktplätzen, malerischen Schlössern und trutzigen Burgen. Natürlich kennt man Vorzeigestädte wie Nürnberg mit Christkindlesmarkt und Germanischem Nationalmuseum, Rothenburg ob der Tauber mit seiner gut erhaltenen mittelalterlichen Altstadt oder die mit dem Prädikat »Weltkulturerbe« ausgezeichnete Domstadt Bamberg. Doch zahllose weitere Sehenswürdigkeiten, nicht zuletzt auch in den kleineren Städten, sind Besuchern wie auch vielen Bewohnern der Region völlig unbekannt. Sie ahnen nicht, welch großartige Kunst- und Kulturwerke zwischen dem thüringischen Sonneberg im Norden und Weißenburg im Süden zu finden sind.

Das Anliegen dieses Buches ist es, die Leserinnen und Leser an die Hand zu nehmen und auf ausführlich beschriebenen Rundgängen zu einigen der schönsten architektonischen Highlights zu führen. Alle Städte sind mit öffentlichen Verkehrsmitteln erreichbar, aber auch die Autofahrer werden informiert, wo sie günstig parken können und wie sie zum Ausgangspunkt der Rundgänge (zurück)finden.

Freundlicherweise haben die Touristikämter vor Ort die Rundgänge sorgfältig überprüft und etwaige Fehler sowie kleinere Ungenauigkeiten ausgemerzt. Natürlich können vor allem in den größeren Städten innerhalb weniger Stunden oder gar eines gesamten Tagesausflugs nicht alle Sehenswürdigkeiten vorgestellt werden, aber die dabei gewonnenen Impressionen dürften ja durchaus Verlockung genug sein, ein zweites Mal zu kommen und die Eindrücke des ersten Besuchs zu vertiefen.

Franken gleiche einem »Zauberschrank – immer neue Schubfächer tun sich auf und zeigen bunte, glänzende Kleinodien, und das hat kein Ende«, so der deutsche Lyriker und Dramatiker Karl Immermann 1837 in seiner *Fränkischen Reise*. An dieser Einschätzung hat sich bis heute nichts geändert, und Immermanns Lob auf Franken trifft in gleichem

Maße auch auf die Oberpfalz zu: Weiden, Neumarkt, Sulzbach-Rosenberg oder Amberg sind ebenso voller glänzender Kleinodien wie das fränkische Bamberg, Schwabach oder Lauf – und natürlich auch Sonneberg in Thüringen. Dass der geneigte Leser (und Ausflügler) diese Kleinodien in der Metropolregion Nürnberg kennen und erleben möge, dazu möchte dieses Buch gern seinen bescheidenen Teil beitragen.

Thilo und Jan Castner

1 Sonneberg
Die einstige Weltspielwarenstadt

Ort:

Stadt im gleichnamigen Landkreis im südlichen Thüringen. Rund 23 000 Einwohner.

Geschichte:

Besiedlungen im Raum Sonneberg bereits im 9./10. Jahrhundert. Erste urkundliche Erwähnung 1207. Bis 1317 bestimmen die Herren zu Sonneberg, Ministeriale der Herzöge von Andechs-Meran, danach die Grafen von Henneberg und 1353 die Wettiner. 1349 Stadtrecht, 1526 Einführung der Reformation. Ab Beginn des 16. Jahrhunderts Zugehörigkeit zum Herzogtum Coburg, ab 1826 zu Sachsen-Meiningen. 1840 Stadtbrand zerstört Marktplatz und einen Großteil des damaligen Zentrums. Im Laufe des 19. Jahrhunderts wird Herstellung von Spielzeug zum dominierenden Erwerbszweig, begünstigt durch den Bahnanschluss 1858 nach Coburg . Um 1913 Geltung als »Weltspielwarenstadt« – 20 Prozent der weltweit hergestellten Spielwaren in dieser Zeit kommen von hier.

Sehenswürdigkeiten:

Marktplatz mit Altem Rathaus. Neues Rathaus am Bahnhofsplatz. Stadtkirche St. Peter. Katholische Kirche St. Stefan. Etliche repräsentative Geschäftshäuser. Deutsches Spielzeugmuseum. Astronomie-Museum der Sternwarte. Meeresaquarium-Exotarium Nautiland.

Dauer des Rundgangs:

Mit Besuch des Spielzeugmuseums und des Meeresaquariums, aber ohne Einkehr, rund 3–4 Std.

Anfahrt:

ÖPNV: Von Nürnberg direkt mit RE zum Hbf. Sonneberg. *Kfz*: Von Nürnberg A 73 bis Ausfahrt 8 »Neustadt bei Coburg«, weiter auf B 4, Coburger Str. und Lindenstr., rechts abbiegen in Bahnhofstr., nach der Kurve weiter auf Sonneberger Str. und anschließender Neustädter Str., beim Kreisverkehr rechts zum Parkplatz am Hbf.

Geprägt wurde Sonneberg vor allem durch die jahrzehntelange Produktion von Spielwaren. Für das Jahr 1899 sind 2 395 Betriebe nachgewiesen, vorrangig Klein- und Kleinstbetriebe, in denen Spielzeug hergestellt wurde, vielfach in Heimarbeit. Oftmals verfügte die Familie lediglich über einen Raum, genutzt als Wohn-, Schlaf- und Arbeitszimmer – die sozialen Verhältnisse waren entsprechend deprimierend. Nutznießer der Heimarbeiter waren die Händler, die florierende Umsätze zu verzeichnen hatten. Auch die Stadt profitierte davon. 1901 entstand das Deutsche Spielzeugmuseum, kurz danach der neue Hauptbahnhof, 1928 das Neue Rathaus. Während des Ersten Weltkriegs brachen die Umsätze zwar ein, in den 1920er-Jahren kam es aber zu einem kurzen Aufschwung. Der günstige Dollar-Kurs zur Reichsmark bescherte amerikanischen Einkäufern optimale Gewinne, und so konnten die US-Firmen Halbourn, Woolworth und Kresge spektakuläre Warenhäuser errichten.

Im Verlauf des Zweiten Weltkriegs brachen die Umsätze erneut ein – gegenwärtig spielt die Herstellung von Spielzeug in Sonneberg kaum noch eine Rolle. Einen umfassenden Einblick in die Geschichte der Spielwarenproduktion bietet das Deutsche Spielzeugmuseum, dort werden wir uns während des Rundgangs näher umschauen.

Vom Bahnhofs- zum Juttaplatz

Wir verlassen den Sonneberger Bahnhof. Sofort fällt der Blick auf das gegenüberliegende Neue Rathaus. Der neuklassizistische Prachtbau, überragt vom 45 Meter hohen Mittelturm, entstand 1928; er lässt erahnen, wie sehr die Stadt von der günstigen wirtschaftlichen Lage in jenen Jahren profitiert hat. Nicht minder imposant ist das von der amerikanischen Firma Halbourn errichtete sechsstöckige Handelshaus linker Hand, das 1926 von der AOK übernommen und zum heutigen Erscheinungsbild umgebaut wurde. Noch eindrucksvoller muss das ehemalige Woolworth-Kaufhaus gewesen sein, das rechts neben dem Rathaus stand und im April 1945 von US-Truppen beschossen und in Brand gesetzt wurde.

Nun gehen wir weiter auf der Bahnhofstraße Richtung Altstadt, wobei wir uns an dem Faltblatt »Historische Meile« orientieren, erhältlich in der Tourist-Information am Bahnhofsplatz. Ein Blick auf den Stadtplan verrät, dass der Neubau der Stadt nach dem Stadtbrand am Reißbrett erfolgte, d. h. schachbrettartig mit Straßen in Nord-Süd-Richtung und den rechtwinklig abbiegenden Nebenstraßen in West-Ost-Richtung. Am Hanns-Arthur-Schoenau-Platz machen wir kurz halt und beobachten, wie sich die Kinder hier auf dem Wasserspielplatz übermütig tummeln. Am PIKO-Platz biegen wir links in die Köppelsdorfer Straße ein und anschließend rechts in die Gustav-König-Straße, die dominiert wird vom einstigen Geschäftshaus der amerikanischen Firma Kresge & Co. Es ist dies ein architektonisches Highlight, das davon zeugt, wie gewaltig Umsatz und Export der regional erzeugten Spielwaren in den 1920er-Jahren gewesen sein müssen.

Die Gustav-König-Straße bringt uns zum idyllischen Sonneberger Stadtpark. Der Verlockung, jetzt schon eine Pause einzulegen, um die Schönheiten der Anlage zu genießen, widerstehen wir tapfer und stoßen am Ende des Parks auf die Juttastraße. Hier wird in Haus Nr. 8 von der Firma Plüti der Fabrikverkauf von Plüschtieren aller Art angeboten. In wenigen Minuten ist dann der Juttaplatz erreicht, benannt nach Jutta von Henneberg, die dem Ort 1349 die Stadtrechte bestätigte.

Höhepunkt des Rundgangs – das Spielzeugmuseum

Die kleine Grünanlage inmitten des Juttaplatzes überrascht mit farbigen Unikaten des »Sonneberger Reiterleins«, dem Symbol der Spielzeugstadt. Dann sind wir auch schon in der Beethovenstraße und stehen vor dem äußerst repräsentativen Gebäude, in dem das Deutsche Spielzeugmuseum untergebracht ist. Es enthält die älteste Spielzeugsammlung in Deutschland, mit rund 100 000 Exponaten, von denen etwa 5 000 zu sehen sind – Puppen, Baukästen, Plüschtiere, Holzschiffe, Autos, Eisenbahnen, was immer Kinderherzen verzücken kann. Die Sammlung ist chronologisch aufgebaut, zu den Kostbarkeiten zählen Sonneberger Holzspielwaren, Figuren aus Pappmaschee, Puppen aus Sonneberg und Thüringen, aber auch antikes Spielzeug aus Ägypten und Griechenland.

Aushängeschild und Prunkstück des Museums ist die »Thüringer Kirmes«: Lebensgroße Figuren laufen mit Bär, Pferd und Kamel über einen Marktplatz, im Hintergrund bildschöne Fachwerkhäuser. Das Diorama erhielt 1910 bei der Weltausstellung in Brüssel einen Grand Prix. Nicht minder spektakulär ist die Darstellung des gefesselten Gulliver bei seiner Reise nach Liliput – auch dieses Schaustück wurde mit Preisen bedacht, so auf der ersten Weltausstellung 1851 in London. Kaum denkbar, dass Kinder wie Erwachsene von den großarti-

Die Stadtkirche St. Peter: gebaut in Anlehnung an die Nürnberger Lorenzkirche

gen Exponaten nicht begeistert sein werden. Eine volle Stunde sollte man für den Besuch einplanen. Im Anschluss wäre sicherlich eine kurze Kaffeepause im *Mode Café* gegenüber oder in der Gaststätte *Balaton* am Juttaplatz angebracht.

Wir setzen den Rundgang auf der Beethovenstraße fort. Rechter Hand, hinter den Gärten und Häusern, ragt unübersehbar der Kirchturm von St. Stefan empor, einer 1902/03 erbauten neuromanischen Basilika. Es folgt linker Hand die Villa Amalie, 1847 errichtet für den Unternehmer Adolf Fleischmann, dessen ehemaliges Stammhaus wir später in der Altstadt ebenfalls kennenlernen werden. Danach biegen wir links in die Kirchstraße ein. Hier finden wir den kleinen Laden »Himmelblau« von Sonnebergs Puppendoktorin Petra Pawletta. Neben originellen Souvenirs werden dort viele Geschenkartikel und allerlei Spielzeug angeboten. Unmittelbar vor der Stadtkirche St. Peter zweigt rechts die Neufanger Straße ab. Wer viel Zeit mitgebracht hat und gut zu Fuß ist, kann von hier aus den 45-minütigen Aufstieg zum Astronomie-Museum der Sternwarte Sonneberg unternehmen. Erreichbar ist das Museum natürlich auch mit dem Auto oder mit Bussen der Stadtlinie C.

Auf zum Markplatz

Jetzt wollen wir die historische Altstadt erkunden. Das nächste Ziel ist damit St. Peter, die 1845 eingeweihte evangelische Stadtkirche. Die 45 Meter hohen Doppeltürme sind ein echter Hingucker, und auch eine Besichtigung des Kircheninneren lohnt sich. Der Kronleuchter ist aus Pappmaschee hergestellt, die Kreuzigungsgruppe am Altar stammt noch aus dem 15. Jahrhundert. Einige der mittleren Altarfenster wurden von Moritz von Schwind entworfen, einem der bedeutendsten deutschen Maler der Spätromantik, der auch die Elisabeth-Fresken auf der Wartburg geschaffen hat.

Über die Kirchstraße gelangen wir zum Unteren Markt. Auf der rechten Seite des Platzes ist der ehemalige Fuhrmannshof mit einer eindrucksvollen Bleiweißmalerei an der linken Hauswandseite. Ebenso sehenswert ist die sorgfältig restaurierte Fassade der Sonnen-Apotheke

Ringsum Sonneberg eine traumhaft schöne Hügellandschaft

gegenüber. Anschließend geht es die Untere Marktstraße hinauf. Nach dem Brücklein über die Röthen (oder Röden) entdecken wir links das Geburtshaus von Oskar Dressel, dem Mitentdecker des Heilmittels Germanin, mit dem die Bekämpfung der tückischen afrikanischen Schlafkrankheit gelang. Ein paar Schritte weiter folgt das Geburtshaus von Dr. Reinhold von Walther, dem die Erfindung der Leuchtstoffröhre zu verdanken ist. Ins Auge fällt uns kurz darauf die prächtige Fassade von Haus Nr. 13: Das 1720 erbaute Haus gehörte einst dem bereits erwähnten Exportunternehmen der Gebr. Fleischmann, die hier bis ins 19. Jahrhundert ihren Stammsitz hatten. Der schön geformte Giebel kam erst später dazu.

Und dann sind wir auch schon auf dem Marktplatz, der bis zum Stadtbrand von 1840 das Zentrum Sonnebergs war. Das denkmalgeschützte Alte Rathaus, das nach der Feuersbrunst wiederaufgebaut wurde, gefällt ganz besonders. Unübersehbar ist auch das rote Ziegelsteingebäude, in welches das Amtsgericht eingezogen ist. Wir lassen die Blicke in die Umgebung schweifen und erkennen, dass dieser Teil Sonnebergs eingebettet ist in eine traumhaft schöne Hügellandschaft. Im Norden erspähen wir hoch über den Dächern der Spielzeugstadt die Spitze des Sonneberger Schlossbergs.

Da wir bisher bewusst auf eine längere Verschnaufpause verzichtet haben, bleibt genügend Zeit für einen Besuch des Meeresaquariums am Marktplatz. Wir können nur staunen, was dort auf 900 Quadratmetern alles zu sehen ist: an die 100 verschiedene Arten tropischer Fische, Seepferdchen, Reptilien, Muränen, zudem Korallen und seltene Insekten. Glanzpunkt ist dann das 100 000 Liter fassende Haifischbecken mit einigen der gefürchteten Raubfische. Eine halbe Stunde ist an diesem spannenden Ort schnell vergangen.

Rück- und Einkehr

Allmählich wird es Zeit, den Rückweg zum Bahnhof zu planen. Wenn wir also die Untere Marktstraße entlangschlendern, könnten wir in der rechts abzweigenden Erholungsstraße im *Alten Fritz*, einer urigen Traditionsgaststätte, genussvoll einkehren und die »Sumbarcher Broudwörscht« sowie die »Sumbarcher Apfelklüeß« probieren, Letztere eine Variation der Thüringer Klöße. Oder wir heben unseren Hunger auf, bis die Bahnhofstraße erreicht ist. Um möglichst schnell dorthin zu gelangen, biegen wir am Unteren Markt rechts in die Schanzstraße ein, die in die Bahnhofstraße mündet. Ein heißer Einkehrtipp wäre dann das *Stadtcafé Sonneberg* am PIKO-Platz. Gestärkt und erholt werden die rund 200 Meter zum Hauptbahnhof bzw. Parkplatz ein pures Vergnügen sein.

Thilo Castner

Informationen:

Tourist-Information, Am Bahnhofplatz 3, 96515 Sonneberg, Tel. 0 36 75/70 27 11, www.sonneberg-tourismus.de

Deutsches Spielzeugmuseum, Beethovenstr. 10, Tel. 0 36 75/4 22 63 40, www.spielzeugmuseum-sonneberg.de, Di–So u. Fei 10.00–17.00.

Astronomie-Museum der Sternwarte Sonneberg, Sternwartestr. 32, Tel. 0 36 75/42 13 69, www.astronomiemuseum-sternwarte-sonneberg.de, ganzjährig (außer Nov) Di–Fr u. So 13.00–17.00, Apr–Okt Sa 13.00–17.00.

Nautiland Sonneberg, Marktplatz 2, Tel. 0 36 75/42 78 88, www.meeresaquarium-nautiland.de, Di–So u. Fei 10.00–17.00, in Ferien auch Mo.

Einkehrtipps:

Ungarisches Restaurant Balaton, Juttaplatz 19, Tel. 0 36 75/7 32 44 38, Di–So 11.00–22.00, Mo Ruhetag.

Stadtcafé Sonneberg, Ernststr. 1, Tel. 0 36 75/42 98 54, www.stadtcafe-sonneberg.de, tägl. 9.00–20.00.

Mode Café am Museum, Beethovenstr. 9, Tel. 0 36 75/4 28 90 77, Di–So 10.00–18.00, Mo Ruhetag.

Gaststätte Alter Fritz, Erholungsstr. 2, Tel. 0 36 75/74 32 64, www.alterfritzsonneberg.de, Di–So 11.00–23.00, Mo Ruhetag.

Buchtipp:

Jahrbuch Landkreis Sonneberg (erscheint alljährlich).

Extras:

Sonneberger Vogelschießen 1. WE im Juli.

Internationales Puppenfestival am Himmelfahrtstag.

Stadt- und Museumsfest am letzten WE im Sep.

Nächtliche Erlebnisstadtführungen mit dem »Geist des Spielzeugs« von Okt–Mai und zu Sonderterminen (Auskunft und Buchung über Tourist-Information).

Coburg 2
Die Wiege des europäischen Adels

Stadt:
Kreisfreie oberfränkische Stadt. Rund 41 000 Einwohner.

Geschichte:
Erste urkundliche Erwähnung 1056. Stadtrecht durch Kaiser Ludwig den Baier 1331. Stadt fällt 1353 an Markgraf Friedrich III. von Meißen aus dem Haus Wettin. Unter Herzog Johann Ernst 1542 erstmals Residenzstadt. Nach der Abdankung von Herzog Carl Eduard im November 1918 wird die Stadt 1920 aufgrund eines Volksentscheids bayerisch.

Sehenswürdigkeiten:
Hauptkirche St. Moriz. Schloss Ehrenburg mit Hofgarten. Markt mit Rathaus und Stadthaus. Drei Stadttore. Puppen- und Naturkundemuseum. Kongresshaus Rosengarten. Veste Coburg.

Dauer des Rundgangs:
Ohne Einkehr und Museumsbesuch 3–4 Std.

Anfahrt:
ÖPNV: Von Nürnberg direkt mit RE zum Coburger Bhf.
Kfz: Von Nürnberg auf A 73 bis Ausfahrt 7 »Coburg«, auf B 4 bis Straße Judenberg, dieser links in die historische Innenstadt folgen, rechts über Lossaustr. u. Viktoriastr. bis Judengasse, abschließend links zum Parkhaus Mauer beim Judentor.

Erfolgreiche Heiratspolitik des Coburger Fürstentums

Die Nachfahren aus dem Haus der Wettiner waren bis zum Ende des Ersten Weltkriegs Landesherren des Herzogtums Sachsen-Coburg und Gotha. Durch eine äußerst geschickte Heiratspolitik war es dem Herzoghaus gelungen, erheblichen Einfluss auf andere europäische Adelshäuser auszuüben. So heiratete Prinzessin Juliane 1796 den russischen Großfürsten Konstantin, einen Enkel von Katharina II. Prinz

Leopold avancierte 1830 zum König von Belgien. Prinz Albert vermählte sich 1840 mit seiner englischen Cousine, der berühmten Queen Victoria. Prinz Ferdinand begründete 1887 das bulgarische Fürstentum von Sachsen-Coburg-Kohary. Das Haus Coburg-Braganz in Portugal entstand 1836 durch die Heirat von Prinz Ferdinand mit der portugiesischen Königin Maria II. Zur letzten großen Fürstenhochzeit kam es dann 1932 anlässlich der Vermählung der Coburger Prinzessin Sibylla mit Erbprinz Gustaf Adolf von Schweden. Kein Wunder also, dass es um 1900 fast keinen wichtigen europäischen Staat mehr gab, in dem nicht ein Coburger Abkömmling zumindest mitregierte. Die Stadt Coburg hat von dieser internationalen Verflechtung ihrer Herrscher maßgeblich profitiert, denn dadurch wurde die Entstehung einer Vielzahl großartiger Bauwerke begünstigt, die kennenzulernen für jeden Besucher ein echtes Erlebnis werden dürfte.

Einer der schönsten Marktplätze Deutschlands

Ausgangspunkt des Rundgangs ist der Coburger Markt. Bahnfahrer gehen vom Bahnhof aus rechts auf der Lossaustraße bis zur Mohrenstraße, dann zu dem wuchtigen Spitaltor und erreichen schließlich über die Spitalgasse den Marktplatz. Wer mit dem Auto unterwegs ist, kommt vom Parkhaus über das Judentor und die Judengasse zum Markt.

Der erste Eindruck ist sicherlich überwältigend. Jeden Mittwoch und Samstag ist hier Wochenmarkt mit den Produkten der Bauern und Gärtner aus dem Umland. Der Marktplatz ist so gepflastert, dass man von oben das Muster der alten englischen Flagge erkennen kann. In der Mitte des Platzes – und damit auch in der Mitte der Flagge – befindet sich das Standbild des Coburger Prinzen Albert, Prinzgemahl der englischen Königin Victoria, die der Stadt das Denkmal geschenkt hat und sich lebenslang mit dem Geburtsort ihres geliebten Albert verbunden fühlte. Beherrscht wird der Markt auf der Nordseite von der grandiosen Renaissancefassade des Stadthauses. Das zwischen 1597 und 1601 von Herzog Casimir errichtete Gebäude war ehemals Regierungssitz der Coburger Herzöge und beherbergt jetzt Teile der Stadtverwaltung. Besonders prunkvoll sind die zwei reich verzierten Erker beiderseits der Fassade. Ein Meisterwerk auch das herrliche Renaissanceportal an der Ecke zur Spitalgasse.

Das Pendant zum Stadthaus ist das im 15. Jahrhundert entstandene Rathaus auf der Südseite des Marktes. An der Fassade links ebenfalls ein

Das von Königin Viktoria von England gestiftete Denkmal ihres Gatten Prinz Albert

prächtiger Erker mit farbigen Figuren und Ornamenten. Das Gebäude war ursprünglich ein gotisches Haus und erhielt seine Renaissanceform erst anlässlich eines späteren Umbaus. Sehr sehenswert ist der Rathaussaal im zweiten Obergeschoss. In der Mitte der Hauptfassade sitzt mit dem heiligen Mauritius der Stadtpatron Coburgs auf dem Dreiecksgiebel des Rathauses. Der Christ Mauritius, so die Legende, soll im 3. Jahrhundert als römischer Legionär zur Rebellion gegen die heidnischen Götter aufgerufen und daraufhin den Märtyrertod gefunden haben. Nach ihm ist die Stadtpfarrkirche benannt, seit dem 14. Jahrhundert ziert er in Form des Mohrenkopfes das Coburger Stadtwappen, und sein Konterfei ist zudem auf den Coburger Kanaldeckeln zu finden. Die Figur auf dem Dreiecksgiebel ist für viele Coburger jedoch einfach nur das »Bratwurst-Männle«, abgeleitet von dem Kommandostab in seiner Hand, gedeutet als Maßstab für die Länge der heimischen Bratwurst.

Aber noch andere Bauten am Markt verdienen unsere Aufmerksamkeit, so z. B. rechts neben dem Rathaus die herrliche Rokokofassade am Beyerschen Haus, nunmehr Domizil der Sparkasse, oder linker Hand des Rathauses, an der Ecke zur Steingasse, die alte Hofapotheke. Nicht von ungefähr gilt der Markt als einer der schönsten Plätze in Deutschland. Es wäre deshalb naheliegend, sich ein ruhiges Eckchen in einem der einladenden Cafés zu suchen, um das einmalige Flair mit Muße genießen zu können.

St. Moriz und Casimirianum

Dann aber weiter, von der Hofapotheke in die Ketschengasse. Das Münzmeisterhaus links ist das älteste Fachwerkhaus Coburgs. Durch das Tor dieses wahrhaft imposanten Gebäudes kommen wir in die Neugasse und finden hier in Nummer 1 das älteste Steinhaus der Stadt. Kurz darauf stehen wir vor der Stadtkirche St. Moriz, der evangelischen Hauptkirche Coburgs, mit ihren zwei gänzlich verschiedenen Türmen Wahrzeichen der Stadt. Begonnen hatte man mit dem Bau 1310, fertig war die Kirche jedoch erst im 16. Jahrhundert. So unspektakulär der Innenraum von St. Moriz ist, so gewaltig und bombastisch

Das 13 Meter hohe Renaissancegrabmal gab Herzog Casimir für seinen Vater in Auftrag.

wirkt das 13 Meter hohe Renaissancegrabmal, das Herzog Johann Casimir für seinen Vater Herzog Johann Friedrich den Mittleren anfertigen ließ. Unter Casimir hatte die Stadt ihren größten städtebaulichen Aufschwung, und die wichtigsten Renaissancebauten wie das Stadthaus am Markt oder das Zeughaus in der Herrngasse sind ihm zu verdanken. Auch das Casimirianum, das Gebäude gegenüber von St. Moriz, hatte er ins Leben gerufen, ursprünglich geplant als Universität, 1605 jedoch als Coburgs erstes Gymnasium eingeweiht. An der Ecke Kirchhof/Casimirgasse ist ein Standbild des Schulgründers angebracht.

Vom Palmenhaus zum Schlossplatz

Wir schlendern auf der Casimirgasse zu Haus Nummer 5. Hier wohnte von 1803 bis 1804 Jean Paul, hier entstand sein Roman *Flegeljahre. Eine Biographie*. Über das Steinweglein kommen wir wieder zur Ketschengasse, überqueren den Albertsplatz und erreichen kurz danach das Ketschentor, Baujahr 1303. Unser Ziel ist jetzt das Kongresshaus in der Ketschendorfer Straße, eine Parkanlage mit gepflegten Rosenbeeten und einem Palmenhaus, in dem fantastische Orchideen, Gummibäume, Sukkulenten und Kakteen in jeweils separaten Räumen zu begutachten sind. Das gemütliche Ambiente des Parks wird durch ein Terrassencafé komplettiert.

Hinter dem Palmenhaus verlassen wir den Park und gehen links die Alexandrinenstraße entlang, anschließend weiter auf der Oberen Anlage. Auf beiden Straßen befinden sich einige prächtige Villen, wie z. B. das Jugendstilhaus Sonnenburg. Sobald die Steingasse erreicht ist, halten wir uns links, vorbei an der Rückseite von Schloss Ehrenburg und dem einstigen Prinzenpalais (Hausnummer 18), und biegen anschließend rechts in die Rückertstraße ein. Gleich hinter dem Kastenbrunnen mit einer weiteren Figur des heiligen Mauritius befindet sich das Coburger Puppenmuseum mit Exponaten aus verschiedenen Epochen. Zu sehen sind Spiel- und Modepuppen, aber auch Exemplare aus Künstlerhand sowie die Werke bedeutender Handwerker. Im Untergeschoss befinden sich Café und Restaurant. In diesem Haus, Rückertstraße 2, wohnte außerdem von 1820 bis 1826 der Dichter und Orientalist Friedrich Rückert, für den auch während seiner Lehrtätigkeit in Erlangen und Berlin die Stadt Coburg der Lebensmittelpunkt blieb.

Nun ist es nur noch ein Katzensprung zum Schlossplatz, für einige Besucher vielleicht der Höhepunkt des Rundgangs. Die Anlage entstand

So kommt man in die Veste Coburg.

im 19. Jahrhundert, begonnen 1820 und vollendet 1871. In der Mitte das Standbild von Herzog Ernst I., links das aufgrund seiner Initiative errichtete Landestheater, in dem Opern und Operetten ebenso stattfinden wie Schauspielaufführungen, Musicals und Konzerte. Rechter Hand vom Standbild befindet sich Schloss Ehrenburg. Mit dem Bau der ehemaligen Stadtresidenz der Coburger Herzöge ist 1543 begonnen worden, zuvor hatten die Herzöge auf der Veste residiert.

Hofgarten und Veste

Unser Rundgang hat bis jetzt ohne Einkehr und Besichtigung etwa zwei Stunden gedauert, und es könnte durchaus reizvoll sein, an einer 45-minütigen Führung durch die Prunkräume des Schlosses teilzunehmen und zu sehen, wie die fürstliche Familie über die Jahrhunderte gelebt hat. Wer noch gut in Form ist, sollte vorher unbedingt zur Veste hinaufsteigen. Der Weg dorthin führt nach Überwindung der Arkaden durch den als Landschaftspark angelegten Hofgarten mit großartigem Baumbestand. In einer halben Stunde ist die »Fränkische Krone« erreicht. Der Ausblick von oben ist einzigartig, und die Veste, eine der größten Befestigungsanlagen im ehemaligen Heiligen Römischen Reich Deutscher Nation, löst noch immer bei jedem Besucher Staunen und Bewunderung aus. Eine Besichtigung der zahlreichen Gemächer, darunter das Lutherzimmer und die Lutherkapelle, sowie der reichhaltigen Kunstsammlungen, hervorgegangen aus altem fürstlichen Besitz, lohnt sich also durchaus, doch muss man mindestens eine Stunde einplanen. Erholung dann in der gemütlichen *Burgschänke*.

Im Hofgarten selbst sind ebenfalls noch weitere Sehenswürdigkeiten vorhanden, wie das Naturkundemuseum, das Mausoleum von Herzog Franz Friedrich und Herzogin Auguste Caroline Sophie, der Pavillon des Kunstvereins, der Kleine Rosengarten und das Reiterstandbild von Herzog Ernst II. Aber alles ist an einem Tag einfach nicht zu schaffen.

Wieder am Schlossplatz, gehen wir über die Rückertstraße zurück zur Herrngasse mit dem ehemaligen Zeughaus, jetzt Staatsarchiv (Hausnummer 11), und der gotischen Ratskemenate, jetzt Sitz der Tourist-Information. Am Marktplatz angekommen, versorgen wir uns im *Café Feyler*, Rosengasse 6–8, mit »Coburger Schmätzchen«, eine Art Honigplätzchen, und streben anschließend über Judentor und Judengasse zum Parkhaus bzw. gehen von der Spitalgasse zur Mohrenstraße Richtung Bahnhof.

Thilo Castner

Informationen:

Tourismus Coburg, Herrngasse 4, 96450 Coburg, Tel. 0 95 61/89 80 00, www.coburg-tourist.de, Apr–Okt Mo–Fr 9.00–18.00 u. Sa 10.00–14.00, Nov–März Mo–Fr 9.00–17.00 u. Sa 10.00–14.00.

Schloss Ehrenburg, Schlossplatz 1, Tel. 0 95 61/80 88 32, Besuch nur im Rahmen einer Führung (Infos unter: www.sgvcoburg.de).

Kunstsammlungen der Veste Coburg, Tel. 0 95 61/87 90, www.kunstsammlungen-coburg.de, Apr–Okt tägl. 9.30–17.00, Nov–März Di–So 13.00–16.00.

Naturkundemuseum, Park 6, Tel. 0 95 61/80 81 20, www.naturkunde-museum-coburg.de, tägl. 9.00–17.00.

Coburger Puppenmuseum, Rückertstraße 2–3, Tel. 0 95 61/89 14 80, www.coburger-puppenmuseum.de, Apr–Okt tägl. 11.00–16.00, Nov–März Di–So 11.00–16.00.

Einkehrtipps:

Café Feyler, Rosengasse 6–8, Tel. 0 95 61/8 04 80, www.feyler-lebkuchen.de, Mo–Fr 5.30–19.00, Sa 5.30–18.00, So u. Fei 8.00–18.00,

Burgschänke auf der Veste Coburg, Veste Coburg 1, Tel. 0 95 61/2 34 31 94, www.burgschaenke-veste-coburg.de, Apr–Okt tägl. 10.00–18.30, Nov–März Mi–So 10.00–18.30.

Buchtipps:

Hubertus Habel: *Kleine Coburger Stadtgeschichte*, Regensburg 2009.

Verkehrsverein Coburg e. V. (Hg.): *Coburg – Stadt und Land*, Coburg 1991.

Extras:

Samba-Festival mit über 80 Gruppen am 2. WE im Juli.

Schlossplatzfest am 3. WE im Juli.

Museumsnacht in der Ehrenburg und Veste am 1. oder 2. Sa im Sep ab 18.00.

Neustadt bei Coburg

3

Die bayerische Puppenstadt

Ort:

Große Kreisstadt im oberfränkischen Landkreis Coburg. Gut 15 000 Einwohner.

Geschichte:

Erste urkundliche Erwähnung 1248 als »Nuwensthat«; zunächst im Besitz der Grafen von Andechs, wechselt später an die Herren von Henneberg, unter denen Neustadt 1316 erstmals als Stadt geführt wird. Fällt in der Mitte des 14. Jahrhunderts an das Haus Wettin. Zwischen 1525 und 1528 Einführung des Protestantismus. 1636 und 1839 zwei verheerende Stadtbrände. Ab Mitte des 18. Jahrhunderts Spielwarenherstellung wichtigster Wirtschaftszweig. 1920 wird Neustadt, nach einer Volksbefragung im Freistaat Coburg, bayerisch. Von 1945–1989 liegt die Stadt im Zonenrandgebiet, die ökonomischen Beziehungen zum nahen Sonneberg in Thüringen sind gekappt. Doch begünstigt durch die staatliche Zonenrandförderung siedeln sich in dieser Zeit auch neue Industriezweige an (z. B. Kabelherstellung; Christbaumschmuckproduktion).

Sehenswürdigkeiten:

Marktplatz mit Stadtkirche St. Georg. Gedenkstätte gegen das Vergessen. Informationsstelle über die Teilung Deutschlands. Museum der Deutschen Spielzeugindustrie. Muppberg mit Prinzregententurm. Freizeitpark »Villeneuve-sur-Lot«. Märchenbad Bademehr.

Dauer des Rundgangs:

Mit Besuch des Spielzeugmuseums, aber ohne Aufstieg zum Muppberg und ohne Einkehr, gut 3 Std.

Anfahrt:

ÖPNV: Von Nürnberg direkt mit RE zum Neustadter Bhf.
Kfz: Von Nürnberg auf A 73 bis Ausfahrt 8 »Neustadt bei Coburg«, ab da über B 4, die direkt in Coburgerstr. übergeht, weiter über Lindenstr., abschließend links in Marienstr. und zum Parkplatz am Bhf.

Die zwei großen Stadtbrände in den Jahren 1636 und 1839 sind der Grund, warum es in Neustadt kaum sehenswerte historische Gebäude gibt. Die Feuersbrunst von 1839 hatte vier Fünftel der Gebäude in Schutt und Asche gelegt, auch das Rathaus und teilweise die Kirche. Der Ort ist heute eine moderne, quicklebendige Stadt, mit einem denkmalgeschützten Marktplatzensemble – aber eben ohne das Flair einer über die Jahrhunderte unversehrt gebliebenen Altstadt. Mit dem Museum der Deutschen Spielzeugindustrie, mit Freizeitpark und Muppberg wartet Neustadt aber auf jeden Fall mit Sehenswürdigkeiten auf, die einen Besuch lohnen.

Markt und St. Georg

Vom Bahnhof in die Innenstadt sind es nur gut zehn Minuten. Wir gehen die Bahnhofstraße entlang, überqueren die Röden-Brücke und biegen am Ende der Bahnhofstraße rechts in die Sonneberger Straße ein, die in die Ernststraße übergeht. Kurz darauf halten wir uns links und kommen auf der Augustastraße zum Marktplatz. Der großzügig angelegte viereckige Platz wird beherrscht von der mächtigen St.-Georg-Kirche. Am Übergang zum Steinweg ist ein lustiger Brunnen, rings herum sind gediegene Bürgerhäuser. Das Rathaus, ein auffälliges architektonisches Werk im Stil der 1970er-Jahre, sticht aus dem geschlossenen Ensemble heraus. Wie schon auf unserem Weg zum Marktplatz fällt auf, dass es kaum, wie andernorts in Franken üblich, sichtbares Fachwerk gibt, dagegen häufig schmucke Backsteinfassaden mit vorgebauter Holzveranda.

Die neugotische Stadtkirche St. Georg, der wir uns jetzt zuwenden, entstand 1848 unter Einbeziehung der Mauerreste einer spätgotischen Vorgängerkirche, die, wie schon erwähnt, der Stadtbrand 1839 vernichtet hatte. Der 51 Meter hohe Kirchturm imponiert durch seine Größe und ist begehbar. Sollte die Kirche geschlossen sein, kann man im gegenüberliegenden Pfarramt, Glockenberg 7, den Schlüssel holen. Als besonders sehenswert gilt die Orgel aus der Werkstatt der Neustadter Orgelbaufirma Hofmann. Der Kronleuchter stammt aus dem Jahr 1681.

Die Vergangenheit nicht vergessen

Anschließend gehen wir auf dem Glockenberg zum Schützenplatz, und hier, auf dem Festplatz linker Hand, werfen wir einen Blick auf die

Gedenkstätte gegen das Vergessen. Zu sehen ist ein Stück der Mauer, die 40 Jahre lang Deutsche voneinander getrennt hat, davor der Schlagbaum, durch den die Verbindung zur Weltspielwarenstadt Sonneberg an der Gebrannten Brücke unterbrochen wurde. Die »Eiserne Blume« steht als Symbol der Hoffnung für eine friedliche Zukunft aller Menschen in Deutschland. Ein zweiter Gedenkstein erinnert an die US-Verbände, die von 1945 bis 1990 an der westlichen Seite der Grenze Dienst geleistet haben. Seit 2008 existiert in der Austraße eine Informationsstelle, in der umfassend Auskunft gegeben wird, welche Auswirkungen und Folgen die jahrelange Trennung der Menschen durch Mauer, Minenfelder und Stacheldraht hatte. Vielleicht ist später Zeit, diese interessante Ausstellung in den Rundgang einzubeziehen.

Die Welt der Puppen und Trachten

Unser nächstes Ziel – und für die meisten Besucher wahrscheinlich der Höhepunkt – ist jetzt das Museum der Deutschen Spielzeugindustrie. Wir gehen auf dem Schützenplatz weiter und biegen dann rechts in die Eduardstraße ein. Ginge man weiter geradeaus, käme man zum Hermann-Löns-Weg und könnte von da aus auf dem markierten Max-Oscar-Arnold-Wanderweg den Aufstieg zu dem 516,5 Meter

Die Stadtkirche St. Georg am Marktplatz in abendliches Licht getaucht

hohen Muppberg mit dem 28 Meter hohen Prinzregententurm starten. Ob das noch infrage kommt, sollte nach dem Museumsbesuch entschieden werden.

Die Eduardstraße mündet in die Eckardtstraße, und dann ist auch schon das Museum am Hindenburgplatz erreicht. Was erwartet uns hier? Einzigartig ist z. B. die Sammlung der Trachtenpuppen. Aus ca. 100 Ländern Europas, Asiens und Amerikas sind Mode- und Kostümpuppen zu sehen, die speziell für das Museum gefertigt wurden und im Handel zu keiner Zeit erhältlich waren. Im Unter- und Obergeschoss wird die technische Entwicklung der heimischen Spielzeugindustrie anschaulich dokumentiert – in Neustadts Blütezeit produzierten rund 850 Betriebe erstklassige Spielwaren. Man erfährt im Museum, was Drechsler, Tischler, Papiermascheegießer, Löffler und Büttner machten, deren Arbeitsplätze teilweise zu sehen sind. Verwendete man zur Herstellung von Puppenkörpern zunächst eine Mischung aus Schwarzmehl und Leimwasser, so später dann Holz, Papiermaschee und Kunststoff. Im Zuge der Industrialisierung kam es zu einer weitgehenden Spezialisierung einzelner Arbeitsgänge. Es gab beispielsweise Puppenschuhmacher, Augeneinsetzer, Arm- und Beinanstreicher, Wimpernmacherinnen und Puppenfriseurinnen. Heute können Puppen weinen, frisiert und gefüttert werden, einzelne Wörter sprechen und mit den Augen rollen; die Welt der Puppenfabrikation ist wahrlich fantastisch – für Kinder wie für Erwachsene.

Im Untergeschoss kommen die Erstgenannten dann ganz besonders auf ihre Kosten. Denn dort, im Kindermuseum, sind u. a. die Streiche von Max und Moritz plastisch dargestellt, ebenso die Märchen von Schneewittchen und Dornröschen und vieles andere mehr. Von den kunstvollen Exponaten nicht begeistert zu sein ist eigentlich unvorstellbar. Mindestens eine Stunde sollte für den Rundgang im Museum eingeplant werden.

Alternativen ohne Ende

Als nächster Programmpunkt kommt entweder der Muppberg oder ein Abstecher zum Freizeitpark in Betracht. Für den einstündigen Aufstieg zu Neustadts Hausberg spricht die herrliche Rundumsicht, die man oben von dem 1904/05 erbauten Prinzregententurm hat. Auch der Aufstieg ist höchst romantisch, und dabei lernt man die Töpfersquelle, den Freundschafts-Pavillon und die bewirtschaftete *Arnoldhütte* kennen. Allerdings muss man gut zu Fuß sein, denn immerhin sind 180 Höhenmeter zu überwinden.

Weniger kräftezehrend ist da schon der Weg zum Freizeitpark. Wer sich dafür entscheidet, und das dürften vor allem Familien mit Kindern sein, schlendert vom Hindenburgplatz aus die Kantstraße entlang und erreicht die Austraße – im Haus Nr. 99 kann man dort die bereits erwähnte Informationsstelle über die Teilung Deutschlands besichtigen.

Wir überqueren aber die Austraße und kommen auf der Mühlenstraße zu einer zweiten Röden-Brücke. Gleich danach rechts ist eine muntere Kleingärtensiedlung, gegenüber links ein respektables Hochhaus. Nach Überquerung der Coburger Straße gehen wir weiter geradeaus, linker Hand durch die Unterführung, und wir sind auf der Ketschenbacher Straße. Nach ein paar Schritten, vorbei am Neustadter »Märchenbad«, betreten wir das weiträumige Gelände des Freizeitparks »Villeneuve-sur-Lot«, benannt nach der französischen Partnerstadt Neustadts.

Das 40 000 Quadratmeter große Areal ist nach der Landesgartenschau, die hier 1999 stattgefunden hat, völlig umgestaltet worden und gilt inzwischen als eine der schönsten und abwechslungsreichsten Grünanlagen der Region, mit Abenteuerspielplatz, Matschbereich, Kletterfelsen, Seilbahn, Barfußparcours und Irrgarten für die Kinder, mit Angelsee, Themengärten, Spazierwegen und Ruhezonen für die Erwachsenen. Wer sich sportlich betätigen will, kann sich auf dem Beachvolleyballfeld, auf dem Bolzplatz oder auf dem großen Hartplatz mit Basketball und Streetball nach Belieben austoben. Zum Einkehren steht das idyllische *Seecafé* bereit; vielleicht kann man dort auch Neustadter Spezialitäten probieren wie den »Wörschtkuchen« (Wurstkuchen) oder leckere »Mörbs« (mürbes, süßes Gebäck) – was Backkunst betrifft, genießt Neustadt einen guten Ruf.

Der Weg zum Bahnhof ist vom Freizeitpark aus leicht zu finden. Die Straße »Am Moos« an der südöstlichen Seite des Parks bis zur Mörikestraße vorlaufen, dort rechts weiter, vorbei an der Firma Plüsch Heunec – hier ist auch Werkverkauf – und am Countryclub der Mountain Lions. Sobald die Damaschkestraße erreicht ist, schlendern wir in aller Ruhe am Bahndamm entlang zum Bahnhof.

Thilo Castner

Informationen:

Tourist-Information, Georg-Langbein-Str. 1, 96465 Neustadt bei Coburg, Tel. 0 95 68/8 14 61, www.neustadt-bei-coburg.de

Museum der Deutschen Spielzeugindustrie mit großer Trachten- und Künstlerpuppensammlung, Hindenburgplatz 1, Tel. 0 95 68/56 00, www.spielzeugmuseum-neustadt.de, Di–So 10.00–17.00.

Informationsstelle über die Teilung Deutschlands, Austr. 99, Tel. 0 95 68/8 11 26 oder 0 95 68/8 14 61, Mi, Sa, So u. Fei 14.00–16.00.

Freizeitpark »Villeneuve-sur-Lot«, Am Moos, Tel. 0 95 68/85 90 92 oder 0 95 68/8 14 09, Mai–Sep 8.00–22.00, Okt–Apr 9.00–20.00, Eintritt frei.

Einkehrtipps:

Gastwirtschaft Eckstein, Marktplatz 1, Tel. 0 95 68/56 90, www.gastwirtschaft-eckstein.de, Mo, Di u. Do–So 10.00–22.00, Mi Ruhetag.

Gaststätte Grüntal, Hermann-Löns-Weg 1, Tel. 0 95 68/8 97 10 70, Mo–Sa ab 16.00, So ab 11.30.

Seecafé, Am Moos 28, Tel. 0 95 68/3 00 12 82, www.seecafe-nec.de, Apr–Okt 14.00–18.00.

Berggasthof Arnoldhütte (auf dem Muppberg), Tel. 0 95 68/59 17, Mi–So 12.00–20.00, Mo u. Di Ruhetag.

Buchtipp:

Helmut Scheurich: *Neustadt bei Coburg in alten Ansichten*, Bd. 1 u. 2, Zaltbommel 2010/2011.

Fahima Heinecke: *Neustadt bei Coburg. Zeitsprünge*, Erfurt 2010.

Neustadt bei Coburg (Hg.): *Out of Neustadt. Magazin für Neustadt bei Coburg*, Ausgabe 2/2013.

Extras:

Internationales Puppenfestival in der Himmelfahrtswoche.
Swing-im-Park-Festival am letzten WE im Juni.
Kinderfest Mitte Juli.
Rock und Classic im Bad Anfang Juli.
Hundstage Mitte Sep.
Nikolausmarkt Anfang Dez.

Kronach

Die bedeutendste Festungsstadt Frankens

4

Ort:

Kreisstadt im gleichnamigen oberfränkischen Landkreis. Knapp 17000 Einwohner.

Geschichte:

1003 wird »Crana« erstmals urkundlich erwähnt. 1122 Schenkung durch Kaiser Heinrich V. ans Bistum Bamberg. Bis 1803 unter fürstbischöflicher Herrschaft. Stadt-, Markt- und Braurechte um 1300. Während des Bauernkrieges kurze Zeit von Bauern besetzt. Mehrfach erfolglose Belagerung durch die Schweden im Dreißigjährigen Krieg. Auch Preußen kann Kronach im Siebenjährigen Krieg nicht einnehmen. 1803 bayerisch. 1806 startet Napoleon von hier seinen Feldzug gegen Preußen. 1860 Anschluss ans bayerische Bahnnetz. Ab März 1945 wiederholt Luftangriffe der Alliierten. Nach Kriegsende Eingliederung vieler Heimatvertriebener. 1971–1978 Eingemeindung etlicher Ortschaften.

Sehenswürdigkeiten:

Festung Rosenberg mit Fränkischer Galerie. Historische Altstadt mit stattlichen Bürgerhäusern. Weitgehend erhaltene Stadtmauer mit Türmen und Toren. Altes Rathaus. Pfarrkirche St. Johannes der Täufer. Ehrensäule und Michaelsbrunnen.

Dauer des Rundgangs:

Mit Führung durch die Festung und Galeriebesichtigung, aber ohne Einkehr, rund 4 Std.

Anfahrt:

ÖPNV: Von Nürnberg direkt mit RE zum Bhf. Kronach.
Kfz: Von Nürnberg A 73 bis Ausfahrt 13 »Lichtenfels«, weiter auf B 85, B 189 und B 173 zum Parkplatz am Bhf.

Die Lucas-Cranach-Stadt liegt im Schnittpunkt der Bier- und Burgenstraße und wird umsäumt von den drei Flüssen Haßlach, Kronach und Rodach. Der älteste Stadtteil, die Obere Stadt, konnte dank einer gut gesicherten Stadtmauer zu keiner Zeit erobert werden, sodass der spätmittelalterliche Charakter Kronachs mit seinen malerischen Gassen, Fachwerkhäusern, Brunnen, Türmen und Wehrgängen, Wappen und Statuen unversehrt geblieben ist. Das gilt ebenso für die hoch über der Stadt thronende Festung Rosenberg, eine der besterhaltenen und größten Burganlagen Deutschlands. Kaum möglich, dass es Besucher gibt, die von dieser Stadt nicht begeistert wären.

Über die Schwedenstraße zum Marktplatz

Nach Verlassen des Bahnhofgeländes bzw. nach dem Parken des Autos gehen wir über den Bahnhofsplatz und biegen in die Bahnhofstraße ein. Kurz darauf überqueren wir die Haßlach, die sich nur 100 Meter flussabwärts mit der Kronach vereint. Wir befinden uns nun in der Unteren Stadt, der ehemaligen Vorstadt von Kronach. Die Bahnhofstraße biegt nach dem *Hotel Sonne* nach links und kurz darauf nach rechts ab und bringt uns zum Marienplatz. Nun schwenken wir linker Hand in die Schwedenstraße ein. Hier gibt es jede Menge Geschäfte und rechts die steil aufragende Befestigung der Oberen Stadt. An einer Stelle der Mauer finden wir den Hinweis, dass dort den Schweden am 21. März 1634 fast der Durchbruch in die Stadt gelungen wäre, wenn nicht die Kronacher, insbesondere ihre tapferen Frauen, die Bresche rasch mit Pflastersteinen wieder aufgefüllt und die Schweden mit heißem Wasser vertrieben hätten.

Rechts führt ein enges Gässchen zum Bamberger Tor, dem einzigen Stadttor, das die Zeiten überdauert hat. Wir gehen geradeaus weiter bis zum »Pförtchen« rechter Hand, steigen die Stufen hinauf und biegen links in die Judengasse ein. Hier befand sich das ehemalige Judenviertel – die jüdische Kultusgemeinde existierte bis 1942. Die Judengasse windet sich nach rechts, schon ist der Martinsplatz und darüber dann der Marktplatz erreicht. Da gibt es nun allerhand zu sehen, z. B. vor dem Neuen Rathaus die Figur des berühmtesten Sohnes von Kronach. Lucas Cranach der Ältere gilt nach Dürer als bedeutendster deutscher Maler, Zeichner und Kupferstecher des 16. Jahrhunderts, einige seiner berühmten Werke werden wir später in der Festung Rosenberg anschauen können. Rechts hinter dem Rathaus, im Nordosten der Stadtmauer, erhebt sich der Hexen- oder Lehlaubenturm. Im Untergeschoss des Turms ist ein Verlies, in dem bis ins 17. Jahrhundert Gefangene schmachteten, u. a. auch unschuldige Frauen – bis in die 1630er-Jahre war das Hochstift Bamberg Zentrum der Hexenverfolgung.

Über die Lucas-Cranach-Straße zum Melchior-Otto-Platz

Bevor wir in die Lucas-Cranach-Straße eintauchen, sehen wir uns die Häuser auf der Westseite des Marktplatzes genauer an. Etliche der schönsten und historisch wertvollsten Gebäude in der Oberen Stadt sind mit Inschriften versehen, so das Pabstmann'sche Stipendienhaus von 1773, in dem Studierende finanziell unterstützt wurden, oder die aus dem 13. Jahrhundert stammende »Steinerne Kemenate«, in der sich einst Kronacher Bürger zu Beratungen trafen und in der jetzt Feuerwehrgeräte aufbewahrt werden. Am unteren Ende des Marktplatzes steht links ein Brunnen mit der Figur des Erzengels Michael, Kronachs Schutzheiligem. Wenig später kreuzen wir auf der gegenüberliegenden Seite das Alte Rathaus, ein schönes Renaissancegebäude mit Volutengiebel. Über dem Rathausportal prangt das Wappen des Bamberger Fürstbischofs von Gebsattel, eingerahmt von einem nackten Mann und einer nackten Frau. Es folgen links das ehemalige »Gasthaus Schwane«, dessen Räumlichkeiten heute ein italienisches Restaurant beherbergen, und das Pottugäßchen, dem wir uns später widmen werden. Am Ende der Lucas-Cranach-Straße stoßen wir schließlich auf das *Gasthaus zum Scharfen Eck*. Das Gebäude ist bereits 1514 urkundlich nachgewiesen und war eine Zeit lang im Besitz der Familie Cranach, auch Goethe und Napoleon hatten in dem Haus Quartier bezogen. Inzwischen sind wir auf dem Melchior-Otto-Platz angelangt, dem Pendant zum Marktplatz.

Beherrscht wird der Platz von der hohen Ehrensäule mit dem Kronacher Stadtwappen, flankiert von zwei Männern, die ihre abgezogene Haut unter dem Arm tragen. Die Darstellung bezieht sich auf vier Kronacher, die während der Belagerung durch die Schweden einen Ausfall unternahmen, um schwedische Kanonen unbrauchbar zu machen, und dabei gefangen und geschunden wurden. Verliehen hatte das Wappen der Bamberger Fürstbischof Melchior Otto an die Kronacher Bürger für die erfolgreiche Verteidigung der Stadt während des Dreißigjährigen Krieges. Am Haus Nr. 6 ist dazu eine Gedenktafel angebracht. Gleich neben der Ehrensäule steht der Johannesbrunnen, aus dem man früher das Wasser zum Bierbrauen geholt hat.

Über den Dächern von Kronach, im Hintergrund die Festung Rosenberg

Ein Blick rund um den Platz zeigt, wie außerordentlich unterschiedlich die Häuser in Kronach sind, denn neben Fachwerkfassaden stehen trutzige Sandsteingebäude oder schiefergedeckte Häuser und dann und wann sogar ein Rokokogebäude. Aber irgendwie passt das alles gut zusammen und erfreut das Auge des Besuchers. Besonders schön ist der Blick über den Platz zum *Café Am Bamberger Tor*.

Wir wenden uns nunmehr der Stadtpfarrkirche St. Johannes Baptista zu und betreten das Gotteshaus durch das kunstvolle Johannesportal mit einer Kopie der Figur des Täufers auf einer Laubwerkkonsole – das Original ist in der Fränkischen Galerie. Da sich der Bau der Kirche über Jahrhunderte hinzog, sind die Grundmauern romanisch, der Chor dagegen frühgotisch und das Hochgewölbe spätgotisch. Sehenswert sind außerdem der Sandstein-Opferstock von 1572, die Kreuzwegstationen des hochtalentierten Kronacher Malers Lorenz Kaim und die wertvollen Epitaphien des Caspar von Schaumberg und der Amalia Maria von Wolfsthal.

Wir umgehen die Kirche, werfen rasch einen Blick auf den aus Kronacher Sandstein geschaffenen »Ölberg« und genießen anschließend von der Stadtmauer die Aussicht auf die Untere Stadt. Direkt unter uns liegt die Schwedenstraße, auf der wir hergekommen sind. Auf der Rückseite von St. Johannes befindet sich das in den 1750er-Jahren erbaute Pfarrhaus, in das sich Napoleon im Oktober 1806 einquartiert hatte, als er seinen Feldzug auf Preußen vorbereitete. An der Westseite der Kirche kommen wir anschließend zu der St.-Anna-Kapelle, in deren Untergeschoss früher exhumierte Gebeine aufbewahrt wurden.

Die Amtsgerichtsstraße

Wieder auf dem Melchior-Otto-Platz, wollen wir jetzt die Amtsgerichtsstraße entlangschlendern, die parallel zur Lucas-Cranach-Straße verläuft und die in früheren Zeiten, als sich das Leben noch vorwiegend in der Oberen Stadt abspielte, die größte und wichtigste Straße Kronachs war. Zunächst werfen wir aber noch einen Blick in die Gasse, die zum Bamberger Tor führt. Hier ist eine exquisite *Weinstube* heimisch geworden. Dann geht es die leicht ansteigende Amtsgerichtsstraße hinauf, die erst seit 1945 so heißt und linksseitig mit einigen imposanten Gebäuden aufwartet. Nach der Stadtapotheke kommen wir zu dem ehemaligen Kastenhof, jetzt Finanzamt, gebaut in den 1720er-Jahren während der Regierung von Fürstbischof Lothar Franz von Schönborn, dessen Wappen über dem Portal des Gebäudes zu sehen ist. Ein paar Schritte weiter folgt das Floßherrenhaus. In dem wahrscheinlich prächtigsten Fachwerkgebäude der Stadt, nunmehr ein äußerst attraktives Brauereiwirtshaus, sind im Obergeschoss mittelalterliche Butzenscheiben im Original erhalten.

Gegenüber, auf der anderen Straßenseite, erkennen wir das »Adelig Cronachisch Wappen« wieder, das wir bereits auf der Ehrensäule beäugt haben, diesmal in Großformat. Die kleine Figur auf der linken Straßenseite nur wenige Meter danach symbolisiert einen der sogenannten »Viertelmeister« – die Obere Stadt bestand im Mittelalter aus vier etwa gleich großen Teilen, und jedem Stadtviertel stand ein Viertelmeister vor. Am Ende der Amtsgerichtsstraße biegen wir nach rechts zum Marktplatz ab und dann links in die Festungsstraße.

Die Festung Rosenberg mit den weitläufigen Wehranlagen in all ihrer Pracht

Höhepunkt des Tages

Und nun liegt sie zum Greifen nahe vor uns, die erhabene Festung Rosenberg, eine der größten und besterhaltenen ihrer Art in Deutschland. Wir passieren den wuchtigen Stadtturm, angeblich das älteste Gebäude Kronachs, und gleich danach den ehemaligen Fürstbischöflichen Kastenboden, in dem die Abgaben der Untertanen gelagert wurden und der nunmehr als Justizvollzugsanstalt genutzt wird. Am Kriegerdenkmal vorbei erreichen wir das von dem italienischen Baumeister Antonio Petrini entworfene großartige Festungstor und kommen über die Hauptwache zur Kasse.

Die Teilnahme an einer der gut einstündigen Führungen ist ein absolutes Muss, denn nur so kann man erfahren, was auf dem gut 23 Hektar großen Gelände an Türmen, Bastionen, Vorwerken, Kasematten, Brücken, Brunnen und Gebäuden im Laufe von Jahrhunderten entstanden ist und was sich dort zugetragen hat. Ebenfalls ein Muss, vor oder nach der Führung, ist ein Besuch der Fränkischen Galerie. Gezeigt werden Werke vom Mittelalter bis zur Renaissance, auch mehrere Gemälde von Lucas Cranach sowie Skulpturen von Tilman Riemenschneider und aus seiner Werkstatt. Wer sich zwischendurch erfrischen und stärken möchte, macht es sich in der *Festungsgaststätte Bastion Marie* gemütlich. Der Blick von hier auf Stadt und Umland ist einfach traumhaft schön.

Abschluss in der Unteren Stadt

Nachdem wir so vieles in der Oberen Stadt gesehen haben, wäre es sinnvoll, sich noch ein wenig in der Unteren Stadt umzuschauen. Also geht es schnurstracks auf der Festungsstraße über den Marktplatz zur Lucas-Cranach-Straße zurück und dort links in das Pottugäßchen. Die Stufen hinunter halten wir uns anschließend links, vorbei am *Café Mephisto*, um danach rechts in den Stadtgraben abzubiegen. Damit befinden wir uns unterhalb der Oberen Stadt. Rechts neben uns liegt der breite Stadtgraben, dahinter erheben sich die Befestigungsanlagen, deren Höhe und Breite erneut verständlich machen, warum Kronach nie erobert werden konnte. Oberhalb des Mauerwerks erspähen wir eine stattliche Häuserfront, meist wohl die Rückgebäude der Häuser in der Lucas-Cranach-Straße. Im Stadtgraben sind wir umgeben von viel Grün, Bäumen, kleinen Gärten und einem Kinderspielplatz. Die Straße mündet in den Marienplatz, und von hier haben wir einen herrlichen Blick auf die St.-Johannes-Kirche und die Annakapelle über uns.

Kronach den Rücken zu kehren, ohne auf kulinarische Entdeckungsreise zu gehen, kommt natürlich nicht infrage. »Bratwöscht, blau, gstüpft oder gegrillt …«, dazu ein original Kronacher Bier, vielleicht im *Antla* oder bei *Appel's Max*, wäre ein angemessener Abgang. Wer einen Schoppen Wein bevorzugt, besucht die *Weinstube* im Bamberger Tor.

Thilo Castner

Informationen:

Tourist-Information, Marktplatz 5, 96317 Kronach, Tel. 0 92 61/9 72 36, www.kronach.de

Festung Rosenberg, Tel. 0 92 61/6 04 10, www.kronach.de, Führungen März–Okt Di–So 11.00, 12.30, 14.00 u. 16.00, Nov–Feb Di–So 11.00 u. 14.00 oder nach Anmeldung. Fränkische Galerie März–Okt Di–So 9.30–17.30.

Einkehrtipps:

Weinstube Alte Torwache, Melchior-Otto-Platz 13, Tel. 0 92 61/96 44 40, www.altetorwache.de, Mo–Sa ab 17.00.

Bäckerei und Café Am Bamberger Tor, Amtsgerichtsstr. 1, Tel. 0 92 61/33 22, Mo–Fr 7.00–18.00, Sa bis 17.00, So 13.00–17.30.

Brauerei-Gaststätte Antla, Amtsgerichtsstr. 21, Tel. 0 92 61/5 04 59 50, www.antla.de, Mo 17.00–23.00, Mi–Fr 11.00–14.00 u. 17.00–23.00, Sa, So u. Fei 11.00–23.00.

Festungsgaststätte Bastion Marie, in der Festung Rosenberg, Tel. 0 92 61/50 07 00, www.bastion-marie.de, Di–So ab 11.30.

Gaststätte Appel's Max, Rosenau 4, Tel. 0 92 61/95 05 21, www.appelsmax.de, Mo u. Mi–So ab 9.00.

Buchtipps:

Bernd Wollner: *Die Festung Rosenberg. Ein Führer und Begleiter durch Kronachs berühmte Wehranlage*, Kronach 2002.

Bernd Wollner/Hermann Wich (Redaktion): *Historisches Stadtlesebuch Kronach. 1000 Jahre Geschichte einer Stadt und ihrer Bewohner*, Kronach 2003.

Extras:

Führungen durch die Obere Stadt Mai–Sep Do u. Sa 10.30, Treffpunkt am Lucas-Cranach-Denkmal auf dem Marktplatz.

Sogenannte »Schwedenprozession« am So nach Fronleichnam.

»Historisches Stadtspektakel« alle 2 Jahre am letzten Juni-WE (Infos unter: www.stadtspektakel-kronach.de).

»Faust-Festspiele« von Juni–Aug, vorwiegend Do–So (Infos unter: www.faust-festspiele.de).

Münchberg

Das Tor zu Fichtelgebirge und Frankenwald

Ort:

Oberfränkische Stadt im Landkreis Hof. Rund 10 500 Einwohner.

Geschichte:

Erste urkundliche Erwähnung 1224 als »Munchiberc«. Zwischen 1220 und 1240 geht der Ort in den Besitz der Herren von Sparneck über und erhält gegen Ende des 13. Jahrhunderts das Stadtrecht. 1364 werden Münchberg die Rechte und Privilegien der Reichsstadt Nürnberg zugebilligt. Ab 1381 komplett im Besitz der Nürnberger Burggrafen; geht 1397 an die Bayreuther Hohenzollern. 1430 brennen die Hussiten die Stadt fast völlig nieder. 1529 Einführung des evangelischen Gottesdienstes. 1534 erneut verheerender Stadtbrand, weitere Brandkatastrophen 1617, 1631, 1701, 1729 und 1837. Fällt 1792 an Preußen und 1810 an Bayern. Im Laufe des 19. Jahrhunderts entwickelt sich Produktion und Verarbeitung von Textilien zum Haupterwerbszweig der Stadt.

Sehenswürdigkeiten:

Stadtkirche Peter und Paul. Friedhofskirche zur Himmelspforte. Rathaus. Lindenstraße entlang der Pulschnitz. Rohrbühlturm. Stadtpark mit Geopark. Münchberger Planetenweg und Historischer Münchberg Weg.

Dauer des Rundgangs:

Ohne Einkehr und Museumsbesuch rund 2 Std.

Anfahrt:

ÖPNV: Von Nürnberg direkt mit RE zum Münchberger Bhf. *Kfz*: Von Nürnberg A 9 bis Ausfahrt 36 »Münchberg Süd«, über St 2194 bis zur Luitpoltstr., dieser folgen, zuerst links in Bayreutherstr., anschließend rechts in Bahnhofsstr. abbiegen. Parken am Bhf. oder im Parkhaus in der Luitpoldstr.

Eine geologische Rarität

Münchberg liegt auf einer riesigen, 17 Kilometer breiten Gneisplatte, die sich von Bad Berneck bis Hof erstreckt. – Gneis ist ein metamorphes Gestein aus den Mineralien Feldspat, Quarz und Glimmer. Die »Sphinx der Geologie« hat es in der Wissenschaft zu einem gewissen Weltruhm gebracht. Entstanden ist die Gneismasse vor ca. 400 Millionen Jahren durch Druck von unten. Auf der Münchberger Gneishochfläche, mehr als 550 Meter ü. d. M., kommt der biologische Frühling etwas später als beispielsweise in Bayreuth, das Klima ist entsprechend rauer und die Vegetation karger.

Nicht nur die klimatische Benachteiligung hat den Menschen in Münchberg zu schaffen gemacht. Erheblich belastender waren die Brandkatastrophen, die die Stadt mehrmals nahezu total in Schutt und Asche legten, zuletzt 1837, mit dem wahrscheinlich größten Stadtbrand der Geschichte. Das ist der Grund, warum in der Stadt kein Haus älter als 180 Jahre ist und die für Oberfranken so typischen Fachwerkhäuser fast völlig fehlen. Auf den Besucher warten dennoch sehenswerte Besonderheiten.

Zum ältesten Gebäude der Stadt

Wir verlassen das Bahnhofsgebäude links und schlendern auf der Bahnhofstraße gemütlich Richtung Innenstadt. Gleich rechter Hand der *Braunschweiger Hof*, eine attraktive Einkehrmöglichkeit. Wir sehen viele massive Steinhäuser, die zum Teil in der Gründerzeit um 1900 entstanden sein dürften. Wir überqueren die Pulschnitz, ein kleines Flüsschen, das nordöstlich der Stadt in die Sächsische Saale mündet. Rechts, parallel zur Pulschnitz, befindet sich die Lindenstraße, Münchbergs einzige Fußgängerzone mit lauschigen Cafés und bequemen Sitzgelegenheiten im Freien bei schönem Wetter.

Nun existiert in Münchberg doch ein Gebäude, das von der Feuersbrunst 1837 nicht vernichtet worden ist, und dieses Unikat wollen wir uns als Erstes anschauen. Am Ende der Bahnhofstraße biegen wir links in die Kulmbacher Straße ein und bald darauf rechts in den Friedhofweg, der uns zum evangelischen »Gottesacker« mit einer kleinen Kapelle mit aufgesetzter Zwiebelhaube bringt. Allein die Lage außerhalb der Stadtmauern war der Grund, warum das Kirchlein, das in den 1740er-Jahren errichtet wurde und mit einer schönen Barockausstat-

Gesteinsbrocken von der Münchberger Gneisplatte im GeoPark

tung versehen ist, 1837 verschont blieb. Leider ist die Kapelle oft geschlossen.

Im Zentrum der Stadt

Unser nächstes Ziel ist jetzt die evangelische Stadtkirche St. Peter und Paul, deren schlanker Turm uns schon die ganze Zeit aufgefallen ist. Wir überqueren auf dem Rückweg die Burgstraße, eine Verlängerung des Friedhofwegs, gehen ein kurzes Stück den Unteren Graben entlang, halten uns zuerst rechts und biegen dann vor Haus Nr. 13 links in das schmale Gässchen ein; so erreichen wir den Kirchplatz. Vor uns steht nun das mächtige Gotteshaus, gegenüber die ehemalige Lutherschule, der wir später einen Besuch abstatten werden.

Das jetzige Gebäude der Kirche ist das siebte seiner Art an derselben Stelle – die sechs Vorgänger wurden entweder zum Opfer der Hussiten, durch schwere Unwetter beschädigt oder von den bereits erwähnten Stadtbränden vernichtet. Das lichtdurchflutete Kirchenschiff ist eingerahmt von doppelstöckigen Emporen; schön die farbenfrohen Fenster im Chorraum, eindrucksvoll das gerippte Deckengewölbe. Der Altar soll den Werken von Veit Stoß nachempfunden sein. Anders als eine barocküberladene Kirche wirkt St. Peter und Paul in seiner Schlichtheit wohl vor allem auf stressgeplagte Seelen wohltuend und beruhigend.

Der schlanke Turm der Stadtkirche Peter und Paul

Anschließend schauen wir uns auf dem Kirchplatz um. In der Mitte steht ein sprudelnder Brunnen, und links das *Café Frey*, ein Mekka für Liebhaber köstlicher Torten und verführerischer Pralinen. An der roten Fassade des Gebäudes entdecken wir die Jahreszahl 1838, das Haus entstand also unmittelbar nach dem letzten Stadtbrand.

Wir verlassen den Kirchplatz rechts über die Schulgasse und kommen zu Münchbergs Paradestraße, der Ludwigstraße. Gleich rechter Hand befindet sich das ehemalige Landratsamt, ein 1839 errichteter klassizistischer Walmdachbau, und kurz darauf linker Hand das Rathaus, ein 1840 entstandenes klassizistisches Traufseithaus mit zwei Geschossen, sieben Fensterachsen und einem Glockentürmchen. Beide Gebäude stehen für das Selbstbewusstsein der damaligen Stadtväter, die zum Ausdruck bringen wollten, dass man nach dem Desaster von 1837 gewillt war, dem Schicksal mit prächtigen Bauten zu trotzen. Die Ludwigstraße mündet in den Klosterplatz, und hier können wir die ehemalige Fleißner'sche Villa bewundern, einen ebenfalls klassizistischen Bau, der mit Rathaus und Landratsamt durchaus mithalten kann.

Stadtpark und Rohrbühlturm

Weiter geht es dann auf der Hofer Straße. An der Ecke zur Parkstraße befindet sich ein einladendes Wirtshaus, das *Münchberger Stübla*, das wir uns für eine spätere Einkehr vormerken wollen. Wir überqueren die Parkstraße, gehen weiter auf der Hofer Straße, passieren die 1895 errichtete Parkschule und erreichen Münchbergs »grünes Herz«, den Stadtpark. Seine Anfänge reichen bis in das Jahr 1877 zurück, als der zu jener Zeit gegründete Verschönerungsverein die Begrünung städtischer Flächen anregte. Jetzt ist der Park eine wahre Naturidylle mit altem Baumbestand, mit Wiesen, Blumenbeeten, Ruhezonen und Skulpturen junger Künstler – in Münchberg ist die Junge Kunstschule des Landkreises beheimatet. Etwas Besonderes ist der 2010 eröffnete GeoPark. Hier wird der Besucher anhand zahlreicher Schautafeln und Mustersteinen über die Gesteinsarten in der Münchberger Gneisplatte und den umliegenden Gebirgszügen imformiert. Es lohnt sich, alles in Ruhe anzuschauen, und wer Lust hat, liest auch die interessanten Erläuterungen. Im Stadtpark beginnt zudem der »Historische Münchberg Weg«, der über 44 Stationen zu allen wichtigen Gebäuden und Plätzen in der Stadt führt.

Wir durchqueren die Parkanlage, gehen zurück zum Ausgangspunkt auf der Hofer Straße und bis zur Dr.-Martin-Luther-Straße, in die wir rechts einbiegen. Schon von Weitem ist der Rohrbühlturm zu sehen, das Wahrzeichen der Stadt. Nach zehn Minuten haben wir den 23 Meter hohen, aus 2 500 Tonnen Granit gebauten Koloss erreicht. Errichtet wurde der Turm in den 1930er-Jahren als Ehrenmal für die Gefallenen des Ersten Weltkriegs. Die Aussicht von oben ist einzigartig. Deshalb keine Müdigkeit vorschützen und die 121 Stufen hinauf – der Blick reicht bis zum Fichtelgebirge und Frankenwald, bei klarer Sicht sogar bis zum Elster- und Erzgebirge.

Historisches und Kulinarisches

Bevor wir uns eine typisch oberfränkische Spezialität wie Sauerbrodn, Brodwärschd, Schnitz, Glies oder Schwamma mit einem »Münchberger Klostertropfen« munden lassen, wollen wir uns die Stadtgeschichtliche Ausstellung in der ehemaligen Lutherschule anschauen. Den Weg dorthin – über Hofer Straße, Klosterplatz, Ludwigstraße und Kirchplatz – kennen wir ja bereits. Die Ausstellung im Obergeschoss des Schulgebäudes umfasst einige 100 Objekte mit den Schwerpunkten Stadtgeschichte sowie Handwerk und Industrie. Ein Hingucker ist ein mit großem Geschick gefertigtes Modell, das zeigt, wie Münchberg vor dem großen Stadtbrand von 1837 beschaffen war: Holzhaus an Holzhaus, da konnte das Feuer natürlich wüten. Das Prunkstück der Sammlung ist aber ein alter, noch voll funktionsfähiger Webstuhl. Bereits im 14. Jahrhundert war die Leinenweberei ein wichtiger Erwerbszweig. Um 1840 befand sich ein Drittel aller Webstühle Oberfrankens in Münchberg und Umgebung; in der Stadt selbst gab es fast kein Haus ohne Webstuhl. 1854 wurde eine Weberschule gegründet, mittlerweile ist eine Textilfachschule angesiedelt – nicht zu Unrecht gilt Münchberg also bis heute als Textilstadt. Erholung und Stärkung in einem der Wirtshäuser ist nun aber unumgänglich. Besonders empfehlenswert ist der bereits erwähnte *Braunschweiger Hof*, das *Münchberger Stübla* oder das *Café Frey*, doch ebenso kämen noch etliche andere Gasthäuser in Betracht. Wer viel Zeit mitgebracht hat, könnte abschließend zum Münchberger Planeten-Wanderweg mit zehn Stationen aufbrechen. Auf einer Länge von 1 500 Metern sind dort alle Planeten unseres Sonnensystems der Reihe nach aufgeführt, wobei ein Meter Weg vier Millionen Kilometern im Weltall entspricht. Der Planetenweg beginnt an der Einmündung der Straße »Hintere Höhe« in die Theodor-Heuss-Straße und ist vom Bahnhof aus über die Bayreuther Straße und in die Quellenstraße in etwa zehn Minuten gut erreichbar.

Thilo Castner

Informationen:

Stadt Münchberg, Ludwigstr. 15, 95213 Münchberg, Tel. 0 92 51/87 40, www.muenchberg.de

Stadtgeschichtliche Ausstellung Münchberg, Kirchplatz 7, Tel. 0 92 51/8 00 54, Di 14.00–16.00 u. Do 14.00-17.30 oder nach Vereinbarung mit der Stadtarchivarin, Tel. 0 92 51/8 00 54, Mail: martina.michel@muenchberg.de

Einkehrtipps:

Braunschweiger Hof, Bahnhofstr. 13, Tel. 0 92 51/9 94 00, www.braunschweigerhof.de, tägl. bis 14.00 u. 17.30–22.00.

Münchberger Stübla, Hofer Str. 30, Tel 0 92 51/57 55, www.stuebla.de, Mo–Do, Sa u. So 9.00–22.00, Fr Ruhetag.

Conditorei-Café Frey, Kirchplatz 11, Tel. 0 92 51/50 53, www.conditorei.frey.de, Di–Sa 9.00–18.00, So u. Fei 10.00–18.00, Mo Ruhetag.

Eiscafé Venezia, Lindenstr. 6, Tel. 0 92 51/6 09 00 43, Feb–Okt tägl. durchgehend bis 20.00. Nov–Jan geschlossen.

Buchtipps:

Stadt Münchberg (Hg.): *Münchberg. 650 Jahre*, Münchberg 2014.

Siegfried Geisler: *Münchberg im 20. Jahrhundert, Teil 1 1901–1945, Teil 2 1945–1999*, Weißenfeld 2010 u. 2012.

Reinhard Feldrapp/Sabine Gebhardt: *Stadt Münchberg. Ein Bildband*, Naila 2013.

Extras:

Wiesenfest am 2. WE im Juli.

Stadtfest am 3. So im Sep.

Kneipennacht am 1. WE im Nov.

Stadtführungen abrufbar unter Tel. 0 92 51/96 00 09 oder www.muenchbuerger.de

6 Hof an der Saale

In Bayern ganz oben beim »Wärschtlamo«

Stadt:

Kreisfreie Stadt an der Saale, rund 46 000 Einwohner.

Geschichte:

1214 erste urkundliche Erwähnung der ehemals slawischen Besiedelung aus dem 7. Jahrhundert. Ausbau der Stadt durch die Andechs-Meranier und vor allem durch deren Nachfolger, die Vögte von Weida, Plauen und Gera. 1319 Verbriefung der Stadtrechte, im Jahr 1373 Verkauf derselben an die Burggrafen von Nürnberg, die Hohenzollern, die als »Markgrafen von Brandenburg« bis 1791 die Region beherrschen. Danach kurzzeitig im Besitz Preußens bzw. des Napoleonischen Kaiserreichs, 1810 an das Königreich Bayern verkauft. Infolge des Eisenbahnanschlusses 1848 wirtschaftlicher Aufstieg der städtischen Textilindustrie. Durch deutsche Teilung ab 1945 extreme Randlage der Stadt mit erheblichen wirtschaftlichen und sozialen Folgen. In den Tagen nach dem Mauerfall 1989 erste westdeutsche Anlaufstelle für viele Besucher aus der DDR.

Sehenswürdigkeiten:

Rathaus. Museum Bayerisches Vogtland. St. Michaeliskirche. Fernweh-Park. Bürgerpark Theresienstein.

Dauer des Rundgangs:

Ca. 1½–2 Std. ohne Besuch von Sehenswürdigkeiten oder Einkehr.

Anfahrt:

ÖPNV: Von Nürnberg mit RE bis Hof Hbf., von dort mit Bus 5 bis zum Busbahnhof, mit den Linien 3, 4, 6 oder 12 bis zur Tourist-Information. *Kfz*: Von Nürnberg A 9 bis Ausfahrt 34 »Hof-West«, B 15 und B 73 folgen, auf anschließendem Sigmundsgraben ins Zentrum. Parkhäuser in der Marien- und Bürgerstraße, zudem zahlreiche Parkplätze in der gesamten Innenstadt.

Tourbeginn in der Neustadt

Unsere Tour beginnt an einem geschichtsträchtigen Ort in der Hofer Innenstadt, nämlich vor der Tourist-Information in der Ludwigstraße. Hier ließ Otto I. von Andechs-Meranien um 1230 jenseits einer älteren Ansiedlung, der heutigen Altstadt, eine neue Stadt, befestigt mit Mauern und Toren, anlegen. Sie wurde zunächst, unter Bezugnahme auf ein nahes Flüsschen, »Stadt am Regnitzhof« oder »Hof Regnitz« genannt, bis sich die Ortsbezeichnung abschliff und nur noch »Hof« übrig blieb.

Heute ist die Neustadt geprägt von der bunten Fassade der Biedermeier- und Gründerzeitbauten aus dem 19. Jahrhundert, nachdem ein verheerender Stadtbrand 1823 neun Zehntel aller Gebäude in der Innenstadt vernichtet hatte. Weil sich der Brandherd unmittelbar in seiner Nähe befand, wurde auch das Wahrzeichen der Stadt, das Rathaus aus dem 16. Jahrhundert, von den Flammen ergriffen und, wie schon bei vorausgegangenen Stadtbränden, völlig zerstört. So bekam der ursprüngliche Renaissance- und spätere Barockbau beim Wiederaufbau eine neugotische Fassade. Das frühere Hofer Stadtwappen (zwei Wehrtürme mit angelehntem Löwenschild) findet sich auf der Seite zur Ludwigstraße. Noch ein Tipp für die Sommermonate: Bei der Tourist-Information oder am Info-Schalter im Rathaus kann man sich den Schlüssel für den Rathausturm ausleihen und sodann nach 152 Stufen in 32 Metern Höhe einen herrlichen Blick über die Stadt genießen.

Blick von St. Michaelis auf das schmucke Hofer Rathaus mit Turm

Ein kurzer Abstecher in die Vorstadt

Leicht erschöpft, aber schwer beeindruckt von der bunten Vielfalt der Bürgerhäuser und den zahlreichen Geschäften darin, schreiten wir die Ludwigstraße stadtauswärts in Richtung Unteres Tor und vollführen dann einen kurzen Schlenker nach links in den Sigmundsgraben. Nach wenigen Schritten stehen wir vor dem Museum Bayerisches Vogtland, das unbedingt einen Besuch lohnt. Denn außer Abteilungen zur Regionalhistorie Hofs und zur regionalen Volks- und Naturkunde beherbergt das Museum seit Anfang des Jahres 2012 auch eine Dauerausstellung, die eng mit der jüngsten Geschichte der Stadt verbunden ist: Das fränkische Hof war nämlich nach dem Zweiten Weltkrieg die erste Anlaufstation für mehr als zwei Millionen Flüchtlinge und Vertriebene aus den deutschen Ostgebieten und dem östlichen Europa, die im Stadtteil Moschendorf im größten bayerischen Flüchtlingslager vorübergehend Unterkunft fanden. Durch 15 000 Heimatvertriebene, die dauerhaft blieben und die Zukunft der Stadt entscheidend mitprägten, vergrößerte sich die Stadtbevölkerung schließlich gar um ein Viertel. Die Geschichte all dieser Menschen, die in Westdeutschland eine neue Heimat fanden, wird in dem Museum lebendig und anschaulich dargestellt.

Wir verlassen das Museum und kehren zurück auf unseren schon eingeschlagenen Weg in Richtung Unteres Tor. Sofort fällt unser Blick linker Hand auf die Hospitalkirche, die zweitälteste Kirche der Stadt, deren Ursprünge bis in das ausgehende 13. Jahrhundert zurückreichen. Sie entstand neben dem ebenfalls neu errichteten Alten- und Armenhaus der Stadt, das, wie damals üblich, außerhalb der Stadtmauern gebaut wurde. Von außen gotisch wirkend, ist das »Schatzkästlein Hofs«, wie die Kirche auch genannt wird, im Inneren prachtvoll barock ausgestaltet. Vor allem die 1688/89 entstandene Kassettendecke mit 90 Bildtafeln zum Alten und Neuen Testament und der spätgotische Marienaltar, das bedeutendste Kunstwerk der Stadt, beeindrucken den Besucher.

Der Hofer Walk of Fame

Nach diesem kurzen, aber sehenswerten Abstecher in Richtung Vorstadt drehen wir auf dem Absatz um, laufen einige Meter zurück und biegen dann nach links in den Graben ein, wo uns nach einigen Hun-

Immer ein Blickfang: der Schilderwald des Fernweh-Parks

dert Metern ebenfalls eine bunte Bilderpracht erwartet, wenngleich auch profanerer Art. Es ist der Fernweh-Park, der am 9. November 1999, also auf den Tag genau zehn Jahre nach dem Mauerfall, eingerichtet wurde und, wie der Initiator Klaus Beer formulierte, »grenzenlose Freiheit und Völkerverständigung« symbolisieren soll. Dazu hat Beer Tausende Schilder von Orten, Partnerstädten, Straßen, Verkehrszeichen etc. zusammengetragen. Hinzu kommen sogenannte »Signs of Fame«, signierte Schildergrüße oder Handabdrücke von Prominenten aus Politik, Sport und Medienwelt, ähnlich dem berühmten Walk of Fame in Hollywood. Hier empfiehlt sich ein genaueres Hinsehen beim Hindurchschlendern, denn mit Sicherheit stößt man dabei auf Zeugnisse von Menschen, die man kennt und wertschätzt.

Vom Marktplatz durch die Ludwigsstraße bis an die Saale

Anschließend überqueren wir die Verkehrsstraße und gelangen über den kleinen Orlasteig auf den Maxplatz, der seinen Namen dem bayerischen König Maximilian II. verdankt, zu dessen 25-jährigem Thronjubiläum er eingeweiht wurde. Der dort befindliche Brunnen, der mittelalterliche Marktszenen zeigt, versinnbildlicht Sinn und Zweck des Platzes, denn seit dem verheerenden Stadtbrand 1823 wird hier mittwochs und samstags der Wochenmarkt abgehalten, im Advent dann der Weihnachtsmarkt. Wir laufen über den Maxplatz stracks auf unser nächstes Ziel zu, die Ehrfurcht gebietende St. Michaeliskirche, die um 1230 erbaut wurde und ihren Namen dem Erzengel Michael verdankt. Die evangelische Hauptkirche Hofs durchlief aufgrund von Bränden und Kriegen mehrere Bauphasen und präsentiert sich heute in einem großzügig gestalteten neugotischen Gewande. Das berühmteste Kunstwerk der Kirche, der Hochaltar von 1465, steht heutzutage leider in der Münchner Alten Pinakothek. So muss der Besucher mit einem anderen, allerdings kaum weniger eindrucksvollen Kunstwerk vorliebnehmen, nämlich der nach Expertenmeinung wohl klangschönsten Orgel Bayerns. Sie wurde von den Brüdern Heidenreich 1834 geschaffen und wird heutzutage oft zu Konzerten, u. a. mit den Hofer Symphonikern, genutzt.

Nach dieser besinnlichen Einkehr geht's zurück auf eine der großen Einkaufsstraßen der Stadt, die schon bekannte Ludwigstraße, der wir folgen, bis sie in das Obere Tor mündet. Wenige Schritte später biegen wir unmittelbar vor dem Verlagsgebäude des Hofer Anzeigers, wo einst die älteste Druckerei Deutschlands zu Hause war, nach links ab und laufen den Rähmberg hinunter, bis wir auf einen Fußweg am Flussufer der Saale stoßen.

Dort bekommt man einen Eindruck davon, welche positiven Folgen die Landesgartenschau für eine Region haben kann: In deren Rahmen wurde der Fluss 1994 renaturiert, und neu angelegte Deiche wurden begrünt, sodass ein überaus malerischer Spazierweg für Einheimische und Besucher entstanden ist. Der Weg durch die Saaleauen führt entlang an prachtvollen Bürgerhäusern und Gärten, aber auch die jüngeren Besucher kommen auf ihre Kosten, denn an Spiel- und Sportplätze hat man ebenfalls gedacht. Bei dem zwölf Meter hohen und daher unübersehbaren Wegeobjekt des Künstlers J. P. Hölzinger, das sich dem Entgegenkommenden wie eine Blüte entgegenstreckt, verlassen wir die stille Naturlandschaft und wenden uns wieder der Stadt zu.

Die Mutterkirchen St. Lorenz und St. Marien

Dabei folgen wir dem Weg und gelangen schließlich über die Mühlstraße zur Pfarrstraße, in die wir nach rechts abbiegen. An einer imposanten Steinmauer entlang laufen wir die ansteigende Lorenzstraße hoch, die ihren Namen der ältesten Kirche Hofs verdankt, welche sich rechts von uns befindet. Die St. Lorenzkirche, die als Mutterkirche der Region gilt, wurde angeblich schon 1080 erbaut, geriet angesichts ihrer Lage außerhalb der Stadtmauern immer wieder in Kriegshändel und musste deshalb mehrfach neu auf- bzw. umgebaut werden. Heute präsentiert sie sich als typisches Kirchenbauwerk des frühen 19. Jahrhunderts mit klassizistischem Inneren. Besonders der nach seinem Stifter benannte Hertnid-von-Stein-Altar (1480) und ein altes Kruzifix (um 1500) sind dabei einer näheren Betrachtung wert. Gegenüber der Kirche befindet sich das ehemalige Siechenhaus, die Inkurabel, wo früher Alte und Kranke beherbergt wurden, während dort heutzutage die Hofer Tafel Lebensmittel an Bedürftige verteilt. Diese Menschen sollte man nicht vergessen, wenn man sich jetzt auf den weiteren Weg in Richtung Altstadt und Fußgängerzone begibt, wo wieder dem Konsum gefrönt wird.

Die Lorenzstraße führt direkt in die historische Altstadt, deren Beginn durch ein weithin sichtbares Bauwerk markiert wird: die zweitürmige St. Marienkirche, die wesentlich jünger ist als alle bisher vorgestellten Gotteshäuser der Stadt und nach längerer Bauzeit 1891 geweiht wurde. Hof besaß in den Zeiten nach der Reformation fast 300 Jahre lang keine katholische Kirchengemeinde, bevor sich dies mit der Eingliederung ins Königreich Bayern 1810 grundlegend änderte und die Zahl der Katholiken in der Stadt beständig wuchs. Sehenswert in dieser neugotischen Hallenkirche, die vom Regensburger Dombaumeister Franz Josef Denzinger entworfen wurde, sind vor allem die Chorfenster

Blütenmeer und Thomaspavillon im romantischen Bürgerpark Theresienstein

und die Kanzel, hörenswert die renovierte Steinmeyer-Orgel von 1885, die zu den einzigartigen Orgelbauinstrumenten der deutschen Romantik gehört.

Zum Abschluss drei berühmte Hofer Persönlichkeiten

Tritt man aus der Kirche wieder ins Freie, befindet man sich sofort in der belebten Fußgängerzone der Altstadt, wo einem vielleicht schon bald appetitlichste Gerüche um die Nase wehen. Dann ist wohl ein »Wärschtlamo« nicht weit, dem am Sonnenplatz gar ein Denkmal gewidmet ist. Kein Wunder, denn der mit einem kleinen Messingkessel auf Kundschaft wartende Wurstverkäufer ist aus dem Hofer Stadtbild nicht wegzudenken. Diese bis heute erhaltene Institution gibt es seit 1881, als eine ortsansässige Metzgerei erstmals einen Mitarbeiter, den »Jahns-Gerch«, auf die Straße schickte, um in Dampf erhitzte und damit besonders aromatische »Hofer Wärscht« (heute: Wiener, Knacker, Bauern- und Weißwürste) direkt an den Kunden zu bringen.

Wir flanieren also geradeaus durch die Fußgängerzone, vorbei an einem beliebten Treffpunkt am Oberen Tor, dem beweglichen Kugelbrunnen aus Granit, und begeben uns geradewegs in die Karolinenstraße, wo ein weiteres Denkmal für einen berühmten Hofer steht: Johann Georg August Wirth, der als Jurist, Schriftsteller und Politiker im 19. Jahrhundert für Pressefreiheit und Demokratie kämpfte und für seine Überzeugungen auch ins Gefängnis ging. Der Bildhauer Andreas Theurer hat zu seinem 150. Todestag eine am Boden liegende, wellenförmige Zeitungsseite geschaffen, deren Schrift durch weiße und schwarze Pflastersteine gebildet wird.

Schließlich biegen wir nach links in die Schloßgasse ein und nähern uns den Mauern des ehemaligen Klaraklosters aus dem 13. Jahrhundert, das nach der Reformation aufgelöst wurde und heute unter anderem die Diakonie und ein Seniorenheim beherbergt. Dann geht es weiter die Theaterstraße hinunter, an deren Ende, unmittelbar an der Stadtmauer, ein weiteres Kloster lag, eines der Franziskaner nämlich, das ein ähnliches Schicksal nahm wie das der Klarissinnen. Die noch erhaltenen Mönchsgemäuer fielen aber einem anderen Zwecke zu: Sie dienten zum Teil als Schulgebäude des 1546 gegründeten Hofer Gymnasiums. Eine Tafel am alten Gymnasium erinnert noch heute an den zweifellos berühmtesten (Fast-)Sohn der Stadt, den 1763 in Wunsiedel geborenen

Schriftsteller Jean Paul, der hier zur Schule ging und dessen Namen das Gymnasium heute trägt.

Über die Klosterstraße, die durch ihren Namen noch einmal an die frühere Bedeutung der nahe gelegenen altehrwürdigen Gemäuer erinnert, gelangen wir schließlich wieder zu unserem Ausgangspunkt zurück – um zahlreiche Eindrücke und Geschichten reicher und vielleicht auch mit dem einen oder anderen Wärschtla im Magen.

Jan Castner

Informationen:

Tourist-Information, Ludwigstr. 24, 95028 Hof an der Saale, Tel. 0 92 81/8 15 77 77, www.stadt-hof.de

Einkehrtipp:

Caféhaus und Restaurant Jean Paul, Jean-Paul-Gässchen 2, Tel. 0 92 81/14 14 55, www.jean-paul-restaurant.de, Mo–Do 8.30–22.00, Fr u. Sa 8.30–24.00, Fei 10.00–18.00.

Extras:

Internationale Hofer Filmtage in letzter Oktoberwoche (Infos unter: www.hofer-filmtage.com).

Schlappentag, eines der weltweit ältesten Bier- und Schützenfeste, das auf die Erstürmung der Stadt durch die Hussiten im Jahr 1430 zurückgeht, am Montag nach Pfingsten (Infos unter: www.schlappentag.de).

Hofer Symphoniker, Klosterstraße 9–11, Tel. 0 92 81/7 20 00, Spielplan unter www.hofer-symphoniker.de

Besondere Stadtführungen, etwa durch Nachtwächter oder »Zeitgenossen« der Hussiten, weitere Infos bei der Tourist-Information, s. oben.

7 Bad Staffelstein

Juwel im »Gottesgarten am Obermain«

Ort:

Stadt im oberfränkischen Landkreis Lichtenfels. Ca. 10 250 Einwohner.

Geschichte:

Erste urkundliche Erwähnung um 800. Gehört seit dem 9. Jahrhundert zum Besitz des Fuldaer Klosters; fällt im 11. Jahrhundert an das Fürstbistum Bamberg. 1130 Marktrecht. 1418 erstmals als Stadt bezeichnet, Bamberger Bischof verleiht vier Jahre später das Recht zum Bau einer Stadtmauer. 1473 schwerer Stadtbrand. 1633 Zerstörung der Vorstadt durch die Schweden. Im Folgejahr 400 Pesttote. Verheerender Stadtbrand von 1684 vernichtet fast alle Häuser. Wiederaufbau im Barockstil. Wird 1803 bayerisch. Mit Anschluss 1846 an Bahnnetz Bamberg–Hof wirtschaftlicher Aufschwung. 1975 Entdeckung einer 50 Grad warmen solehaltigen Thermalquelle. 2001 staatlich als Heilbad anerkannt.

Sehenswürdigkeiten:

Rathaus und etliche frühbarocke Fachwerkhäuser. Ehemaliges Amt des Bamberger Domkapitels. Pfarrkirche St. Kilian. Georg-, Anna- und Kreuzkapelle. Stadtturm und Reste der alten Stadtmauer. Stadtmuseum. Staffelberg. Obermain Therme mit Kurpark, Monopteros, Seebühne und 2 Gradierwerken. Kloster Banz. Vierzehnheiligen.

Dauer des Rundgangs:

Ohne Einkehr und Museumsbesuch, aber mit Aufstieg zum Staffelberg, rund 4 Std.

Anfahrt:

ÖPNV: Von Nürnberg direkt mit RE zum Bhf. Bad Staffelstein. *Kfz*: Von Nürnberg auf A 73 bis Ausfahrt 14 »Bad Staffelstein-Kurzentrum«, weiter auf St 2197 bis zum Kreisverkehr, rechts auf St 2204 bis zur Bahnhofstr., Parken am Bhf.

Schon die Bamberger Fürstbischöfe hatten die idyllische Lage Staffelsteins im »Gottesgarten am Obermain« klar erkannt und hier ihre Spuren hinterlassen. Weithin bekannt ist der Ort vor allem durch Adam Riese geworden, der 1492 in Staffelstein das Licht der Welt erblickte und mit seinen Lehrbüchern zum »Vater des modernen Rechnens« wurde. Das 1859 von Victor von Scheffel gedichtete *Lied der Franken*, in dem die Schönheit des Obermaintals besungen wird und der heilige Veit von Staffelstein in Erscheinung tritt, hat ebenfalls wesentlich zum Ruhm der Stadt beigetragen. In jüngster Vergangenheit war und ist es die moderne Obermain Therme, die jährlich Zehntausende nach Bad Staffelstein lockt.

Stadtpfarrkirche und Stadtmuseum

Vom Bahnhof aus ist die historische Altstadt über die Bahnhofstraße in wenigen Minuten erreicht. Kurz vor dem Marktplatz biegen wir links in die Kirchgasse ein und kommen zu der Stadtpfarrkirche St. Kilian. Sie gilt als ältester Bau der Stadt und hat die beiden Stadtbrände mit einigen Umbauten relativ gut überstanden. Den Besucher erwartet eine üppige barocke Innenausstattung. Der Hochaltar zeigt die Geburt Mariens. Seitenaltäre und Kanzel sind mit Figuren reich verziert.

Unmittelbar hinter St. Kilian stoßen wir auf das Stadtmuseum. Ein Besuch lohnt sich wirklich, denn dort ist nicht nur die Geschichte der Stadt akribisch dargelegt, sondern auch Leben und Werk von Adam Riese, dem bedeutendsten Sohn Staffelsteins. Außerdem ist Victor von Scheffel eine eigene Abteilung gewidmet, und man erhält viele Informationen über die Thermalsole und die Erdgeschichte im Bad Staffelsteiner Land. Wer später den Aufstieg zum Staffelberg nicht mitmachen möchte, kann hier mühelos eine volle Stunde verbringen.

Weiter dann vorbei an St. Kilian in die Bärengasse. Hinter der Kirche steht eine Brandsäule, die an den verheerenden Stadtbrand vom 5. Juli 1684 erinnert, dem 330 Häuser zum Opfer gefallen sind. In der Bärengasse passieren wir das ehemalige Amtshaus des Bamberger Domkapitels, jenes geistlichen Gremiums, dem die Durchführung feierlicher Gottesdienste oblag und dem ein Beratungsrecht in der Leitung der Diözese zustand. Nunmehr ist das stattliche Gebäude Sitz des Amts für Landwirtschaft.

Marktplatz und Rathaus

Am Ende der Bärengasse biegen wir rechts in die Lichtenfelser Straße ein. Hier reiht sich Fachwerk an Fachwerk, ein Haus schöner als das andere; alle Häuser entstanden nach der schon mehrfach erwähnten Feuersbrunst von 1684. Unmittelbar vor Erreichen des Marktplatzes gehen wir links den Kastenhof hinauf, werfen einen Blick in die äußerlich unscheinbare Georgskapelle und werden überrascht von einer sehr ansehnlichen Barockausstattung. Wieder auf der Lichtenfelser Straße sind es nur ein paar Schritte zum Marktplatz. Die Häuser auf der linken Seite des Platzes mit kunstvollem Zierfachwerk im Obergeschoss – Stadtapotheke, *Gasthof Schwarzer Bär*, *Weinhaus*, *Gasthaus Adam Riese* – bilden ein einzigartiges Ensemble.

Am eindrucksvollsten ist natürlich das gegenüberliegende Rathaus. Da empfiehlt es sich, auf einer der Bänke am Marktbrunnen zu Füßen des heiligen Nepomuk Platz zu nehmen und dieses außergewöhnliche Gebäude in aller Ruhe zu betrachten. Auf dem Rathausdach sieht man ein Zwerchhaus mit Uhr, darüber das Wappen des Bamberger Hochstifts; oberhalb des Rathausportals eine Kaiserbüste mit Wappen, darüber eine Wandmalerei mit dem Stadtwappen und einer Inschrift, die an die Verleihung des Marktrechts im Jahr 1130 erinnert. Wenn das Rathaus geöffnet ist, steht einer Besichtigung der großen Ratsstube, in der auch heute noch die gewählten Volksvertreter tagen, sicherlich nichts im Wege.

An der Frontseite des Rathauses ganz links unten entdecken wir eine Adam-Riese-Gedenktafel aus dem Jahr 1874. An der Rückseite des Rathauses, an der Ecke zur Bahnhofstraße, bewundern wir anschließend das Denkmal für das fränkische Rechengenie, vor dem ein Schüler den Erklärungen des Meisters aufmerksam lauscht. Wer jetzt mehr über Staffelsteins größten Sohn erfahren möchte, betritt das Volksbank-Gebäude neben der Tourist-Information. In dem Vorgängerbau dieses Hauses, so die Vermutung, sei Adam Riese geboren worden. In den Kellerräumen ist ein Zimmer mit diversen Exponaten eingerichtet, die veranschaulichen, wie Riese das Rechnen mit Rechenpfennigen auf einem Rechenbrett mit eingeritzten Linien erleichtert hatte. Sein Lehrbuch *Rechenung auff der linihen und federn* von 1522 wurde, was für die damalige Zeit außergewöhnlich war, 120 Mal in deutscher – und nicht lateinischer – Sprache aufgelegt. Riese arbeitete zudem mit den arabischen Ziffern 0 bis 9, nicht mit den »unhandlichen« römischen Zahlen

Der Ausblick vom Staffelberg ist atemberaubend.

wie V, M, D oder C, was zusätzlich dazu beitrug, dass er als Großer in die Geschichte des modernen Rechnens einging.

Vom Stadtturm zum Staffelberg

Zwischen Gasthof *Adam Riese* und Tourist-Information gehen wir weiter Richtung Stadtturm, dem einzigen erhaltenen von einst vier Stadttoren. Linker Hand vor dem Turm die Annakapelle, wie die Georgskapelle stets zugänglich und ansprechend barock ausgestattet. Der Stadtturm ist das bedeutendste Überbleibsel der alten Stadtbefestigung, von der Reste beiderseits des Turms zu erkennen sind. Wir sind inzwischen gut eine Stunde unterwegs und machen uns jetzt auf den Weg zum 539 Meter hohen Staffelberg. Das wird mit einigen Mühen verbunden sein, aber Staffelstein ohne Staffelberg wäre nur die halbe Miete.

Unmittelbar vor dem Stadtturm zweigt ein enges Gässchen, Am Stadtturm genannt, zur Oberen Badegasse ab. Hier gehen wir entlang, biegen anschließend rechts in die Horsdorfer Straße und danach links in die Hirtengasse ein, die uns zur Victor-von-Scheffel-Straße bringt.

Rechter Hand, neben dem Stumpf einer alten Linde, geht es nunmehr mit der Markierung MD den Staffelberger Weg hinauf. Etwa 280 Höhenmeter sind zu bezwingen, was aber gut zu schaffen ist, wenn man sich Zeit lässt und immer wieder eine Verschnaufpause einlegt. Die Krone des Staffelbergs ist mehrfach zu sehen, gen Westen auch Kloster Banz mit seinen zwei markanten Türmen. Die letzten 700 Meter sind relativ steil, doch schließlich haben wir das Gipfelplateau erreicht, können in der Staffelbergklause einkehren und lassen uns ein gutes Bad Staffelsteiner Bier munden.

»Ich wollt', mir wüchsen Flügel«

Erfrischt und gestärkt schauen wir uns dann auf dem drei Hektar großen Plateau näher um. Die St.-Adelgundis-Kapelle ist erstmals 1419 urkundlich nachgewiesen und hatte bereits im 18. Jahrhundert viele Wallfahrer auch aus weit entlegenen Orten wie Fulda und Hammelburg angezogen. Faszinierend für uns ist vor allem der Blick von der Abbruchkante auf das tief liegende Maintal. Im Norden, mit bloßem Auge klar erkennbar, die von Balthasar Neumann geschaffene barocke Wallfahrtsbasilika Vierzehnheiligen, und auf der anderen Flussseite Kloster Banz. Was für ein herrliches Panorama! Das Land zu seinen Füßen, den Blick auf »die breite stromdurchglänzte Au« gerichtet – kein Wunder, dass Victor von Scheffel in seinem *Lied der Franken* von einem »Gottesgarten« sprach und sehnsuchtsvoll bekannte: »Ich wollt', mir wüchsen Flügel«. Viele Wanderer, die zum ersten Mal auf dem Staffelberg sind, werden ganz ähnliche Gefühlsaufwallungen wie einst der Verfasser des Frankenlieds spüren.

Therme und Kurpark

Hat der Aufstieg gut eine Stunde in Anspruch genommen, so erweist sich der Abstieg als erheblich kürzer. An der alten Linde bleiben wir auf der Victor-von-Scheffel-Straße, und kommen über die Lichtenfelser Straße nochmals zum Marktplatz und bewundern erneut das einzigartige Fachwerkensemble. Hinter dem Stadtturm gehen wir auf schmalem Fußweg rechts an der Lauter entlang, einem kleinen Nebenfluss des Mains. Rechter Hand befindet sich eine wunderbare Grünanlage. Die Lauter teilt sich in zwei Arme, die wieder zusammenfließen. Eine Brücke bringt uns rechts zum Unteren Lauterdamm. Dann links ein paar Meter auf der Bahnhofstraße und anschließend links in die Goethestraße, um unmittelbar nach Überquerung der Lauterbrücke rechts den Fußweg zum Kurpark einzuschlagen.

Die Lauter bleibt uns bis zum Kurpark erhalten. An der Adam-Riese-Halle überqueren wir das Flüsschen erneut und lernen zehn Skulpturen heimischer Künstler kennen. Nach der Bahnunterführung liegt die Obermain-Therme vor uns, und links davon der Kurpark mit Seebühne, Monopteros und den zwei Gradierwerken. Es lohnt sich, hier genussvoll entlangzuschlendern. Der eine oder andere wird jetzt sicherlich einkehren, vielleicht in *rödiger's Bistro am Meer* oder in der Gaststätte *Am Kurpark*. Von dort zur Bahnstation sind es abschließend nur ein paar Minuten.

Natürlich gibt es auch in der Altstadt treffliche Wirtshäuser, z.B. die Gaststätte *Am Stadtturm* und das Restaurant *Zehntstadel*, beide in unmittelbarer Nähe des Stadtturms; ein heißer Tipp wäre auch das *Stadtcafé* in der Bahnhofstraße. Da es im Stadtgebiet noch zehn bodenständige Brauereien gibt, werden Biertrinker keinesfalls darauf verzichten wollen, die süffigen Produkte der Bad Staffelsteiner Braumeister gründlich zu testen.

Thilo Castner

Die Adelgundiskapelle auf dem Staffelberg

Informationen:

Tourist-Information, Bahnhofstr. 1, 96231 Bad Staffelstein, Tel. 0 95 73/3 31 20, www.bad-staffelstein.de

Stadtmuseum, Kirchgasse 16, Tel. 0 95 73/33 10 30, www.bad-staffelstein.de (> »Freizeit und Ausflüge« > »Führungen«), April–Okt Di–Fr 10.00–12.00 u. 14.00–17.00, Sa, So u. Fei 14.00–17.00; Nov–März Di u. Sa 14.00–16.00.

Obermain Therme, Am Kurpark 1, Tel. 0 95 73/9 61 90, www.obermaintherme.de, ThermenMeer tägl. 8.00–21.00 (Do, Fr u. Sa bis 23.00), SaunaLand tägl. ab 9.00, Kurmittelhaus Mo–Fr 8.00–16.00.

Einkehrtipps:

Stadtcafé, Bahnhofstr. 23, Tel. 0 95 73/34 04 61, Mo–Sa 8.00–18.00, So u. Fei 9.30–18.00.

Restaurant Zehntstadel, Bamberger Str. 29, Tel. 0 95 73/17 49, Mi–Sa ab 18.00, So u. Fei 11.30–14.00 u. 17.00–23.00, Mo u. Di Ruhetag.

Gaststätte Am Stadtturm, Angerstr. 7, Tel. 0 95 73/23 92 60, www.amstadtturm.de, Di–So 11.00–14.00 u. 17.00–23.00. Mo Ruhetag.

Staffelbergklause, Bad Staffelstein-Romansthal, Tel. 0 95 73/54 37, Apr–Ende Okt Mo u. Mi–Sa ab 10.00, So u. Fei ab 9.00, Dez–März Fr ab 14.00, Sa ab 11.30, So u. Fei ab 9.00, Di Ruhetag, Nov geschlossen.

Buchtipps:

Günter Dippold: *Bad Staffelstein. Kleinod im Gottesgarten am Obermain*, Stuttgart 2001.

Karl-Ludwig Ostertag-Henning: *Der Apfelbaum im Gottesgarten*, Staffelstein 1998.

Extras:

Oldtimer-Treffen im März/Apr.

Staffelsteiner »Autofrühling« im Apr.

Altstadtfest am letzten Juli-WE.

Kulmbach

Bergauf und bergab durch die heimliche Bierhauptstadt

Ort:

Große Kreisstadt am Weißen Main, ca. 27 000 Einwohner.

Geschichte:

Frühmittelalterliche Besiedelung im 9. Jahrhundert. Erste urkundliche Erwähnung der Siedlung »kulma« um 1035. Unter Herrschaft der Grafen von Andechs-Meranien (ab 1057) erhält Stadt das Markt- und 1231 das Stadtrecht. Erstmalige Erwähnung der Veste Plassenburg 1135. Nach Erbstreitigkeiten beginnt 1340 die über 500-jährige Herrschaft der Hohenzollern-Burggrafen von Nürnberg. Ab 1398 Residenzstadt, wirtschaftlicher Aufstieg mit Höhepunkt in der zweiten Hälfte des 15. Jahrhunderts. Im Laufe des Zweiten Markgrafenkrieges 1553/1554 Zerstörung der Stadt und der mittlerweile zur Festung ausgebauten Plassenburg, danach Wiederaufbau unter Markgraf Georg Friedrich von Brandenburg. In der Mitte des 17. Jahrhunderts endgültig von Bayreuth als Residenzhauptstadt abgelöst. Im 17./18. Jahrhundert weitgehende Verschonung von Kriegen, aber Verheerung durch Seuchen und Hungersnöte; dennoch Modernisierung der Stadt. Zu Beginn des 19. Jahrhunderts kurzzeitig preußisch, ab 1810 bayerisch. Baldige Industrialisierung und Aufstieg zum industriellen Zentrum der Region (v. a. durch Textilien und Bier). Nach Kriegsende Aufnahme vieler Flüchtlinge und Vertriebener, aber Entwicklung zum Zonenrandgebiet. Seitdem Neuorientierung der wirtschaftlichen Ausrichtung in Richtung Nahrungsmittelindustrie.

Sehenswürdigkeiten:

Plassenburg. Spitalkirche. Weißer und Roter Turm. Langheimer Amtshof. Kirche St. Petri. Prinzessinnenhaus. Künßberg'sches Schlösschen. Stadtpfarrkirche Unsere Liebe Frau. Badhaus. Michel-Weiß-Haus. Rathaus. Zinsfelder Brunnen.

Dauer des Rundgangs:
Ohne Museumsbesuche und Einkehr 1 ½ –2 Std.
Anfahrt:
ÖPNV: Von Nürnberg direkt mit RE zum Bhf. Kulmbach, von dort wenige Gehminuten bis zur Tourist-Information. *Kfz*: Von »Kreuz Nürnberg« über A9 bis »Dreieck Bayreuth/Kumbach«, auf A 70 bis Ausfahrt 24 »Kulmbach«, weiter auf B 85, bis rechts Wilhelm-Meußdoerffer-Straße abzweigt, dieser u. anschließender Pestalozzistr. folgen, links zum Bhf.; rechts zu den Parkplätzen am Zentralparkplatz neben der Dr.-Stammberger-Halle.

Weithin sichtbares Wahrzeichen der Stadt

Schon bei der Ankunft in Kulmbach fällt das im wahrsten Sinne des Wortes höchste Ziel des Ausflugs in den Blick: die Plassenburg, die sich als Wahrzeichen der Stadt stolz und gewaltig über ihr erhebt. Für geübte Ausflügler sollte der durchaus steile, ca. 15 bis 20 Minuten dauernde Weg hinauf kein Problem darstellen – zumal dieser mit Schätzen aus der Geschichte Kulmbachs gesäumt ist. Wem dies aber zu anstrengend erscheint, dem sei eine Fahrt mit dem Plassenburg-Express empfohlen, der jede halbe Stunde innerhalb von fünf Minuten vom Zentralparkplatz zur Veste hinauffährt (abweichenden Winterfahrplan beachten). Diejenigen, die gut zu Fuß sind, schlagen vom Großparkplatz aus den Weg durch die Spitalgasse ein und laufen rechter Hand am liebevoll restaurierten ehemaligen Bürgerspital, das heute ein Seniorenheim beherbergt, sowie an der dazugehörigen Spitalkirche vorbei. Beide Gebäude stehen auf dem Grund des ehemaligen Elisabethenspitals. Dort, wo zuvor die dem Spital zugehörige Elisabethenkapelle stand, errichtete der Baumeister Johann Georg Hoffmann in den Jahren 1738/39 die Spitalkirche. Sehenswert ist an der Spitalkirche besonders das saalartige Langhaus, das von einer Doppelempore aus Holz umzogen ist und auf dessen Brüstungsfeldern biblische Szenen abgebildet sind.

Vom Weißen zum Roten Turm

Unmittelbar nach der Kirche folgen wir links der Spitalgasse auf Kopfsteinpflaster weiterhin bergan und gelangen nach wenigen Schritten

Das Wahrzeichen von Kulmbach: die Plassenburg

zum Weißen Turm. Er gehört als erhaltener Teil der Stadtmauer zur städtischen Befestigungsanlage aus dem frühen 14. Jahrhundert und bildet mit dem nebenan stehenden Wehrturm Bürgerloch eine Doppelturm-Toranlage. Sein heutiges Aussehen verdankt der Turm seinem Umbau im 17. Jahrhundert zu einem Schuldturm, als der er bis ins 19. Jahrhundert hinein Verwendung fand.

Durch das Spitaltor führt uns der Weg den steilen Röthleinsberg hinauf, vorbei an imposanten Häuser- und Gartenmauern, bis wir unmittelbar vor der mächtigen Rückansicht eines lang gezogenen Mauerwerks rechter Hand treppab steigen und nach links um das Gebäude herumlaufen. Es handelt sich dabei, wie der Straßenname Rentamtsgäßchen schon andeutet, um ein Verwaltungsgebäude, den sogenannten Langheimer Amtshof. Der Bau desselben wurde vom Zisterzienserkloster Langheim bei Lichtenfels Ende des 16. Jahrhunderts in Auftrag gegeben, nachdem die ursprünglich dort befindliche Katharinenkapelle den Verwüstungen des Jahres 1553 zum Opfer gefallen war. Der Beauftragte war kein anderer als der Barockarchitekt Johann Leonhard Dientzenhofer. Seine deutliche Handschrift ist an der von ihm gestalteten Giebelfassade auf den ersten Blick erkennbar. Heute beherbergt der ehemalige Klosterhof, wie die vielfältige Beschilderung zeigt, verschiedene Bildungseinrichtungen, unter anderem die Akademie für Neue Medien.

Gleich hinter den klösterlichen Mauern geht es links treppauf, bis wir, wieder im Röthleinsberg angekommen, auf einen weiteren eindrucksvollen Turm stoßen. Der sogenannte Rote Turm ist ebenfalls ein erhaltener Teil der Stadtbefestigung und sogar noch ca. 100 Jahre älter als sein weißer Kollege. In dem fünfgeschossigen Bauwerk – das oberste gar im Fachwerkstil – befand sich sinnigerweise die Wohnung des Stadtpfeifers und Feuerwächters: Denn von dort droben hatte man die beste Sicht auf die ganze Stadt und eine etwaige ausgebrochene Feuersbrunst.

Prachtvolle Plassenburg

Aber es geht freilich noch höher hinauf, wie uns das Hinweisschild zur Plassenburg unmissverständlich anzeigt, und so schlagen wir den direkten Weg nach oben ein, der uns auf schattigen, aber steilen Pfaden über die Straße Festungsberg hinein in einen grünen Wald führt. Serpentinenartig schlängelt er sich hinan, und wer kurz nach Luft schnappen muss, kann sich am herrlichen Ausblick auf Stadt und Land erfreuen, der immer schöner wird, je höher man steigt. Nach etwa zehn Minuten hat man die gewaltigen Befestigungsmauern der Plassenburg erreicht und betritt schließlich die sogenannte Niederburg, den unteren der beiden Burghöfe. Eine Wendung nach rechts, einen kurzen Anstieg und einen prächtigen Ausblick später steht man in der Hochburg, dem oberen Burghof, der seinen Beinamen »Schöner Hof« wahrlich verdient hat. Erbaut von Caspar Vischer in den Jahren 1564 bis 1569, nach der vollständigen Zerstörung der Plassenburg im Zweiten Markgrafenkrieg, gilt er als einer der schönsten Renaissancehöfe nördlich der Alpen. Angesichts der beeindruckenden Größe des Platzes sowie der schmuckvoll verzierten Arkaden und nachgotischen Gewölbe – die teilweise mit Efeu bewachsen sind und erst vor kurzer Zeit restauriert wurden – kann man diesem Urteil nur vorbehaltlos zustimmen. Die zwischenzeitige, wenig freudvolle Nutzung der Festung als Kriegsgefangenenlager (18. Jahrhundert) oder gar als Zuchthaus (19. Jahrhundert) ist scheinbar spurlos an der Plassenburg vorbeigegangen. Wer mag und Zeit hat, kann sich dann nach Herzenslust innerhalb der wunderbaren Gemäuer verlustieren, schließlich beherbergen diese nicht weniger als vier Museen: das Deutsche Zinnfigurenmuseum – das größte seiner Art weltweit –, das Museum »Hohenzollern in Franken« mit den Markgrafen- und Fürstenzimmern, das Armeemuseum »Friedrich der Große« sowie das Landschaftsmuseum »Obermain« mit dem Gewürzmuseum.

Hinab in die Obere Stadt

Hat man sich genug erfreut an Zinnfiguren, Adelszimmern und historischen sowie landschaftlichen Eindrücken, ist es wieder an der Zeit, in die bürgerliche Welt hinabzusteigen. Dabei wählen wir denselben Weg wie beim Aufstieg, bis wir, geradewegs vorbei am Roten Turm und treppab über das Kapellengäßchen, in der »Oberen Stadt« am Löwenbrunnen ankommen, dem schönsten Renaissancebrunnen Kulmbachs. Von dort gehen wir nach links, entlang hübscher, bunter Häuserfassaden, mit dem Bewusstsein, gerade die früheste Marktanlage der Stadt zu durchschreiten. Nach einigen Hundert Metern gelangen wir an eine Weggabelung: Geradeaus führt die Straße »Kirchwehr« ortsauswärts, nach rechts geht es in den Schießgraben. Doch bevor wir den martialisch klingenden Weg einschlagen, gilt es, die unmittelbare Umgebung im Uhrzeigersinn genauer in sich aufzunehmen, denn hier gibt es gleich mehrere repräsentative Bauten weltlicher und geistlicher Herrschaft zu entdecken: Neben einer barocken Treppenanlage beeindruckt der Renaissancegiebel der ehemaligen markgräflichen Kanzlei, darüber befindet sich der anmutige Fachwerkbau der früheren Lateinschule und schließlich ragt die stolze Wehranlage der Kirchenburg St. Petri empor. Nach mehreren kriegsbedingten Zerstörungen präsentiert sie sich heute als spätgotische Hallenkirche mit neugotischem Innenausbau. Neben einer Statue des Namenspatrons Petrus, die in der Portalvorhalle des Westturms steht, befindet sich auch die Grablege der Zollern-Herrschaft darin. Ebenfalls

Der Marktplatz lockt mit einem schönen Brunnen und allerlei Einkehrmöglichkeiten.

Das Rathaus mit seiner schönen Rokokofassade

interessant ist die Kirchturmuhr, denn statt Ziffern weist sie die fromme Mahnung »Wachet – Betet« auf.

Wo schon Prinzessinnen und Moderatoren weilten …

Wenn man sich sattgesehen hat, wendet man sich nach rechts und geht vorbei am sogenannten Prinzessinnenhaus, einem schlichten spätbarocken Häuschen aus dem Jahre 1729. Es verdankt seinen Namen der

Markgräfin Christiane Sophie Wilhelmine, die, wie die Quellen berichten, nach einem »Fehltritt« vom Bayreuther Hof in die Kulmbacher Provinz verbannt wurde – eine Maßnahme, welche die Markgrafen des Öfteren durchführten, um in Ungnade gefallene Personen loszuwerden.

Wir folgen nun dem Schießgraben, der an der ehemaligen Stadtmauer und dem Stadtgraben entlangführt, und passieren dabei allerlei malerisch im Grünen gelegene Gebäude. Besonders ins Auge fällt dabei die großzügige Anlage des Markgraf-Georg-Friedrich-Gymnasiums, das der berühmteste Sohn der Stadt, der TV-Moderator Thomas Gottschalk besucht hat, sowie das Künßberg'sche Schlösschen aus dem Jahr 1571, das der uns mittlerweile wohlbekannte Baumeister Caspar Vischer entwarf. Wir laufen dabei geradewegs auf unser nächstes Ziel zu, die katholische Stadtpfarrkirche Unsere Liebe Frau, die aufgrund ihrer Hanglage am Rehberg das Stadtbild Kulmbachs prägt. Von den Stufen der neugotischen dreischiffigen Basilika aus, die Ende des 19. Jahrhunderts erbaut wurde, hat man wiederum einen herrlichen Blick über die gesamte Altstadt bis hoch zur Plassenburg.

Mittelalterliches Badevergnügen gefällig?

Wir verlassen nun den äußeren Ring um die Stadt und steigen unmittelbar vor dem Kirchenportal rechts kleine Treppchen hinunter, die uns vorbei am Heilingschwertturm, der im 14. Jahrhundert als Teil der Stadtbefestigung erbaut wurde und in dem sich heute eine Jugendbildungsanstalt befindet, wieder in die Altstadt führen. Über die Bauergasse gelangt man in den »Oberhacken«, wo man nach wenigen Schritten nach rechts auf das Badhaus stößt. Hier kann man sich auf sehr anschauliche Weise über die im Mittelalter selbstverständliche Art des öffentlichen Badebetriebs kundig machen. Denn das hiesige Badhaus ist eines von nur insgesamt acht wissenschaftlich erforschten und restaurierten Badstuben in Deutschland, sodass der Besuch dieser seit 1398 genutzten städtischen Institution mit Sicherheit ein besonderes Erlebnis ist.

Malerische Kulissen auf Marktplatz und Holzmarkt

Nach diesem kurzen Schlenker geht es den Oberhacken wieder nach links hinunter und vorbei an einem wundervoll renovierten roten Fachwerkhaus, in dem der im 20. Jahrhundert berühmte Kulmbacher Maler und Ehrenbürger Michel Weiß zu Hause war. Anschließend biegen wir rechts in die Huthergasse ab und stehen kurze Zeit später vor der imposanten Kulisse des Kulmbacher Marktplatzes mit seiner typisch fränkischen Rechteckanlage. An seiner Südostecke steht das Rathaus von 1752 mit der herrlichen Rokokofassade, die vom Bayreuther Hofarchitekten Joseph Saint-Pierre entworfen wurde. Neben den für die Verwaltung einer Stadt unentbehrlichen Symbolen der Prudentia (Klugheit) in Form eines Buches und der Justitia (Gerechtigkeit) als Waage findet der Betrachter dort auch das alte Stadtwappen, das mit dem Andechs-Meranier-Löwen und dem Hohenzollern-Schild von den unterschiedlichen Herrschaften über die Stadt kündet. Daneben befindet sich das frühere Kornhaus, in dem heute die Sparkasse ansässig ist. Eindrucksvoll ist auch der Luitpoldbrunnen aus dem Jahr 1898 in der Mitte des Platzes, nicht zuletzt dank seiner vergoldeten Stachelspitze. Vor dieser malerischen Kulisse finden zahlreiche Veranstaltungen und Feste statt, so etwa das alljährliche Altstadtfest, der Weihnachtsmarkt und der zweimal wöchentliche Bauernmarkt.

Hat man sich auch hier sattgesehen, geht es noch die einst längste Straße der Stadt hinunter, die Langgasse, die als alte Fernhandelsstraße mit Häuserzeilen aus dem 17. und 18. Jahrhundert besticht und heute als Fußgängerzone mit zahlreichen Läden und Geschäften aufwartet. Schließlich gelangen wir auf den Holzmarkt, einen alten dreieckigen Straßenmarkt, auf dem noch ein besonderes Schmuckstück steht: der bunte Zinsfelder Brunnen von 1660. Er symbolisiert die Marktfreiheit der Stadt und verdankt seinen Namen einem mittelalterlichen Stadtknecht, der auf dem Marktplatz (= »Feld«) den sogenannten Marktpfennig (= »Zins«) kassierte und für Ruhe und Ordnung sorgte. Ursprünglich vor dem Rathaus stehend musste er im 19. Jahrhundert einer neuen Wasserversorgungsleitung weichen und fand dann hier eine neue Heimstatt.

Über die Klostergasse, die an das 1553 zerstörte Augustinerkloster erinnert, gelangen wir schließlich wieder zum Ausgangspunkt unserer Stadttour, dem Zentralparkplatz, und wissen, was wir nun zu uns nehmen müssen in der sich selbst so bewerbenden »heimlichen Hauptstadt des Bieres«, um die zahlreichen Eindrücke Revue passieren zu lassen …

Jan Castner

Informationen:

Tourist-Information, Buchbindergasse 5, 95326 Kulmbach, Tel. 0 92 21/9 58 80, touristinfo@stadt-kulmbach.de

Museen auf der Plassenburg, Festungsberg 26, Tel. 0 92 21/80 45 71 www.plassenburg.de, Apr–Okt 9.00–18.00, Nov–März 10.00–16.00.

Einkehrtipps:

Zunftstube, Obere Stadt 4, Tel. 0 92 21/8 33 77, Mo, Di u. Do–Sa 10.00–24.00, So 10.00–14.00, Mi Ruhetag.

Kulmbacher Kommunbräu, Grünwehr 17, Tel. 0 92 21/8 44 90, www.kommunbraeu.de, tägl. 10.00–24.00, mit Bierproben und dem Bier des Monats.

Mönchshof-Bräuhaus, Hofer Str. 20, Tel. 0 92 21/8 05 14, www.kulmbacher-moenchshof.de, Di–So 9.00–23.00, Zapferprüfungen und mehrtägige Bierseminare möglich.

Extras:

Über die Tourist-Information sind zahlreiche besondere Stadt- und Themenführungen buchbar, z. B. »Kulmbacher Sagen« oder Touren mit Nachtwächter oder Scharfrichter.

Altstadtfest am letzten WE im Juni.

Kulmbacher Kulturnacht Mitte Juni.

Im Sommer zahlreiche Open-Air-Konzerte in der Plassenburg.

Adventlicher Weihnachtsmarkt in der historischen Altstadt.

9 Marktredwitz
Eine Brücke zwischen West und Ost

Ort:

Große Kreisstadt im oberfränkischen Landkreis Wunsiedel. Rund 17 000 Einwohner.

Geschichte:

Erste urkundliche Erwähnung 1140 als »Radewize«. 1339 übereignet Kaiser Ludwig der Bayer Redwitz an Kloster Waldsassen, das den Ort zwei Jahre später an die Reichsstadt Eger verkauft. 1560 Einführung der evangelischen Konfession. Als Eger 1627 zum Katholizismus zurückkehrt, wird Gleiches in Redwitz durch den Bayreuther Markgrafen verhindert. Schwere Zerstörungen im Dreißigjährigen Krieg. Im 18. Jahrhundert Beginn eines wirtschaftlichen Aufschwungs (Bergbau und Eisenverarbeitung). 1788 entsteht auch die erste chemische Fabrik. 1816 wird der Ort bayerisch. Mit Anschluss an das Eisenbahnnetz zahlreiche Industrieansiedlungen. 1907 zur Stadt erhoben und in »Marktredwitz« umbenannt.

Sehenswürdigkeiten:

Markt mit Löwenbrunnen und historischem Rathaus. Drei Kirchen. Lug ins Land. Neues Rathaus mit Goethe-Zimmer. Kaufhaus Thorn. Prächtige Villen reicher Unternehmer. Egerland-Museum und Egerländer Kunstgalerie. Kösseine Einkaufszentrum. Stadtpark und Auenpark.

Dauer des Rundgangs:

Ohne Museumsbesuch und Wirtshauseinkehr gut 2 Std.

Anfahrt:

ÖPNV: Von Nürnberg direkt mit RE zum Bhf. Marktredwitz. *Kfz*: Von Nürnberg A 6 u. A 93 bis Ausfahrt 13 »Marktredwitz Nord«, nach Kreisverkehr links über Wölsauer Str., beim nächsten Kreisverkehr rechts in Marienstr., dort links in Goethestr., über Goethestr. und Kraußoldstr. zu den Parkplätzen am Bhf.

Die Nachbarschaft zum Egerland – Marktredwitz ist nur wenige Kilometer von der tschechischen Grenze entfernt – hat die Entwicklung der Stadt ganz wesentlich mitgeprägt. Eger (tschechisch Cheb) war 1277 zur Reichsstadt erhoben worden und stattete auch den 1341 erworbenen Markt Redwitz mit stadtähnlichen Verfassungsrechten nach Nürnberger Vorbild aus. Die enge Verbundenheit der beiden Städte wurde durch den Eisernen Vorhang nur kurzfristig unterbrochen. Mit der Öffnung nach Osten in den 1990er-Jahren bildete sich erneut ein reger Austausch.
Seit 1993 beherbergt Marktredwitz die bayerische Geschäftsstelle der »Euregio Egrensis«, die grenzüberschreitende Kooperationen auf vielen Gebieten fördert und unterstützt. Ergänzt wurde diese Arbeit 2001 durch Gründung des Ost-West-Kompetenzzentrums. Damit entstand eine in der Bundesrepublik einmalige Einrichtung für grenzüberschreitende Dienstleistungen. 2006 kam es zu der viel beachteten Gartenschau zwischen Eger und Marktredwitz. Die Stadt nimmt in Anspruch, als Brücke zwischen West und Ost zu fungieren, insbesondere zum Egerland. Darüber werden wir uns am Ende des Rundgangs im neugestalteten Egerlandmuseum ausführlich informieren können.

Zum Markt

Der Marktredwitzer Bahnhof liegt etwas außerhalb des historischen Zentrums. Wir verlassen das Bahnhofsgebäude nach rechts und biegen kurz darauf links in die Bahnhofstraße ein. Hier ist gleich der Kaiserhof, gegenüber das ehemalige Kaiserhofbräugebäude, und nur ein paar Schritte weiter kommen wir zu der formschönen neugotischen St. Josef Kirche. Der Bau wurde Ende des 19. Jahrhunderts notwendig, weil die Theresienkirche am Markt für den im Zuge der Industrialisierung stark angewachsenen katholischen Bevölkerungsanteil nicht mehr ausgereicht hatte. Dann befindet sich linker Hand eine imposante Gründerzeit-Villa, gebaut vom Dampfmaschinen-Fabrikanten Heinrich Rockstroh. Wir werden auf unserem Rundgang noch weitere Prachtvillen kennenlernen, allesamt um die Jahrhundertwende entstanden, als sich in Marktredwitz bedeutende Industriewerke ansiedelten und die Stadterhebung gelang. Am Berliner Platz halten wir uns rechts und biegen anschließend links in den Markt ein, die Kauf- und Flaniermeile der Stadt.

An Werktagen tummelt sich in der Marktstraße Groß und Klein, um einzukaufen, zu bummeln oder Neuigkeiten auszutauschen. Etliche

Häuser zeugen vom beträchtlichen Wohlstand, der hier während der Industrialisierung eingezogen war. Einen längeren Stopp machen wir dann vor dem Historischen Rathaus, gebaut 1384 nach Verleihung des Marktrechts. Der markante Erker kam 1592 zusammen mit größeren Um- und Erweiterungsbauten dazu, wie der Inschrift zu entnehmen ist. Im Untergeschoss des Rathauses befanden sich einst Brot- und Fleischbänke, im Obergeschoss war ein großer Tanzsaal – jetzt kommen dort die Stadträte zu ihren Sitzungen zusammen. Links neben dem Rathaus gibt es eine zünftige Zoigl-Stube, vor dem Rathaus einen Löwenbrunnen. Auf der anderen Straßenseite die Theresienkirche, gestiftet von Kaiserin Maria Theresia für die 1763 in Redwitz stationierte österreichische Garnison – in die evangelische Bartholomäus-Kirche konnten gläubige Katholiken nicht gehen.

Kirchhof und Kirchplatz

St. Bartholomäus liegt unmittelbar hinter dem Rathaus, erreichbar über die Passage neben der Tourist-Information. Mit dem Bau der gotischen Kirche wurde vermutlich Ende des 14. Jahrhunderts begonnen. Das Mittelschiff wird von vier mächtigen Rundsäulen getragen. Sehr schön und außergewöhnlich sind vor allem die Deckenfresken, die Orgel und die hölzerne Renaissancekanzel. Insgesamt ist die Innenausstattung von einer wohltuenden Schlichtheit. Auf dem Pfarrhof hinter der Kirche fällt sofort der viereckige Turm neben der Kirche auf, der »Lug ins Land«. Es ist der Bergfried der einstigen Burg Redwitz, auf dessen Fundamenten das Historische Rathaus und St. Bartholomäus ruhen. Der Gedächtnisbrunnen entstand als Kriegerdenkmal der evangelischen Kirchengemeinde in den Jahren nach dem Ersten Weltkrieg.

Wir gehen links an dem Gemeindehaus vorbei, überqueren die Martin-Luther-Straße und kommen auf dem Heinrichsenweg zum ehemaligen evangelischen Friedhof, der 1953 aufgelassen und anschließend in einen Kirchpark umgewandelt wurde. Das mächtige Gebäude rechter Hand ist das Zentralschulhaus, das in den Jahren 1907/08, zur Zeit der Stadterhebung, nach den Plänen eines Münchner Architekten errichtet wurde. Nach ein paar Schritten stehen wir vor einer Wand mit kunstvoll gestalteten Epitaphien, zumeist gefertigt aus Wunsiedler Marmor – der älteste Gedenkstein ist fast 450 Jahre alt. Am Ende der Parkanlage gehen wir nach rechts weiter und kommen zur Bauerstraße. Das stattliche Gebäude gegenüber ist das Industriedenkmal »Glasschleif«. Die Fürther

Das malerische historische Rathaus, im Hintergrund der Turm von St. Bartholomäus

Firma Seligmann Bendit & Söhne hatte hier 1887 ein großes Glaswerk errichtet, das 1912/13 um eine Schleif-und Polierhalle ergänzt wurde. Bis in die 1980er-Jahre wurde hier Spiegelglas hergestellt.

Auenpark und Stadtpark

Wir biegen anschließend rechts in die Dürnbergstraße ein und laufen dann wiederum rechts ein kurzes Stück auf der Martin-Luther-Straße bis zum Seilergrabentürmchen, einem Relikt der ehemaligen Befestigungsanlage.

Die Seilergrabenstraße bringt uns mühelos zum Neuen Rathaus. Das klassizistische Gebäude hatte W. C. Fikentscher, der Begründer der Chemischen Fabrik in Redwitz und eine Zeit lang dessen Bürgermeister, als Wohnsitz erbauen lassen – im August 1822 hatte Goethe hier fünf Tage genächtigt. In der Egerstraße, die vom Neuen Rathaus abzweigt, werden wir später wahrscheinlich zur Besichtigung des Egerland-Kulturhauses aufbrechen.

Nur ein Sprung ist es zur Leopoldstraße. Das riesige Kösseine-Einkaufszentrum wird wohl so manchen Besucher zum Shoppen animieren, wir hingegen gehen weiter geradeaus über den Castelfranco-Emiliaplatz zum Kösseine-Flüsschen und schlendern dort rechts am Flussufer entlang. Rechter Hand auf der Wiesenfläche sehen wir etliche Kunstobjekte aus Naturstein, dahinter das Gelände der schon seit Längerem stillgelegten Chemiefabrik. An der Ottostraße angekommen registrieren wir, dass hier die Brauereigastwirtschaft *Am Strand* eine vorzügliche Einkehrmöglichkeit wäre, überqueren dann aber die Dörflaser Brücke und erreichen den Zipprothplatz. Rechter Hand ist das fast 250 Jahre alte Gerberhaus, linker Hand in Richtung Bühlstraße der *Gasthof Zum Goldenen Löwen*, ein ehemaliger und 400 Jahre alter Adelssitz, der eine Zeit lang auch eine bedeutende Brauerei der Region war.

Wir biegen in die Dörflaser Hauptstraße ein. Gleich links die Prachtvilla des Kommerzienrats Carl Benker, der Inhaber der gleichnamigen Buntweberei war. Das Gebäude hatte der Münchner Architekt Emanuel von Seidel geschaffen. Anschließend biegen wir rechts in den Weberweg ein und kommen zum Dörflaser Platz. Vor uns befindet sich jetzt das Gelände der Anfang des 19. Jahrhunderts gegründeten Mechanischen Buntweberei Benker. Einst hatte die Fabrik über 1 000 Beschäftigte und jetzt ist sie, wie viele andere einst blühende Industriewerke der Stadt, eine triste Industrieruine.

Durch eine Tür im Drahtzaun am Ende des Areals betreten wir den Auenpark, auf dem 2006 die »Grenzenlose Gartenschau Marktredwitz-Eger« stattgefunden hat. Auf dem weitläufigen Gelände toben und spielen Kinder wie jung gebliebene Erwachsene das ganze Jahr über und genießen die mit See, Wasserspielplätzen und Aussichtsturm ausgestattete Idylle. Auf schmalem Steg überqueren wir den Lohbach, der kurz darauf in die Kösseine mündet, biegen vor dem See nach rechts ab, nehmen Notiz von einem Wiedervereinigungs-Denkmal und überqueren dann die Kösseine. Anschließend gehen wir nach links, vorbei an Sportanlagen und dem griechischen Lokal *Dimitra*, und schon sind wir auf dem Von-Cramm-Weg.

Anfangs geht es eine Weile rechts den Von-Cramm-Weg bergauf, der dann in die Reiserbergstraße mündet. An der Ecke zur Moltkestraße bewundern wir die bildschöne Villa des Textilfabrikanten Karl Dennler. Besonders auffallend sind die rote Ziegelbauweise sowie das hölzerne Zierwerk am Giebel. Die Reiserbergstraße bringt uns zum Vilserplatz, und damit ist der mit altem Baumbestand ausgestattete Stadtpark erreicht. Wir gehen links am Kriegerdenkmal vorbei und haben einen herrlichen Blick auf die St. Josef Kirche. In der Mitte des Parks biegen wir rechts ab, vor uns liegt dann das ehemalige Kaufhaus Thorn, dessen Stahlbeton-Skelettbau, der erste in der Stadt, im Jahr 1912 hochmodern war.

Einkehr und Egerland-Kulturhaus

Zum Markt sind es nur ein paar Schritte, und da dürfte es inzwischen wohl an der Zeit sein, nach einer günstigen Einkehr Ausschau zu halten. Sehr zu empfehlen wäre die *Historische Winkelmühle* in einer Nebenstraße des Markts, und auch die bereits erwähnte Brauereiwirtschaft *Am Strand* in der Ottostraße käme sicherlich in Betracht. Wer eine Marktredwitzer Spezialität kennenlernen möchte, bestellt unweigerlich »Kniala« mit Rouladen. Eine besondere Attraktion für Biertrinker ist mit Sicherheit die *Zoiglstube* neben dem Rathaus, und wer auf »Käichla«, also auf Schmalzgebackenes, scharf ist, geht zum *Kult Café*.

Gestärkt machen wir uns dann abschließend auf den Weg zum Egerland-Kulturhaus, das vom Neuen Rathaus aus über die Egerstraße zu Fuß in rund zehn Minuten erreichbar ist. Während in der Kunstgalerie Gemälde und Skulpturen Egerländer Künstler zu sehen sind, gibt die Dauerausstellung im Egerland Museum Einblick in die Geschichte und Kultur des Egerlands und zeigt, wie die Menschen dort lebten. Ein Schwerpunkt der Ausstellung ist der Flucht und Vertreibung der Deutschen nach Ende des Zweiten Weltkriegs gewidmet. Deutlich wird, wie eng die Beziehungen zwischen Marktredwitz und Eger über die Jahrhunderte waren und jetzt wieder sind.

Thilo Castner

Informationen:

Tourist-Information, Markt 29, 95615 Marktredwitz, Tel. 0 92 31/50 11 28, www.tourismus.marktredwitz.de

Egerland-Museum u. Egerländer Kunstgalerie, Fikentscherstr. 24, Tel. 0 92 31/39 07, www.egerelandmuseum.de, Di–So 14.00–17.00, Mo Ruhetag.

Einkehrtipps:

Brauereiwirtschaft Am Strand, Ottostr. 32, Tel. 0 92 31/29 85, Mi–Fr 10.00–14.00 u. ab 17.00, Sa, So u. Fei durchgehend, Mo u. Di Ruhetag.

Kult Café, Markt 62, Tel. 01 51/10 23 72 40, www.kultcafe-marktredwitz.de, Di–Fr 9.00–18.00, Sa 9.30–17.00, So 14.00–17.00, Mo Ruhetag.

Gaststätte Historische Winkelmühle, Im Winkel 2, Tel. 0 92 31/7 02 37 70, Do–Mo warme Küche 11.00–14.00 u. 17.00–21.30, So u. Fei durchgehend, Di u. Mi Ruhetag.

Zoigl Am Alten Rathaus, Markt 23, Tel. 0 92 31/70 24 72, www.zoigl-marktredwitz.de, Mo–Fr 11.00–24.00, Sa 10.00–24.00, So u. Fei 14.00–24.00.

Café-Restaurant Egerland-Stuben, Fikentscherstr.24, Tel. 0 92 31/26 68, tägl. 10.00–22.00.

Buchtipp:

Edith Kalbskopf: *Marktredwitz. Bilder aus hundert Jahren Stadtgeschichte*, Marktredwitz 2007.

Hans Joachim Berbig: *Neue Geschichte von Marktredwitz*, Hof 2004.

Extras:

Stadtführungen von Mai–Mitte Okt jeweils Sa 10.00, Treffpunkt vor der Tourist-Information.

Rawetzer Altstadtfest am 2. WE im Juli.

Egerländertag mit Bundestreffen der Egerländer alle 2 Jahre im Sep.

Wochenmarkt »Im Winkel« von Mitte März–Ende Nov jeweils Sa 7.00–13.00.

Marktredwitzer Krippenweg 26.12.–Dreikönig.

Bayreuth

10

Auf den Spuren der Markgräfin Wilhelmine

Stadt:

Kreisfreie Stadt mit Sitz der Regierung von Oberfranken. Rund 73 000 Einwohner.

Geschichte:

Als »Baierrute« 1194 erste urkundliche Erwähnung. 1231 Stadtrechte. Ab 1603 Residenz der Markgrafen von Brandenburg-Bayreuth. Kulturelle Blütezeit unter dem Markgrafenpaar Friedrich und Wilhelmine von 1748 bis 1763. 1769 fällt Bayreuth an Ansbach, 1791 an Preußen, 1807 an Frankreich und 1810 an Bayern.

Sehenswürdigkeiten:

Stadtkirche und Spitalkirche. Markgräfliches Opernhaus. Altes Schloss mit Achteckturm. Neues Schloss mit Hofgarten. Haus Wahnfried. Wagner-Festspielhaus auf dem Grünen Hügel. Insgesamt 25 Museen.

Dauer des Rundgangs:

Ohne Museumsbesuch und Einkehr gut 2 Std.

Anfahrt:

ÖPNV: Von Nürnberg direkt mit RE zum Bayreuther Hbf.
Kfz: Auf A 9 bis Ausfahrt 42 »Bayreuth-Süd«, über B 85 bis Bahnhofsstr., rechts zum Parkplatz am Hbf.

Historisch entscheidend für das heutige Bayreuth, so die Autoren Bernd Mayer und Gerd Rückel in ihrem 2005 erschienenen Stadtführer, seien vor allem drei Jahrzehnte gewesen: zunächst die 20 Jahre im 18. Jahrhundert, in denen Markgräfin Wilhelmine, die Lieblingsschwester Friedrichs des Großen, das Bayreuther Rokoko zur Blüte geführt habe. Danach im 19. Jahrhundert der Aufenthalt Richard Wagners in Bayreuth und die Verwirklichung des Festspielhauses. Wesentliches sei aber auch dem »kauzigen Genie« Jean Paul zu verdanken, der hier viele Jahre verbracht und den biedermeierlichen Charme der Stadt mitgeprägt hat.

Markgräfin Wilhelmine wird auch heute noch sehr verehrt.

Den Hinterlassenschaften dieses Dreigestirns werden wir auf unserem Rundgang mehrfach begegnen.

Von der Schlosskirche zum Alten Schloss

Wir starten am Bahnhof und gehen links die Bahnhofstraße hinunter, die in den Luitpoldplatz mündet. Rechts kommen wir am Neuen Rathaus vorbei, von dessen Dachterrasse aus man einen herrlichen Weitblick zum Festspielhaus hat. Dann weiter geradeaus, und nach der Überquerung des Mühlbachs, von den Bayreuthern zum »Canal Grande« geadelt, sind die Schlossterrassen mit den zwei Prachtbauten des Architekten Gontard erreicht. Nach ein paar Metern auf dem Schlossberglein stehen wir vor der Schlosskirche und dem Achteckturm, der vormals zum Schloss gehörte, jetzt als Kirchturm fungiert und im Rahmen einer Führung bestiegen werden kann. Der Innenraum der Schlosskirche beeindruckt durch eine schöne Stuckdecke, ansonsten fehlt jeder Pomp. Schlicht sind auch die durch Mauern und Gitter geschützten Sarkophage der Markgrafenfamilie.

Verlässt man die Kirche durch das gegenüberliegende Portal, ist man wieder auf der Schlossterrasse bei einer Büste der Markgräfin Wilhelmine und hat die Fassade der Markgräflichen Oper vis-à-vis vor sich. Die preußische Prinzessin, 1731 mit Markgraf Friedrich vermählt, hatte sich dafür eingesetzt, dass das von 1744 bis 1748 gebaute Opernhaus zu einem der prachtvollsten Häuser Europas wurde, und Kenner halten den Bau auch heute noch für das schönste der erhalten gebliebenen europäischen Barocktheater. Selbst Wagner war wegen des Opernhauses nach Bayreuth gekommen, vor allem wegen der für damalige Zeiten ungewöhnlich tiefen Bühne. Die Fülle der Formen und Farben der Innenausstattung in Rot, Braun, Grün und Gold beeindruckt ungemein. Eine Besichtigung sollte deshalb auf keinen Fall versäumt werden. Allerdings ist bis ins Jahr 2018 hinein wegen dringender Restaurierungsarbeiten mit längeren Schließungen zu rechnen.

Zurück zum Achteckturm und dann rechts zum Alten Schloss. Von hier aus regierten ab 1603 die Markgrafen. Nach einem Brand im Januar 1753 beschloss Markgraf Friedrich, unterstützt von Wilhelmine, eine weit noblere Residenz zu errichten, und so entstand das Neue Schloss in der Ludwigstraße. Jetzt ist das Alte Schloss in Obhut des Finanzamtes. Im Ehrenhof des Schlosses steht ein Denkmal von König Maximilian II. Verziert sind die Außenwände des Alten Schlosses mit 65 kunstvollen Büstenmedaillons.

Der Marktplatz

Auf der Maximilianstraße, dem 45 Meter breiten Marktplatz, kann man einige außergewöhnlich schöne Hausfassaden bestaunen. Haus Nummer 17 war einst Unterkunft des markgräflichen Gesandten. In Nummer 33, dem ehemaligen Alten Rathaus, ist die Gaststätte *Oskar* untergebracht, außerdem das Bayreuther Kunstmuseum, in dem vor allem Künstler des 20. Jahrhunderts ausgestellt werden und in dem eine tabakhistorische Sammlung der British American Tobacco zu sehen ist. Haus Nummer 31, an der Ecke zur Braugasse, ist das Geburtshaus des Schriftstellers und Philosophen Max Stirner, dessen späteres Werk *Der Einzige und sein Eigentum* u. a. Einfluss auf Marx und Nietzsche hatte. Das spektakulärste Haus am Platz ist aber sicherlich die Mohrenapotheke, ein 400 Jahre altes Sandsteingebäude mit prächtigem Giebel. Nur ein paar Schritte sind es von hier zur Spitalkirche, im Jahr 1750 von Saint Pierre vollendet, dem Hofbaumeister des Markgrafen Friedrich. Wie für eine markgräfliche Kirche typisch, befindet sich die Kanzel über dem Altar, und darüber die Orgel. Wir gehen die Maximilianstraße zurück und widmen unsere Aufmerksamkeit drei barocken Zierbrunnen, bestückt mit Neptun, Herkules und Fama, jener antiken Dame, die für die Verbreitung von Gerüchten gesorgt hat. Wer sich vor einer Fortsetzung des Rundgangs stärken möchte, findet im *Oskar* eine preiswerte Einkehrmöglichkeit.

Drei Museen am Stück

Unser nächstes Ziel ist jetzt das Haus Wahnfried. Wir gehen auf der Maximilianstraße bis zum Sternplatz, anschließend bringt uns die Richard-Wagner-Straße zu dem Haus, in dem Wagner seine letzten Lebensjahre verbracht hat. Vor dem Haus befindet sich eine Büste des bayerischen Königs Ludwig II., seinem Gönner und Wohltäter, im Garten hinter dem Haus die Grabstätte von Wagner und Cosima, seiner zweiten Frau. Villa Wahnfried ist seit 1976 als Museum eingerichtet und beherbergt eine Vielzahl von Dokumenten zum Leben und Werk des Meisters. Linker Hand der Villa liegt der neuerdings für die Öffentlichkeit zugängliche Siegfried-Wagner-Bau, rechter Hand der im Pavillonstil errichtete Museums-Neubau mit Erläuterungen zur Geschichte von Wahnfried, einem Kinosaal sowie Exponaten zu historischen Aufführungen.

Stets zugänglich dagegen und in unmittelbarer Nähe ist das Jean-Paul-Museum in der Wahnfriedstraße. Anders als Richard Wagner musste der bedeutende fränkische Dichter lange kämpfen, bis er schließlich vom Erfolg seiner Bücher leben konnte. Die sorgfältige Dokumentation in dem Museum ist eine angemessene Würdigung des oft zu Unrecht unterschätzten Poeten. Ebenfalls in derselben Straße, und zwar in Nummer 9, das Franz-Liszt-Museum. Der erfolgreiche Komponist und virtuose Pianist hatte nie Geldschwierigkeiten, eilte von Triumph zu Triumph, unterstützte Wagner, der sich zunächst noch in Nöten befand, und wurde schließlich Wagners Schwiegervater,

Blick über das Wasser zum Schloss

als seine Tochter Cosima den Musikerkollegen heiratete. Schnell und umfassend kann man sich in diesem Museum über Franz Liszt und seine Vita informieren.

Zum »kleinen Versailles«

Nach dem Museumsbesuch gelangen wir auf der Wahnfriedstraße in den Hofgarten, der Ende des 18. Jahrhunderts in einen Landschaftsgarten umgewandelt worden ist, und schlendern auf einer der Alleen zum Neuen Schloss. Hierbei lohnt es sich, eine der Kanalbrücken zu überqueren, um den kleinen Rundtempel, einen sogenannten Monopteros, zu begutachten. Vor dem Schloss ist ein Teil des alten Barockgartens wiederhergestellt worden.

Wir gehen durch den Mittelgang zur Vorderseite des Neuen Schlosses, für manche Bayreuther das »kleine Versailles«. Hier, auf dem Residenzplatz, steht das Reiterdenkmal des Markgrafen Christian Ernst in der Pose des allmächtigen Herrschers, dem jedermann untertan zu sein hatte. Der Schlossbau ist das Werk des markgräflichen Hofbaumeisters Saint-Pierre, Auftraggeber war das Markgrafenpaar Friedrich und Wilhelmine. Man wollte eine standesgemäße Residenz – und das ist perfekt gelungen: Großartig der Festsaal mit feinem Goldstuck, das Spiegelscherbenkabinett, das Palmenzimmer sowie das Japanische Kabinett – alles Räumlichkeiten, in denen das Bayreuther Rokoko in wahrhaft vollendeter Form zu erleben ist. Neben den Prunkräumen kann man im Erdgeschoss Werke niederländischer und deutscher Maler aus dem späten 17. und 18. Jahrhundert bestaunen, Leihgaben der Bayerischen Staatsgemäldesammlungen. Die künstlerische Begabung von Markgräfin Wilhelmine – sie hat Opern komponiert und Libretti geschrieben – ist in einer separaten Abteilung dokumentiert. Der Italienische Bau, nach dem Tod Wilhelmines für Friedrichs zweite Ehefrau Sophie Karoline südlich des Schlosses angebaut, gehört ebenfalls zum Besten, was das späte Bayreuther Rokoko zu bieten hat, und beherbergt jetzt das Archäologische Museum mit Exponaten der Vor- und Frühgeschichte Oberfrankens.

Jean-Paul-Platz und Friedrichstraße

Wieder auf dem Residenzplatz werfen wir einen kurzen Blick auf das gegenüberliegende stattliche Gebäude, das 1904 fertiggestellt wurde

Das Festspielhaus auf dem Grünen Hügel

und jetzt Sitz der Regierung von Oberfranken ist. Dann geht es links auf der Ludwigstraße weiter zum Jean-Paul-Platz, der von der Bayreuther Stadthalle beherrscht wird, die in dem Gebäude der früheren Markgräflichen Reithalle untergebracht ist. In der Mitte des Platzes befindet sich das von dem Münchner Bildhauer Schwanthaler geschaffene Jean-Paul-Denkmal. Selbstbewusst steht er auf dem Sockel, der Schöpfer wunderbarer Romane, den Griffel in der Hand, als wolle er sogleich mit dem Schreiben beginnen.

Die Friedrichstraße, der wir uns jetzt zuwenden, wurde ab 1730 angelegt und besticht durch die Einheitlichkeit ihrer Fassaden. Haus Nummer 15 war für kurze Zeit Sitz der ersten Bayreuther Universität. In Nummer 10 wohnte Jean Paul 1808–1811. In Nummer 5, seinem letzten Bayreuther Domizil, starb er am 14. November 1825 nach völliger Erblindung. In das ehemalige Stadtpalais Haus Nummer 2 ist 1852 die Pianoforte-Fabrik Steingraeber eingezogen. Am Ende der Friedrichstraße biegen wir rechts in die Kanzleistraße ein und kommen zum ältesten Bauwerk Bayreuths, der Stadtkirche Zur Heiligen Dreifaltigkeit. Die dreischiffige Basilika zählt zu den eindrucksvollsten spätgotischen Gotteshäusern in Oberfranken und ist mit ihren zwei Türmen – neben dem Achteckturm – Wahrzeichen der Stadt. In der Fürstengruft unterhalb des Chors liegen die Särge von 26 fränkischen Hohenzollern. Auf der Rückseite der Kirche, Kirchplatz 4, befindet sich die ehemalige Lateinschule. Dieses Gebäude hat als erstes Bayreuther Gymnasium gedient, bevor es 1996 der Sitz des Historischen Museums mit dem Schwerpunkt Markgrafenzeit wurde.

Alternativen zum Abschluss

Wir haben bis hierher einen erklecklichen Teil der städtischen Sehenswürdigkeiten kennengelernt und können unseren Rundgang jetzt mit einer gemütlichen Einkehr beenden. Wer noch Zeit hat, könnte beispielsweise aber auch noch ein wenig durch die historische Altstadt bummeln, auf den von der Maximilianstraße abzweigenden Gassen und Sträßchen. Für Biertrinker verlockend wäre vielleicht in der Kulmbacher Straße ein Besuch von Maisel's Brauerei- und Büttnereimuseum, 1988 im Guinnessbuch der Rekorde als »umfangreichstes Biermuseum der Welt« ausgezeichnet. Bewunderer der Wagner-Opern möchten vielleicht das Festspielhaus auf dem Grünen Hügel aufsuchen – vom Hauptbahnhof über die Bürgerreuther Straße sind es bis zum Richard-Wagner-Platz nur gute zehn Minuten. Oder aber man kommt einfach nochmals in die Markgrafenstadt und nimmt dann die Eremitage aufs Korn – Wilhelmines Zaubergarten ist jederzeit vom Bahnhof mit der Buslinie 302 mühelos zu erreichen.

Thilo Castner

Informationen:

Tourist-Information, Opernstraße 22, 95444 Bayreuth, Tel. 09 21/8 85 88, www.bayreuth-tourismus.de

Neues Schloss und Hofgarten, Ludwigstraße 21, Tel. 09 21/7 59 69 21. Geöffnet Apr–Sep tägl. 9.00–18.00, Okt–März Di–So 10.00–16.00.

Haus Wahnfried (Richard Wagner Museum), Richard-Wagner-Straße 48, Tel. 09 21/7 57 28 16, www.wagnermuseum.de, Di–So 10.00–18.00, Juli u. Aug tägl. 10.00–18.00.

Jean-Paul-Museum, Wahnfriedstraße 1, Tel. 09 21/5 07 14 44, Sep–Juni 10.00–12.00 u. 14.00–17.00, Juli u. Aug 10.00–17.00.

Franz-Liszt-Museum, Wahnfriedstraße 9, Tel. 09 21/5 16 64 88, Sep–Juni 10.00–12.00 u. 14.00–17.00, Juli u. Aug 10.00–17.00.

Kunstmuseum (im Alten Rathaus), Maximilianstr. 33, Tel. 09 21/7 64 53 10, www.kunstmuseum-bayreuth.de, Sep–Juni Di–So 10.00–17.00, Juli u. Aug tägl. 10.00–17.00.

Historisches Museum Bayreuth, Kirchplatz 4, Tel. 09 21/76 40 10, www.historischesmuseum-bayreuth.de, Sep–Juni Di–So 10.00–17.00, Juli u. Aug tägl. 10.00–17.00.

Maisel's Brauerei- und Büttnereimuseum, Kulmbacher Straße 40, Tel. 09 21/40 12 34, www.maisel.com/museum, Führung tägl. 14.00.

Festspielhaus am Festspielhügel, Festspielhügel 1–2, Tel. 09 21/7 87 80. Besichtigung nur im Rahmen einer Führung: Sep–Okt tägl. 10.00, 11.00, 14.00 u. 15.00, Nov Sa 14.00, Dez–Apr tägl. 10.00 u. 14.00. Mai–Aug keine Führung.

Einkehrtipps:

Hotel-Restaurant Lohmühle, Badstraße 37, Tel. 09 21/5 30 60 www.hotel-lohmuehle.de, Jan–Apr u. Sep–Okt Mo–Fr 18.00–22.00, Sa 12.00–14.00 u. 18.00–22.00, So 12.00–14.00, Mai–Aug u. Nov–Dez Mo–Sa 12.00–14.00 u. 18.00–22.00, So 12.00–14.00, Ostern und Pfingsten Mo u. So 12.00–14.00.

Oskar – Das Wirtshaus am Markt, Maximilianstr. 33, Tel. 09 21/5 16 05 53, www.oskar-bayreuth.de, Mo–Sa 8.00–1.00, So 9.00–1.00.

Goldener Löwe, Kulmbacher Straße 30, Tel. 09 21/74 60 60, www.goldener-loewe.de, Mo, Do u. Fr. ab 17.30, Sa u. So 11.30–14.00 u. ab 17.30, Di u. Mi Ruhetag.

Buchtipps:

Bernd Mayer u. Gert Rückel: *Bayreuth – Rundwege*, 3.Aufl., Bayreuth 2011.

Herbert Popp: *Bayreuth – neu entdeckt. Ein stadtgeographischer Exkursionsführer*, Bayreuth 2007.

Extras:

Filmfest »kontrast« im Kolpinghaus Anfang Feb.

Rockin' Bayreuth im Europasaal, Äußere Badstraße Anfang Feb.

Kneipenfestival Bayreuth mit über 20 Bands Mitte/Ende Okt.

Pegnitz

Das östliche Eingangstor zur Fränkischen Schweiz

Ort:

Staatlich anerkannter Erholungsort im oberfränkischen Landkreis Bayreuth. Ohne die eingemeindeten Ortschaften rund 10 000 Einwohner.

Geschichte:

1119 urkundliche Erwähnung eines Dorfes namens »Begenze«. Mitte des 14. Jahrhunderts gründen die Landgrafen von Leuchtenberg Pegnitz. 1355 Erhebung zur Stadt. Zwei Jahre später Veräußerung an Kaiser Karl IV., der sie dem Königreich Böhmen einverleibt. Sein Sohn Wenzel verpfändet Pegnitz 1402 an den Nürnberger Burggrafen. Vier Jahrhunderte im Besitz der Hohenzollern. 1792 preußisch. 1807 Fall an Frankreich. 1810 bayerisch.

Sehenswürdigkeiten:

Marktplatz und Altes Rathaus. St. Bartholomäus. Aussichtsturm auf dem Schloßberg. Zaußenmühle und Pegnitzquelle. Bachkreuzung und Karstwunder. Erwein-Stollen.

Dauer des Rundgangs:

Mit Besteigung des Schloßbergs, aber ohne Einkehr und ohne Abstecher zum Erwein-Stollen und dem Karstwunder, rund 3 Std.

Besonderheiten:

Vorsichtshalber Wanderstöcke mitnehmen.

Anfahrt:

ÖPNV: Von Nürnberg direkt mit RE zum Bhf. Pegnitz.
Kfz: Von »Kreuz Nürnberg« auf A 9 bis Ausfahrt 44 »Pegnitz«, weiter auf B 85, beim Kreisverkehr rechts in Galgengasse, über anschließenden »Alten Graben« und Schloßstraße zum Parkplatz am Bhf.

Geheimnisumwitterte Pegnitz

Am Fuße des Schloßbergs, dem Wahrzeichen der Stadt, sprudelt aus porösem Karstgestein die Quelle, von der die Stadt ihren Namen ableitet. Nach nur wenigen Metern ergießt sich das Quellwasser als kleines Bächlein in die 22 Kilometer nördlich entspringende Fichtenohe. Obwohl üblicherweise der Flussname von der Quelle bestimmt wird, die den längsten Zufluss aufweist, wird hier die Fichtenohe zur Pegnitz.

Doch damit nicht genug der Sonderlichkeiten. Kurz vor Pegnitz hat sich die Fichtenohe geteilt und fließt in zwei getrennten Armen durch die Stadt. Dann begegnen sich die zwei Flussläufe am Wiesweiher, und es kommt zu einer Bachkreuzung. In einem u-förmigen Schacht fließt der schwächere Arm unterhalb des stärkeren, der ja inzwischen zur Pegnitz geworden ist, hindurch. Am Wasserberg, etwas weiter südlich, dann das sogenannte »Karstwunder« – der schwache Arm verschwindet in den unterirdischen Aushöhlungen des Bergs und tritt erst an dessen Südhang wieder zutage, um sich mit seinem Zwillingsarm, der Pegnitz, zu vereinen. Auf unserem Rundgang durch die Stadt werden wir Gelegenheit haben, diese geologischen Eigentümlichkeiten genauer in Augenschein zu nehmen.

Zum Pegnitzer Straßenmarkt

Start ist am Bahnhof. Wir gehen auf der Bahnhofstraße nach rechts, biegen kurz darauf rechter Hand in einen schmalen Fußweg ab und kommen, nach Durchschreiten der Bahnunterführung, wieder auf die Bahnhofstraße. Links das Amtsgerichtsgebäude, rechts das *Bahnsteig-Stüberl*. Weiter geradeaus, und schon ist die Pegnitzer Hauptstraße erreicht, auf der wir jetzt gemütlich entlangschlendern werden. Gleich rechts, vor dem *Gasthaus Ponfick*, drei steinerne Schweinerl mit Schweinehirt, denn hier war einst der Schweinemarkt. Beim »Schlappenwirt«, wie das *Gasthaus Ponfick* auch genannt wird, gibt es einmal im Jahr ein »Flindererbier«. Ähnlich wie in Neuhaus gehört das »Flindern«, das Brauen eines besonders süffigen Gerstensafts, zu einem in Pegnitz seit zwei Jahrhunderten gepflegten Brauchtum, an dem sich derzeit an die zehn Gastwirte beteiligen. Die Flinderertermine beginnen Ende April und gehen bis Mitte Juli. Jeder Gastwirt darf das Bier nur in der für ihn festgelegten Woche ausschenken – eine aufgeblasene Schweineblase zeigt an, wer gerade am Zug ist.

Nun weiter auf der leicht ansteigenden Hauptstraße, die sich beiderseits zum Straßenmarkt erweitert. In der Mitte des Platzes liegt das 1347 errichtete historische Rathaus, ein eindrucksvolles Gebäude mit schönem Fachwerkgiebel und schmuckem Turm. Weitere sehenswerte Häuser reihen sich dann vor allem auf der linken Seite, so das neue Rathaus, die *Ratsstube* und die Löwen-Apotheke, ein altes Bürgerhaus mit französischem Mansardengiebel. Eine gute Idee wäre, sich einen Platz in bzw. vor einem der Wirtshäuser oder Cafés zu sichern und

St. Bartholomäus beeindruckt, von außen wie innen.

das rührige Auf und Ab in der Hauptstraße für eine Weile entspannt zu verfolgen.

Von St. Bartholomäus zum Schloßberg

Dominiert wird die Innenstadt durch den mächtigen Turm von St. Bartholomäus. Links am Rathaus vorbei und über die Rosengasse kommen wir zum Portal des mächtigen Gotteshauses. Dessen Vorgängerbau wurde am Bartholomäus-Tag des Jahres 1533 eingeweiht und soll damit der erste evangelische Kirchenneubau in der Fränkischen Schweiz nach der Reformation gewesen sein. Das Gebäude in seiner heutigen Form wurde 1893–1898 errichtet. So ehrfurchteinflößend St. Bartholomäus von außen wirkt, so imposant ist auch die Inneneinrichtung. Ob Altar, Kanzel, Taufstein, Orgel, Deckengemälde oder die bemalten Doppelemporen – man kann sich nur erstaunt fragen, wie es einer verhältnismäßig kleinen Kirchengemeinde möglich war, so prächtige und farbenfrohe sakrale Objekte zu schaffen. Wer sich in Details vertiefen möchte, informiert sich mithilfe eines der ausliegenden Kirchenführer.

Zurück zur Hauptstraße, dann links halten, vorbei an der Tourist-Information. Dann über die Pegnitzbrücke, die Straße »Am Schloßberg« überqueren und nach ein paar Schritten links auf dem Johann-Uschold-Weg rechts die Treppen hinauf. Hier beginnt der Leo-Jobst-Wanderweg, der über Pottenstein, Streitberg und Pretzfeld nach Forchheim führt. Wir wollen allerdings lediglich auf den Schloßberg, zum dortigen Aussichtsturm und zur Ruine Böheimstein. Auf- und Abstieg werden ca. eine Stunde dauern, und wer sich die damit verbundenen Strapazen nicht zutraut, kann sich auch gleich auf den Weg zur Pegnitzquelle machen – die Beschreibung dorthin folgt weiter unten.

Die Stufen haben es in sich, deshalb nichts übereilen. Insgesamt liegen 120 Höhenmeter vor uns, die bezwungen werden müssen, denn der Schloßberg hat die stattliche Höhe von 543 Metern. Wir orientieren uns an der »Rotkreuz«-Markierung und erreichen nach dem Kriegerdenkmal den Festplatz mit vielen Tischen und Bänken sowie Ausschank an warmen Sommertagen – ein idealer Biergarten. Wir folgen weiter der Markierung, bis uns der Hinweis »Aussichtsturm« bzw. »Schloßberg« nach rechts dirigiert. Es geht zunächst leicht bergauf, an der Gabelung halten wir uns links und folgen anschließend dem Querweg nach rechts. Die Steigung wird stärker, aber schließlich haben wir den Gipfel des Schloßbergs erreicht und stehen, nicht ohne Respekt, vor dem 1923 errichteten Aussichtsturm.

Die Sicht von hier oben ist grandios, auf die Stadt, auf St. Bartholomäus, in Richtung Süden auf den Veldensteiner Forst, gen Westen auf die Fränkische Schweiz und in östlicher Richtung auf die Oberpfalz. Natürlich sind zuvor an die 100 Stufen zu überwinden, doch der herrliche Rundblick entschädigt anschließend reichlich. Von der Burg Böheimstein, die vermutlich Kaiser Karl IV. hier nach der Einverleibung der Stadt Pegnitz in das böhmische Königreich erbauen ließ, ist so gut wie nichts mehr zu sehen. Nur Reste der Ummauerung mit Graben und Wall lassen erahnen, wie groß die Anlage gewesen sein muss – die Burg war im Zweiten Markgrafenkrieg 1553 völlig zerstört worden. Als Rückweg in die Innenstadt schlage ich vor, dieselbe Route zu nehmen. Wer abkürzen will, biegt kurz nach dem Burgvorplatz nach links ab. Aber Vorsicht, die schmalen Fußpfade sind sakrisch steil, weshalb man vielleicht doch lieber den längeren und bequemeren Weg nehmen sollte, um nichts zu riskieren.

Von der Pegnitzquelle zur Bachkreuzung

Sobald der Festplatz erreicht ist, geht es am Bewirtungshäuschen links vorbei und mit dem »Rotkreuz« zum Ausgangspunkt der Schloßbergbesteigung an der Straße »Am Schloßberg« zurück. Hier gehen wir nach links weiter und kommen so übergangslos in die Bayreuther Straße

Das Mühlrad an der Zaußenmühle dreht sich seit mehreren Hundert Jahren.

und damit zur Zaußenmühle. Erbaut um 1450, war das sehenswerte Fachwerkgebäude im Dreißigjährigen Krieg total zerstört worden, wurde später jedoch wieder aufgebaut und ist jetzt ein gut geführtes Wirtshaus. An der Westfassade klappert munter ein Mühlrad. Hinter dem Haus plätschert die Pegnitzquelle. Die Schüttung liegt bei rund fünf Litern pro Sekunde, bei starken Niederschlägen natürlich erheblich höher. In früheren Zeiten war die Schüttung so hoch, dass mit dem Quellwasser die Zaußenmühle betrieben und die Stadt mit Trinkwasser versorgt werden konnte. Im Teich rund um den Quelltopf tummeln sich die Forellen. Wir wollen uns kurz hinsetzen und zuschauen.

Danach überqueren wir die Bayreuther Straße und gehen geradeaus weiter in die Raumersgasse. Dort erwartet uns linker Hand ein Arm der Fichtenohe, und hier, im Bogen des Flüsschens, ergießt sich das Wasser der Pegnitzquelle in diesen Arm. Es ist klar zu erkennen, wie bescheiden der Beitrag der Quelle im Vergleich zum träge dahinfließenden Wasser der Fichtenohe ist. Die Raumersgasse mündet in die Hauptstraße, wo wir über die Rosengasse nochmals an St. Bartholomäus vorbeikommen. Wir gehen in der Rosengasse bis zur *Bierbar Schnerpf'l*, voller Bewunderung für die Blumenpracht vor den Häusern, biegen dort rechts ab und kommen am »Stadtgraben« vorbei in die Pegnitzer Parkanlage. Nach dem Brücklein über die Pegnitz biegen wir links in den Wiesweiherweg ein. Linker Hand begleitet uns jetzt die Pegnitz, auch eine kleine Kneipp-Anlage gibt es sowie mehrere Bildtafeln des Wasserwirtschaftsamts mit Informationen über die Besonderheiten des Flusses.

Der Wiesweiherweg mündet in die Schloßstraße. Dort, an der Pegnitzbrücke, kommt es zu der bereits erwähnten Bachkreuzung – das Wasser vom linken Arm der Fichtenohe wird über einen sogenannten »Düker« unterhalb der Pegnitz weitergeleitet. Wer nun auch das »Karstwunder«, also die Stelle, an der sich die Fichtenohe in den Gängen des Wasserbergs verliert, kennenlernen will und einen Umweg von insgesamt gut einer halben Stunde nicht scheut, geht links die Schloßstraße weiter und biegt erneut links in den Mühlweg ein. Das »Karstwunder« ist markiert und auf einer Bildtafel ausführlich erläutert.

Wirtshauseinkehr und Museums-Stollen Erwein?

Von der Bachkreuzung an der Schloßstraße zur Hauptstraße sind es nur ein paar Minuten. Vor der Rückkehr zum Bahnhof bzw. zum Parkplatz dürfte wohl eine zünftige Brotzeit in einem der Pegnitzer

Gaststätten auf dem Programm stehen, und Unermüdliche erwägen vielleicht, auch noch dem Stollen Erwein in der Bergwerkstraße einen Besuch abzustatten. In diesem Fall geht man vom Bahnhof aus einfach rechts die Amag-Hilpert-Straße hinauf, bis rechts die Bergwerkstraße abzweigt. Bis 1967 wurde bei Pegnitz Eisenerzbergbau betrieben, und der Eingangsbereich des stillgelegten Schachts ist 1999/2000 zum Museums-Stollen umgebaut worden. Er kann nach vorheriger Anmeldung unter Tel. 0 92 41/9 13 16 besichtigt werden.

Thilo Castner

Informationen:
Tourist-Information, Hauptstr. 73, 91257 Pegnitz, Tel. 0 92 41/7 23 11, www.pegnitz.de

Einkehrtipps:
Gasthaus Ponfick, Hauptstr. 2, Tel. 0 92 41/27 51, Di–So 9.00–24.00, Mo Ruhetag.
Hotel Restaurant Ratsstube, Hauptstr. 43, Tel. 0 92 41/80 90 84, www.ratsstube-pegnitz.de, Mo–Sa ab 17.00, So Ruhetag.
Zaußenmühle, Bayreuther Str. 3, Tel. 0 92 41/68 08, www.zaussenmuehle.com, Di–Sa 17.00–22.00, So 11.00–14.00 u. 17.00–21.00, Mo Ruhetag.

Buchtipp:
Dieter Piwernetz (Hg.): *Die Pegnitz. Ein Nachschlagewerk für Fischer und Naturfreunde*, Plauen 2002.

Extras:
Fränkischer Bratwurstgipfel auf dem Gelände des Wiesweiherparks Mitte Juni.
Marktplatzfest Ende Juli.
Winzerfest am Marktplatz am letzten Sa im Aug.

12 Forchheim
Die alte Festungsstadt an der Wiesent

Ort:

Große Kreisstadt im Regierungsbezirk Oberfranken und Sitz der Kreisverwaltung des Landkreises Forchheim. Rund 30 000 Einwohner.

Geschichte:

805 erstmals als »Foracheim« urkundlich erwähnt, abgeleitet vom althochdeutschen »foraha« (Föhre), frei übersetzt also »Wohnstätte am Föhrenwald«. 911 wird Konrad I. hier zum ostfränkischen König gewählt. 1007 geht das Königsgut ans Bistum Bamberg über und steht bis zur Säkularisierung 1803 (ausgenommen von 1039–1063) unter dessen Verwaltung. Zur Stadt wird Forchheim Anfang des 13. Jahrhunderts. Dank ihrer Festungsanlagen bleibt die Stadt im Dreißigjährigen Krieg unzerstört. 1802 bayerisch. In Folge müheloser Übergang in das Industriezeitalter.

Sehenswürdigkeiten:

Martinskirche, Marienkapelle und Rathaus. Fürstbischöfliche Stadtburg mit Pfalzmuseum. Prächtige Herrschaftshäuser. Reste der Festungsanlagen mit mittelalterlichen Bastionen und Wehrgängen. Salzmagazin im Scheunenviertel. Katharinenspital und Spitalkirche. Fischkästen an der Wiesent.

Dauer des Rundgangs:

Mit Besuch des Pfalzmuseums, aber ohne Einkehr, gut 3 Std.

Anfahrt:

ÖPNV: Von Nürnberg mit RE direkt zum Forchheimer Bhf. *Kfz*: Von Nürnberg auf A 73 bis Ausfahrt »Forchheim-Süd«, auf B 470 bis zum Parkplatz am Bhf.

Maßgeblich geprägt worden ist Forchheim von der durch die Stadt fließenden Wiesent. Wohl aus diesem Grund zieren auch zwei Forellen das Stadtwappen. Städtebaulich haben hauptsächlich die Bamberger Fürstbischöfe markante Spuren hinterlassen, vor allem in Form prächtiger Bauten und einer gewaltigen Festungsanlage, die ihresgleichen sucht. In der Neuzeit ist Forchheim zu einem blühenden Geschäfts- und Dienstleistungszentrum am Tor zur Fränkischen Schweiz geworden und lockt mit Feiern und Festen, insbesondere dem Annafest auf dem Kellerberg, alljährlich Zehntausende von Besuchern an. Uns erwartet ein reichhaltiges Programm.

Von St. Johannis zum Paradeplatz

Wir starten an der Forchheimer Bahnstation und verlassen den Bahnhofsvorplatz nach rechts, überqueren die B 470 an der Ampel und haben in wenigen Minuten auf der Klosterstraße St. Johannis erreicht, eine evangelische, neugotische Kirche, errichtet Ende des 19. Jahrhunderts. Es folgt kurz darauf ein modernes Sparkassengebäude mit einem originellen Kunstwerk über den rechten Gebrauch des Geldes. Bevor wir anschließend links in die Dreikirchenstraße abbiegen, werfen wir schnell einen Blick in die gegenüberliegende Klosterkirche. Von außen eher unauffällig, überrascht die dem heiligen Antonius geweihte Kirche mit einer überaus sehenswerten spätbarocken Innenausstattung, die man sich nicht entgehen lassen sollte.

Weiter dann auf der Dreikirchenstraße über die Wiesentbrücke zum Streckerplatz: Hier befindet sich, ein wenig verdeckt von Bäumen, das stattliche Nürnberger Tor, das als Einziges von den vier Festungstoren Forchheims erhalten geblieben ist. Erbaut wurde es 1698 unter Fürstbischof von Schönborn, der im Giebel des Tors mit seinem von zwei Löwen flankierten Wappen verewigt ist. Von der Festungsmauer, in die das Tor eingefügt war, ist nichts mehr zu sehen, der Festungsgraben ist hier ebenfalls verschwunden.

Wir setzen den Rundgang fort und kommen zur Nürnberger Straße. Ein paar Meter nach links haben wir freien Blick auf das Herder-Gymnasium, ein herrliches Gebäude im Neorenaissance-Stil. Auf der Nürnberger Straße nach rechts passieren wir das 1685 aus der Taufe gehobene fürstbischöfliche Amtshaus, ein ebenfalls Respekt einflößendes frühbarockes Gebäude, das derzeit als Landratsamt genutzt wird. Daneben versteckt sich die kleine gotische Gereonskapelle. Und schon stoßen wir auf den Paradeplatz, so genannt, weil hier einst das Militär aufzumarschieren pflegte – Forchheim war lange Jahre Garnisonsstadt. Linker

Hand, unter Paradeplatz Nr. 2, befindet sich die ehemalige fürstbischöfliche Kommandantur.

Auf der Hauptstraße zum Krottental

Mit dem Paradeplatz werden wir uns später noch genauer befassen. Wir widmen unsere volle Aufmerksamkeit jetzt aber zunächst ganz der Forchheimer Hauptstraße und sind sofort fasziniert von dem munteren Treiben, das hier in der Fußgängerzone herrscht: Geschäfte aller Art, Gaststätten, Cafés, Bäckereien und Boutiquen, bei sonnigem Wetter davor Tische und Stühle mit angeregt plaudernden Menschen. Bis zum Rathausplatz werden wir begleitet von einer schmalen Wasserrinne, dem »Bächla«, das aus einem Quelltopf heraussprudelt und mitten in der Hauptstraße dahinfließt, um nach 300 Metern in einem Becken vor dem Rathaus wieder zu verschwinden. Und dann die Häuser! Jedes hat sein eigenes Gesicht, mit spätgotischem Fachwerk oder barockem Walmdach, mit Volutengiebel, Mansardendach oder zierlichen Gauben – das Staunen hat kein Ende. Lange bleiben wir dann vor der »Porta Vorchheimensis« stehen, einem Bronzetor, auf dem der Künstler Harro Frey Episoden der Forchheimer Stadtgeschichte in Bildform festgehalten hat.

Bevor wir uns am Rathausplatz eingehender umschauen, schlendern wir auf der Hauptstraße weiter bis zum *Gasthaus Blaue Glocke*, einer ehemaligen Bronzegießerei, biegen dort links in das »Krottental« ein und folgen dem Hinweis »Salzmagazin«. Wir befinden uns damit im einstigen Scheunenviertel. Haus Nr. 15, eine alte, efeuumrankte Scheune, steht unter Denkmalschutz und ist ein wahrer Augenschmaus. Unmittelbar daneben das 1710 errichtete Salzmagazin. In dem wuchtigen Sandsteinquaderbau wurden bis Mitte des 19. Jahrhunderts die Salzvorräte der Stadt gelagert, jetzt dient das Gebäude als Wohnhaus. Durch die schmale Nedergasse schlüpfen wir anschließend zum Rathausplatz.

Vom Rathausplatz zum Pfalzmuseum

Das Forchheimer Rathaus entstand 1402 als spätgotischer Fachwerkbau und erlebte zahlreiche Um- und Ausbauten. Überaus sehenswert ist der neugotische Rathaussaal im Obergeschoss. Nicht minder attraktiv der angrenzende 1535 errichtete Magistratsbau mit kunstvollen

Der Forchheimer Rathausplatz von oben, rechts hinten erhebt sich die Kaiserpfalz.

Schnitzereien des Baumeisters Hans Ruhalm, der sich in einer der Säulen verewigt hat. Rathaus, Magistratsgebäude und das anschließende »Frechshaus« in der Sattlertorstraße sind zweifellos der städtebauliche Höhepunkt Forchheims. Es ist einfach unmöglich, von diesem grandiosen Ensemble nicht begeistert zu sein. In der Vorweihnachtszeit, wenn das Forchheimer Christkind vom 1. bis zum 24. Dezember jeden Tag ein Fenster öffnet, hinter dem ein Gewinn zum Vorschein kommt, wird der Magistratsbau zum größten Adventskalender der Welt.

Gleich hinter Magistratsbau und Frechshaus liegt die Pfarrkirche St. Martin, deren Anfänge bis in das 9. Jahrhundert zurückreichen. Der Hauptbau ist gotisch, die Innenausstattung wurde später barockisiert. Sehr schön und beeindruckend sind die Tafelbilder aus dem 17. Jahrhundert mit Szenen aus der Passionsgeschichte sowie aus dem Leben des heiligen Martin. Auf dem Gelände rings um die Kirche sind einige Kanonikatshöfe erhalten. Vor der Kirche erinnert die Figur auf dem Denkmalbrunnen an die Wahl von Konrad I. zum ostfränkischen König im Jahr 911.

Danach geht es durch die Passage zwischen Frechshaus und Magistratsgebäude wieder zurück zum Rathausplatz und anschließend links die Sattlertorstraße entlang. Besondere Aufmerksamkeit verdient das prachtvolle Renaissancefachwerk der Häuser Nr. 14 und 19. Vor Erreichen der fürstbischöflichen Stadtburg am Ende der

Sattlerstraße machen wir schnell linker Hand einen Abstecher in die romanische Marienkapelle, eines der ältesten Gebäude in Forchheim. Die Kapelle war im 12. Jahrhundert von Bischof Otto dem Heiligen gestiftet worden. Während der Napoleonischen Kriege wurde die Kapelle als Lagerraum für Heu und Stroh benutzt, bis die Bürgerschaft später auf Wiederherstellung bestand. Mittelpunkt der Kapelle ist der barocke Marienaltar aus dem 18. Jahrhundert.

Nun aber zur fürstbischöflichen Stadtburg, dem ehemaligen Sitz der Bamberger Bischöfe. Die Anlage, vielfach auch als »Kaiserpfalz« bezeichnet, entstand gegen Ende des 14. Jahrhunderts. Der Vier-Flügel-Bau mit einem lichtdurchfluteten Innenhof ist allein schon sehenswert, aber noch wichtiger ist natürlich ein Besuch des Pfalzmuseums. Auf drei Stockwerken wird einerseits die Stadtgeschichte von den Anfängen bis zur Gegenwart dargestellt, u. a. der Festungsbau, das Leben der Handwerker, die Zeit während der Naziherrschaft oder

Das Streitshaus am Rathausplatz, dahinter blitzt die Turmhaube von St. Martin hervor.

die 1950er-Jahre. Andererseits erfährt man viel aus der Fund- und Grabungsgeschichte der Region, und eine eigene Abteilung ist den Trachten an Werk- und Festtagen früherer Zeiten gewidmet. Im Ostflügel des Museums sind zudem wertvolle mittelalterliche Wandmalereien erhalten. Mit mindestens einer Stunde ist für den Besuch des Museums zu rechnen, entweder während unseres Rundgangs oder als Abschluss. Verzichten sollte man auf den Besuch keinesfalls.

Die Festungsanlagen

Wir verlassen das Pfalzmuseum und gehen nach links, vorbei am Amtsgericht, einem Neubau aus dem Jahr 1896, der auf den alten Festungsmauern ruht und teilweise aus Sandsteinquadern des abgebauten Mauerwerks besteht. Mit dem Bau der Festung, die die damalige Stadt komplett umschloss, war 1553 begonnen worden, und sie erstreckte sich, nach der Fertigstellung 1610, über 12 Bastionen, von denen noch fünf erhalten sind, so die St.-Veit-Bastion, auf der wir uns gerade befinden. Nach ein paar Schritten stehen wir vor dem Eingang zum Erlebnismuseum Rote Mauer, das in die Kasematten führt, in die Unterwelt der Bastion.

Wir setzen unseren Rundgang fort, biegen kurz darauf nach rechts ab, die Stufen hinunter, und sind damit unterhalb der St.-Veit-Bastion. Erst jetzt wird deutlich, wie gigantisch diese Festungsanlage ist. Zwölf Meter hohe Mauern aus klobigen Sandsteinquadern, ausgestattet mit Schießscharten in alle Richtungen; die Mauerstärke betrug an die 20 Meter – kein Wunder, dass die Schweden die Stadt im Dreißigjährigen Krieg trotz monatelanger Belagerung nicht erobern konnten. Voller Bewunderung für die Leistung der damaligen Baumeister gehen wir unterhalb der Mauern weiter, nunmehr in dem an die 30 Meter breiten Festungsgraben. Mit Erreichen der Bastion am Saltorturm biegen wir nach rechts ab und kommen zur Sattlertorstraße. Rechter Hand der mächtige Saltorturm, dahinter die Kaiserpfalz mit dem Pfalzmuseum. Wir überqueren flugs die Sattlertorstraße, gehen anschließend rechts die Treppen hinauf und spazieren nun unbeschwert auf der Festungsmauer weiter. Links unter uns der Stadtpark mit einigen modernen Kunstwerken, rechts geht der Blick in Richtung Krottental. Klar wiederzuerkennen ist das Salzmagazin.

Dann erreichen wir die Zwingerbastion, die pfeilförmig nach Norden hinausragt und mit drei Wachtürmchen bestückt ist. In der Parkanlage unterhalb entdecken wir hochgewachsene Ginkgobäume, die hier in den 1930er-Jahren angepflanzt worden waren. Am Ende der Zwingerbastion stoßen wir auf die Bamberger Straße und könnten jetzt in die Innenstadt zurückkehren und nach einem Wirtshaus Ausschau halten. Vielleicht hat der eine oder andere aber Lust, auch noch die letzte der erhaltenen Bastionen zu begutachten. Dann sollten wir die Bamberger Straße überqueren, ein paar Meter die Egloffsteinstraße entlang, anschließend links die Treppen hinauf, und schon sind wir auf der Dernbach-Bastion. Auf der mehrstufigen Terrasse ist ein hübscher Garten mit Blumenrabatten und einer Kräuterspirale angelegt worden, davor ein kleiner Park mit sprühender Wasserfontäne. Wir wollen uns hier hinsetzen und das grüne Paradies in vollen Zügen genießen.

An der Wiesent zum Paradeplatz

Noch ist der Rundgang nicht zu Ende. Also auf der Bamberger Straße zurück Richtung Rathausplatz. Vor dem 1611 erbauten Katharinenspital, einer bedeutenden Sozialeinrichtung der Stadt, machen wir kurz halt. Neben dem Spital erhebt sich die wesentlich ältere St.-Katharina-Kirche, idyllisch an der Wiesent gelegen und ein Leckerbissen für Fotografen. Vor der Brücke biegen wir links in die Wiesentstraße ab und kommen dort zu einem der schönsten Fachwerkhäuser Forch-

Das Forchheimer Rathaus

heims, zu der Kammerersmühle, die auch als »Schiefes Haus« bekannt ist, hat doch die Nähe zur Wiesent dazu geführt, dass das Gebäude linksseitig leicht abgesunken ist. Nur wenige Schritte weiter ruht ein Gedenkstein, der an das Schicksal der Juden während der Nazizeit erinnert. 1933 gab es in Forchheim noch 68 Menschen mosaischen Glaubens, die vorwiegend in der Wiesentstraße lebten. Die Synagoge ging in der Pogromnacht 1938 in Flammen auf.

Danach überqueren wir die Wiesent auf der »Hundsbrücke« und sehen von hier aus am rechten Arm des Flusses etliche Fischkästen. Seit 1680 war es üblich, die gefangenen Fische in solchen Kästen lebend aufzubewahren. Der Fischreichtum muss in früheren Jahrhunderten außerordentlich gewesen sein, über 15 Arten soll es gegeben haben, und bereits im 14. Jahrhundert existierte in Forchheim eine Fischereizunft. Wenn wir dann nach Überqueren der Hundsbrücke links weitergehen, kommen wir auf der Hornschuchallee zum Forellenbrunnen, kurz darauf zum *Bräustübl* und schließlich zum Marktplatz, der links fließend in den Paradeplatz übergeht. Hier stoßen wir gleich auf die an der Frontseite mit drei dorischen Säulen dekorierte *Alte Wache*, jetzt ein gern besuchtes Restaurant. Inmitten des weitläufigen Platzes eine »Immaculata«, Maria mit zwei Engeln an der Seite. Nicht ohne Charme sind das *Restaurant Fäßla* und *Gasthaus Schwane* am Paradeplatz Nr. 18 bzw. 5. Ein gemütliches Wirtshaus mit fränkischer Küche zu finden ist also kein Problem.

Gestärkt und von den vielen erhebenden Eindrücken beflügelt geht es dann über die Klosterstraße zum Bahnhof bzw. zum Parkplatz, wahrscheinlich mit dem Vorsatz, der alten Festungsstadt bald einen erneuten Besuch abzustatten.

Thilo Castner

Informationen:

Tourist-Information, Hauptstr. 24, 91301 Forchheim, Tel. 0 91 91/71 43 37, www.forchheim.de

Pfalzmuseum Forchheim, Kapellenstr. 16, 0 91 91/71 43 84 (Verwaltung) oder 0 91 91/71 43 26 (Kasse), www.pfalzmuseum-forchheim.de, Nov–März Mi u. Do 13.00–16.00, So bis 17.00, Apr–Okt Di–So 10.00–17.00.

Erlebnismuseum Rote Mauer, Wallstr. 19, Informationen u. Karten über Pfalzmuseum (s. o.), Apr–Okt So 10.00–17.00.

Einkehrtipps:

Blaue Glocke, Hauptstr. 8, Tel. 0 91 91/97 79 68, Mo–Sa 11.00–14.00 u. 18.00–23.00, So u. Fei 18.00–23.00.

Fränkische Bierstube Stadtlockal, Hauptstr. 52, Tel. 0 91 91/16 34 73, www.stadtlockal-forchheim.de, tägl. ab 11.00, Sa ab 10.00.

Schnitzelhaus im Bräustübl, Hornschuchallee 32, Tel. 0 91 91/3 51 63 30, Di–So 11.00–14.00 u. 17.00–22.00.

Gasthaus Schwane, Paradeplatz 5, Tel. 0 91 91/70 33 13, www.die-schwane.de, Mo 11.00–14 u. 17.00–21.30, Di–Fr 11.00–14.00 u. 17.00–23.00, Sa 18.00–23.00, So 11.00–14.00.

Alte Wache, Paradeplatz 17, Tel. 0 91 91/3 51 66 88, www.altewache-forchheim.de, tägl. 10.00–22.00.

Gasthaus Fäßla, Paradeplatz 18, Tel. 0 91 91/97 94 00, www.faessla-forchheim.de, Di–Fr 11.00–14.30 u. 17.00–22.00, Sa 11.00–15.00 u. 17.00–23.00.

Kammerer's Mühle, Wiesentstr. 10, Tel. 0 91 91/70 45 55, www.kammerers-muehle-forchheim.de, Mo, Sa u. Fei 17.30–23.00, Di–Fr 11.30–14.00 u. 17.30–23.00.

Buchtipp:

Daniel Burger: *Stadt Forchheim*, Regensburg 2005.

Extras:

Forchheimer Theatertage im Apr und Mai.

Kunsthandwerkermarkt in der Kaiserpfalz Mitte Juni.

Forchheimer Altstadtfest am letzten Juni-WE.

Afrika-Kulturtage im Pfalzmuseum u. rund um die Kaiserpfalz Anfang Juli.

Zehntägiges Annafest auf dem Kellerberg bei Forchheim um den 26.07.

Hirschaid

Die äußerst günstig gelegene Marktgemeinde

Ort:

Markt und größte Gemeinde im oberfränkischen Landkreis Bamberg. Rund 12 000 Einwohner.

Geschichte:

Erste urkundliche Erwähnung 1079 als »Hirzheide«. Ab 1300 im Besitz der Herren gleichen Namens, deren fränkische Linie 1590 ausstirbt. Die Lage an einer der meist genutzten Fernhandelsstraßen im Mittelalter bringt Händler und Fuhrleute, erleichtert aber auch, da die Stadtmauer fehlt, Plünderungen und Überfälle, besonders während des Dreißigjährigen und Siebenjährigen Kriegs. Fällt 1803 im Zuge der Säkularisation an Bayern. Der Bau des Main-Donau-Kanals 1834 sowie die 10 Jahre später stattfindende Eröffnung der Bahnstrecke Nürnberg–Bamberg begünstigen die wirtschaftliche Entwicklung. 1952 erhält der Ort Marktrecht.

Sehenswürdigkeiten:

Pfarrkirche St. Vitus. Museum Alte Schule. Rathauspark. FrankenLagune. Schloss Sassanfahrt und Tropfhausmuseum. Notkirche St. Johannis.

Dauer des Rundgangs:

Mit Besuch von einem der 2 Museen, aber ohne Einkehr, 2–3 Std.

Anfahrt:

ÖPNV: Von Nürnberg mit RE direkt zum Bhf. Hirschaid.
Kfz: Auf A 73 bis Ausfahrt »Hirschaid«, anschließend über Maximiliansstr. zu den Parkplätzen am Bhf.

Markt Hirschaid besteht aus elf Ortsteilen, und so ist es unvermeidlich, auch einen etwas längeren Spaziergang auf sich zu nehmen, wenn man Sehenswertes kennenlernen möchte. Bei einem Besuch in Sassanfahrt erschließt sich dann aber so ganz nebenbei die idyllische Landschaft entlang der Regnitz und des Main-Donau-Kanals. Bei der Vorbereitung auf eine Fahrt nach Hirschaid sollte beachtet werden, dass die zwei Museen zu unterschiedlichen Zeiten und nur begrenzt geöffnet haben.

Ins Zentrum von Hirschaid

Unser Rundgang beginnt am Hirschaider Bahnhof. Über die Bahnhofstraße erreichen wir die Bamberger Straße, in die wir links einbiegen. Hier gleich linker Hand eines der schönsten Fachwerkhäuser Hirschaids, das ehemalige Gasthaus »Weißer Löwe«. Nur noch ein Katzensprung ist es dann bis zum Kirchplatz mit Rathaus und Pfarrkirche St. Vitus. Zunächst werfen wir hinter dem Rathaus einen Blick auf die gepflegte Grünanlage mit kleinem See, Pavillon, Spielplatz und Ruhezonen. Sehr beeindruckend ist das Kunstwerk aus Königgrätzer Sandstein. Es symbolisiert die zwölf Tierkreiszeichen und entstand als Gemeinschaftswerk einer Selbsthilfegruppe von Schlaganfallbetroffenen.

Wir verlassen den Park auf derselben Seite und gehen links ein Stück die Nürnberger Straße weiter. Gleich auf der rechten Seite kommen wir zu dem Platz, an dem bis zum 10. November 1938 die Synagoge stand, die 1851 erbaut worden war. Mitte des 19. Jahrhunderts lebten rund 100 Menschen judäischen Glaubens in Hirschaid, das entspricht einem Siebtel der damaligen Gesamteinwohnerzahl. Ein Denkmal in Form des siebenarmigen Leuchters erinnert an die zwischen 1933 und 1945 von den Nazis vertriebenen und ermordeten jüdischen Mitbürger. In dem mittlerweile unansehnlichen Haus auf der gegenüberliegenden Straßenseite befand sich einst die jüdische Schule. Das Gebäude soll in den nächsten Jahren restauriert und zu einem Begegnungs- und Dokumentationszentrum ausgebaut werden.

Wenn man ein paar Schritte weitergeht, stößt man auf zwei empfehlenswerte Gaststätten, zunächst auf das griechische Restaurant *Olympia*, kurz danach auf den *Schwarzen Bären*.

Alte Schule und St. Vitus

Anschließend kehren wir zurück zum Kirchplatz. Das stattliche Gebäude vor der mächtigen St. Vitus Kirche ist die 1913 gebaute »Alte Schule«, vor 100 Jahren eines der fortschrittlichsten Schulhäuser im

Landkreis und jetzt Kulturzentrum von Hirschaid mit einem ortsgeschichtlichen Museum im Obergeschoss. Dargestellt ist dort die Vor- und Frühgeschichte der Region, außerdem wird man informiert über die im Mittelalter geografisch günstige Lage Hirschaids an der Fernstraße Nürnberg–Bamberg. Historisch interessierte Besucher dürften an den Exponaten der Ausstellung ihre helle Freude haben.

Die katholische Pfarrkirche St. Vitus, der wir uns jetzt zuwenden, entstand in der ersten Hälfte des 18. Jahrhunderts. Vorausgegangen war an gleicher Stelle eine Kirchenburg, die den Anwohnern in Kriegszeiten und bei Überfällen Schutz bot. Die Innenausstattung von St. Vitus ist in üppigem Barock gehalten, Chor und Hochaltar ebenso wie die Seitenaltäre, die Kanzel und Orgel. Außerordentlich malerisch ist die Stuckdecke mit schönen Deckengemälden, u. a mit dem Martyrium des hl. Veit.

Auf nach Sassanfahrt

Markt Hirschaid hat noch ein zweites Museum zu bieten, und zwar im Ortsteil Sassanfahrt, und dorthin machen wir uns jetzt zügig auf den Weg. Wir gehen auf der Luitpoldstraße Richtung Main-Donau-Kanal. Kurz vor Erreichen der Brücke rechts der *Brauerei-Gasthof Kraus*, gegenüber *Gasthaus Sauer*, ein Wirtshaus, das, wie auf einer Inschrift zu lesen, seit 1605 in Familienbesitz ist. Wir überqueren die breite Kanalbrücke, vielleicht tuckert gerade ein Schleppkahn vorbei. Nur etwa

Schloss Sassanfahrt, mittlerweile ein Kulturzentrum

300 Meter sind es dann bis zur Regnitzbrücke. Unübersehbar zuvor links die FrankenLagune, ein »Erlebnisbad mit Wellnessparadies«, wie ein Flyer euphorisch verheißt; sicherlich kommt mancher Besucher nur wegen der idealen Bademöglichkeit hierher. Auf der Brücke genießen wir den Blick auf das Flussparadies der Regnitz, die sich munter zwischen der Fränkischen Schweiz und den Ausläufern des Steigerwalds dahinschlängelt.

Unmittelbar nach der Brücke biegen wir links in die Sassanfahrter Hauptstraße ein. Am *Gasthof Wichert* halten wir uns links und erreichen über die St.-Mauritius-Straße die Pfarrer-Hopfenmüller-Straße und damit das Museum Tropfhaus, ein winziges, unscheinbares Häuschen, in dem einst komplette Familien mit mehreren Kindern hausten. Der einzige heizbare Raum war das Wohn-, Schlaf- und Arbeitszimmer der Eltern, die Kinder schliefen unter dem Dach, und in der kleinen Kammer neben dem Eingang waren oft Tiere untergebracht, z. B. Hühner oder eine Ziege. Über 90 solcher Tropfhäuser existierten im 19. Jahrhundert in Sassanfahrt, ihr Bau wurde initiiert von Reichsritter Julius von Soden, der 1784 die Dörfer Sassanfahrt und Köttmannsdorf erworben hatte und mit den Tropfhäusern bitterarmen Menschen eine »friedliche Hütte« zur Verfügung stellte, – in dem selbstgefälligen Glauben, damit für »Heimatlose und Bedürftige« etwas Gutes getan zu haben. Wenn man das einzige noch erhaltene und von der Gemeinde als Museum restaurierte Tropfhaus besichtigt, verschlägt es einem fast den Atem. In dieser Enge zu wohnen, zu arbeiten, Kinder großzuziehen – unwürdiger, ja erbärmlicher kann ein Leben wohl kaum sein. (Der Name »Tropfhaus« steht im Übrigen für ein Gebäude, dessen Grundstück gerade so weit reicht, wie das Regenwasser vom Dach auf den Boden tropft.) Die Besichtigung des Tropfmuseums ist unverzichtbar.

Der Reichsritter selbst lebte recht angenehm in dem nahen Schloss, dem wir uns anschließend zuwenden. Julius von Soden blieb hier bis 1811 und hinterließ das Gut seinem Sohn, das armselige Schicksal der Tropfhausbewohner interessierte ihn nicht mehr sonderlich. Seit 2014 dient das Schloss als Bildungs- und Kulturzentrum für Konzerte, Vorträge und Theateraufführungen und wird außerdem, zusammen mit dem kleinen Schlossgarten, auch für Tagungen, Seminare und Feierlichkeiten genutzt. Ein Gedenkstein unmittelbar vor dem Schloss erinnert daran, dass am 15. April, wenige Tage vor Ende des Zweiten Weltkriegs, an dieser Stelle 19 Männer, Frauen und Kinder bei einem deutschen Luftangriff getötet wurden.

Der schlichte Innenraum der Notkirche St. Johannis

Rückweg und Einkehr

Auf dem Rückweg nach Hirschaid machen wir einen kleinen Umweg und biegen nach Überquerung der Regnitz links in die Alleestraße ab. Anschließend gehen wir links in die Jahnstraße, und schon stehen wir vor St. Johannis, einer evangelischen Notkirche, gebaut in den 1950er-Jahren für die evangelischen Mitbürger, die bis dahin kein eigenes Gotteshaus hatten. Genutzt wurde ein ehemaliges Fabrikgebäude, nur der Turm kam neu dazu. In all ihrer Schlichtheit wirkt die inzwischen unter Denkmalschutz stehende Notkirche anheimelnd und wohltuend. Sollte der Eingang geschlossen sein, kann man in der Pfarrei um die Ecke um Öffnung bitten.

Wieder im Kern Hirschaids werden wir uns nun unweigerlich um das leibliche Wohl kümmern. Wärmstens empfehlen kann man den *Brauerei-Gasthof Kraus*, der seit 1845 besteht und die letzte Brauerei am Ort ist. Wer in eines der anderen Wirtshäuser einkehrt, wird wohl ebenfalls nicht enttäuscht werden. Den Weg zurück zum Bahnhof über Kirchplatz und Bamberger Straße zu finden ist sicherlich für alle Besucher kein Problem.

Thilo Castner

Informationen:

Tourist-Information, Kirchplatz 6, 96114 Hirschaid, Tel. 0 95 43/8 22 50, www.hirschaid.de

Schloss Sassanfahrt, Schlossplatz 1, Tel. 0 95 43/4 40 18 70, www.schloss-sassanfahrt.de

Museum Tropfhaus, Pfarrer-Hopfenmüller-Str. 7, Tel. 0 95 43/4 40 98 70, Apr–Okt jeden 1. u. 3. So im Monat oder nach Vereinbarung (Infos unter: www.kulturbuehne-hirschaid.de).

Museum Alte Schule, Kirchplatz 4, Tel. 0 95 43/44 09 87, www.kulturbuehne-hirschaid.de, Di, Sa u. So 13.00-17.00 oder nach Vereinbarung.

FrankenLagune, Georg-Kügel-Ring 6, Tel. 0 95 43/95 59, www.frankenlagune.de, Mo–Fr 12.00–21.00, Sa 13.00–21.00, So, Fei u. während der Schulferien 10.00–21.00.

Einkehrtipps:

Gaststätte Schwarzer Bär, Nürnberger Str. 31, Tel. 0 95 43/ 4 04 26, Di–So durchgehend geöffnet, Mo Ruhetag.

Brauerei-Gasthof Kraus, Luitpoldstr. 11, Tel. 0 95 43/8 44 40, www.brauerei-kraus.de, 8.00–24.00 durchgehend warme Küche, Di Ruhetag.

Gasthaus Sauer, Hofstr. 1, Tel. 0 95 43/15 58, Mo u. Di, Do–So 17.00–1.00, Mi Ruhetag.

Restaurant Olympia, Nürnberger Str. 19, Tel. 0 95 43/63 43, www.olympia-hirschaid.de, Mo–Do 17.00–23.00, Fr–So 11.30–14.00 u. 17.00–23.30.

Restaurant Athen, Georg-Kügel-Ring 7, Tel. 0 95 43/59 30, Di–Sa 16.30–23.00, So u. Fei 11.00–14.00 u. 16.30–23.00. Mo Ruhetag.

Buchtipps:

Markt Hirschaid (Hg.): *Hirschaid – Chronik einer Gemeinde*, Hirschaid 2004.

Annette Schäfer: *Das Museum Tropfhaus Sassanfahrt, Heimatkundliche Blätter für Hirschaid*, Bd. 3/2008.

Extras:

Rathausfest am letzten Juli-WE.

Bamberg

Ein Spaziergang durchs Weltkulturerbe

Stadt:

Kreisfreie Stadt an der Regnitz, ca. 70 000 Einwohner.

Geschichte:

Besiedelung des Dombergs im 7. Jahrhundert. Erste urkundliche Erwähnung 902. Bistumsgründung 1007 durch Kaiser Heinrich II., im Hochmittelalter Sitz einer berühmten Domschule. Immer wieder Auseinandersetzungen zwischen Bischöfen und Bürgern. Am Ende des Mittelalters Blütezeit von Kunst und Kultur, zu Beginn der Frühen Neuzeit Verheerungen durch Bauernkrieg, Dreißigjährigen Krieg und exzessive Hexenverfolgung. Erneut kulturelle Blüte unter den Fürstbischöfen Lothar Franz und Friedrich Karl von Schönborn im 18. Jahrhundert. 1802 Ende des Hochstifts im Rahmen der Säkularisation durch Besetzung bayerischer Truppen. Im Laufe des 19. Jahrhunderts zunehmende Industrialisierung, mit gewichtigem Anteil der jüdischen Bevölkerung. Nur wenige Zerstörungen im Verlauf des Zweiten Weltkriegs.

Sehenswürdigkeiten:

Schloss Geyerswörth. Villa Concordia. Böttingerhaus. Altes Rathaus. Dom. Alte Hofhaltung. Neue Residenz mit Rosengarten. Kloster St. Michael. Klein Venedig. Viele Museen. Zahlreiche Kirchen. Barocke Altstadt (»Weltkulturerbe«). Stadtpark Hain.

Dauer des Rundgangs:

Ohne Museumsbesuch und Einkehr 2–3 Std.

Anfahrt:

ÖPNV: Von Nürnberg mit RE direkt zum Bhf. Bamberg, zu Fuß oder mit Bus (unterschiedliche Buslinen) zum ZOB. *Kfz*: Über A 73 bis Ausfahrt »Bamberg-Süd«, über B 22 Richtung Bamberg Zentrum. Parkplätze in den Tiefgaragen der Altstadt: Geyerswörthstraße, Karstadt-Tiefgarage am Maximiliansplatz oder im Parkhaus Zentrum Süd in der Schützenstraße. Zudem P&R Heinrichsplatz.

Ein erster Blick auf die Altstadt

Seit 1993 darf die Bamberger Innenstadt den UNESCO-Titel »Weltkulturerbe« tragen. Unser Rundgang beginnt im Herzen derselben, und zwar an einem markanten Treffpunkt, dem Zentralen Omnibusbahnhof, kurz ZOB genannt, der sich an der Promenade befindet. Durch die Franz-Ludwig-Straße geht es in die Fußgängerzone nach links in Richtung Grüner Markt. Warum dieser Platz so heißt, zeigen die zahlreichen Gemüse- und Obstständе, die an jedem Werktag links und rechts den Weg an der Martinskirche vorbei säumen. Wir passieren dann den zentralen Treffpunkt der Bamberger, nämlich eine imposante Statue des Meeresgottes Neptun mit Dreizack, von den Bambergern kurz und bündig »Gabelmoo« genannt, ehe wir die Lange Straße überqueren und der Beschilderung zur Tourist-Information folgen. Dabei durchlaufen wir die Habergasse und überqueren auf einer schmalen Brücke den Alten Kanal, direkt auf Schloss Geyerswörth zu. Wer bereits hier einen ersten Überblick über die gesamte Bamberger Altstadt erhalten will, dem sei geraten, sich bei der wenige Schritte entfernten Tourismuszentrale den Turmschlüssel des ehemals fürstbischöflichen Stadtschlosses aus dem 16. Jahrhundert zu holen und dann den Geyerswörthturm hinaufzusteigen.

Entlang an stillen Wassern bis zur Villa Concordia

Hinter der Tourismuszentrale, die seit 2010 im ehemaligen Stadtbad untergebracht ist, führt unser Weg über einen einstmaligen Treidelpfad, der anlässlich der 2012 in Bamberg abgehaltenen Landesgartenschau neben dem Alten Kanal angelegt wurde. Unter mächtigen Kastanien geht es vorbei an einer Anlegestelle für eine echt venezianische Gondel, mit der romantische Fahrten auf Bambergs Gewässern möglich sind, an Schleusen und dem Schleusenwärterhäuschen entlang bis zum Linken Regnitzarm. Während der Weg nach links in den verlockenden Bamberger Hain führen würde, wenden wir uns nach rechts ,und sofort fällt ein imposantes Bauwerk auf der anderen Uferseite ins Auge: die Villa Concordia. Dieses barocke Wasserschloss wurde auf Wunsch des reichen Hofbeamten Ignaz Tobias Böttinger von Johann Dientzenhofer in den Jahren 1716 bis 1722 errichtet und beherbergt heute das Internationale Künstlerhaus, das seit 1999 im angebauten Apartmenthaus im Stile einer Orangerie jährlich zwölf Stipendiaten Platz zum künstlerischen Schaffen bietet.

Das Wasserschloss Concordia mit dem angeschlossenen Internationalen Künstlerhaus

Das fränkische Rom

Wir schlendern an dem eindrucksvollen Ort stadteinwärts, wo in nicht allzu weiter Ferne schon die Dächer der Bamberger Altstadt und die Spitzen des Doms locken, überqueren die Obere Mühlbrücke und halten uns anschließend rechts, vorbei an der Brauereigaststätte *Klosterbräu*. Diese ist eine der insgesamt neun innerstädtischen Brauereien, weitere 90 sind im Umland angesiedelt. Damit weist die Region Bamberg, aber das dürfte Freunden des Gerstensaftes ja hinlänglich bekannt sein, die höchste Brauereidichte der Welt auf. Einerlei, ob mancher Besucher der Versuchung eines kühlen Bieres widerstehen kann oder nicht: Der weitere Weg führt bergauf und anschließend rechts entlang, vorbei am ehemaligen fürstbischöflichen Zehnthaus. Nach wenigen Schritten befinden wir uns in der Judenstraße und stehen vor zwei mächtigen Gebäuden: Das eine ist das sogenannte Böttingerhaus, das der oben bereits erwähnte Hofrat Anfang des 18. Jahrhunderts im Stile italienischer Palazzi errichten ließ und das heute als eines der schönsten Barockpalais in Deutschland gilt. Das andere ist das »Samshaus«, das vor allem Kinder sofort erkennen dürften, weil dort in den Verfilmungen des Paul-Maar-Klassikers das rothaarige Wesen mit den Wunschpunkten bei Herrn Taschenbier und Frau Rotkohl wohnt.

Wer von Klassikern nicht genug bekommen kann, dem sei auf dem weiteren Weg durch die Judenstraße ein kurzer Abstecher nach links in die Eisgrube angeraten. Auf dem Türknauf des Hauses mit der Nummer 14 befindet sich nämlich das berühmte Apfelweib, das E.T.A. Hoffmann zu seinem Märchen *Der goldne Topf* anregte und dessen Abguss man mittlerweile in jedem gut sortierten Bamberger Tourismusladen in den verschiedensten Ausführungen findet. Unser weiterer Weg führt auf das Pfahlplätzchen zu, doch vorher weisen die zwei Schilder »Altenburg« und »Kaulberg« an der Ampel auf eine weitere Besonderheit Bambergs hin: Diese beiden Anhöhen sind nämlich zwei der sieben Hügel, auf denen die Stadt angesiedelt ist – womit eine Gemeinsamkeit zur Ewigen Stadt Rom besteht. Auf dem Pfahlplätzchen selbst ist neben Cafés und Teehäusern auch eine Statue des Künstlers Joannis Avramidis zu finden; sie ist Bestandteil eines Skulpturenwegs, den das Internationale Künstlerhaus anregte und auf dessen Schaustücke man überall in der Bamberger Innenstadt stoßen kann.

Der architektonisch einzigartige Domplatz

Am Ende des Pfahlplätzchens laufen wir rechts um die Ecke durch die Lugbank, wo eine verführerische Stärkung für den nahenden Aufstieg zum Domberg lockt: In der *Bäckerei Seel* gibt es die wunderbaren, Croissants ähnlichen Bamberger Hörnla. Da heißt es zugreifen, denn: »Ein Hörnla zwischendurch«, davon sind die Bamberger überzeugt, »gehört zu einem gelungenen Tag.« Wobei »Hörnla« aber nicht nur das eben erwähnte Gebäckstück, sondern auch die berühmte Bamberger Kartoffelsorte gleichen Namens meinen kann. Ehe wir uns dann nach links auf den Domberg begeben, sehen wir rechts ein weiteres täglich tausendfach fotografiertes Motiv, nämlich das berühmte Alte Rathaus. Dieses wurde – in Deutschland einmalig – mitten im Fluss errichtet und besticht durch seine Barock- und Rokokopracht. Im Gebäude, das sinnbildlich die alte »Bischofsstadt« links der Regnitz mit der ab dem 12. Jahrhundert entstehenden »Bürgerstadt« rechts davon verbindet, befindet sich eine sehenswerte Porzellan- und Fayencekollektion der Sammlung Ludwig.

Auf dem Domberg, den wir nach kurzem Anstieg über die Karolinenstraße erreichen, bietet sich ein außergewöhnlicher Anblick, denn es finden sich hier Bauwerke aus den unterschiedlichsten Epochen: Links der von Kaiser Heinrich II. 1007 initiierte, nach einigen Brandkatastrophen mittlerweile romanisch-gotische Dom mit zahllosen Kunstschätzen (u. a. Bamberger Reiter, Kaisergrab von Riemenschneider, Marienaltar von Veit Stoß, Papstgrab Clemens' II.). Rechts daneben im Stile der Renaissance die Alte Hofhaltung, ehemals Kaiser- und Bischofspfalz, heute Heimat des Historischen Museums und sommerliche Kulisse für die jährlich stattfindenden Calderón-Festspiele. Und schließlich als erster großer barocker Schlossbau des Absolutismus in Franken die zweiflügelige Neue Residenz. Unter Fürstbischof Lothar Franz von Schönborn zwischen 1697 und 1703 von Leonhard Dientzenhofer erbaut, beherbergt sie heute Prunkräume, eine Staatsgalerie sowie die Staatsbibliothek. Nicht versäumen darf man eine Stippvisite in den Rosengarten, der sich im inneren Teil der Residenz befindet, denn neben dem Duft der 4 500 Rosenbüsche bietet sich hier ein atemberaubender Blick auf die Bamberger Altstadt und das Kloster St. Michael, unser nächstes Ziel.

Ein Blick in den »Himmelsgarten«

Dieses erreichen wir, indem wir auf der Oberen Karolinenstraße links an der Neuen Residenz, imposanten Domherrenhöfen und dem

Das mitten auf dem Fluss errichtete Alte Rathaus

Erzbischöflichen Palais vorbei bis zum sogenannten Torschuster gehen. Hier folgen wir der Beschilderung nach rechts und gelangen über die Michaelsberger Straße – erst hinunter und dann wieder hinauf, entlang an alten Barockhäusern und Baumbestand – nach ca. zehn Minuten schließlich zu dem ehemaligen Benediktinerkloster St. Michael. Es wurde auf Anregung Heinrichs II. 1015 gegründet und ist heute ein städtisches Altersheim. Die mittelalterliche Klosteranlage wurde mehrfach umgebaut: Die Kirche nach einem Brand 1610 in neugotischem Stil, die übrige Klosteranlage wurde durch die Brüder Leonhard und Johann Dientzenhofer zwischen 1696 und 1725 in ein barockes Gewand gehüllt, wobei vor allem die imposante Freitreppe vor der Kirche sofort ins Auge fällt. In der Kirche selbst beeindruckt der sogenannte »Himmelsgarten«, der mit Malereien von 578 Blumen und Heilkräutern das nachgotische Deckengewölbe ziert. Wer etwa vom bewundernden Starren an die Decke oder vom langen Wandern durch das Weltkulturerbe Kreuzschmerzen bekommen hat, dem sei der Gang durch die Grabtumba des heiligen Otto hinter dem Chor empfohlen. Denn, so lautet die Legende, wer dort sein Haupt beugt, werde von seinem Leiden erlöst.

Wieder bei Kräften, nehmen wir den Weg links am Kloster und am sehenswerten Fränkischen Brauereimuseum vorbei zu einer weitläufigen Aussichtsterrasse hinter der Gesamtanlage, die einen herrlichen Blick von der Bamberger Innenstadt bis zu den Stadtgrenzen und darüber hinaus in die Haßberge und das Fränkische Jura bietet. Direkt unterhalb des Klosters wird auf der Seite zur Neuen Residenz hin seit einigen Jahren wieder, wie bis ins 19. Jahrhundert an derselben Stelle üblich, Wein angebaut. Diese – anlässlich der Landesgartenschau 2012 aufgenommene – Idee hob die fast vergessene Tatsache zurück ins hiesige Bewusstsein, dass Bamberg nicht nur Bier-, sondern auch Weinstadt war!

Klein Venedig von zwei Seiten besehen

Unterhalb eines mächtigen weißen Kreuzes geht es dann, entlang am terrassenartig angelegten Klostergarten und an altem Obstbaumbestand, den Benediktinerweg in die Altstadt zurück. Unterhalb der massiven Mauern des Rosengartens biegen wir dabei nach links in die Elisabethenstraße ein und sind nach wenigen Schritten in der Oberen Sandstraße angelangt. Die Sandstraße, benannt nach dem dort reichlichen Vorkommen eben jenes mittelalterlichen Reinigungs- und Streumittels, ist heute vor allem bekannt für ihre vielfältigen Möglichkeiten abendlichen Vergnügens. Stellvertretend für alle dort befindlichen Cafés, Bars, Restaurants usw. sei nur die *Brauerei Schlenkerla* mit ihrem berühmten Rauchbier genannt. Die in dieser Straße stattfindende Sand-Kerwa lockt alljährlich Ende August Hunderttausende von Besuchern aus nah und fern nach Bamberg.

Wir laufen die Elisabethenstraße, benannt nach dem dort befindlichen kleinen Kirchlein gleichen Namens mit einer Figur des Künstlers Markus Lüpertz davor, hinunter bis zur Regnitz und passieren dabei das im Bamberger Volksmund sogenannte »Café Sandbad«, das in Wirklichkeit eine Justizvollzugsanstalt ist. Wenigstens haben deren Insassen einen schönen Ausblick, denn ihnen (und uns) gegenüber auf der anderen Flussseite befindet sich ein weiterer Höhepunkt jeder Bamberg-Tour: die aus dem 17. Jahrhundert stammenden und mit Blumenschmuck herausgeputzten Häuser der dort ansässigen Fischer und Schiffer, »Klein Venedig« genannt.

Über die nahe Markusbrücke gelangen wir auf die andere Uferseite und biegen gleich rechts in die Fischerei ein, wodurch wir auch die hübschen Vorderseiten der alten Fischer- und Schifferhäuser zu Gesicht bekommen. Dort bietet sich auch die Möglichkeit des Besuchs eines alteingesessenen Bamberger Lokals, der *Fischerei*, wo im begrünten Innenhof jedes Jahr im Sommer die kleinsten Freilichtspiele Deutschlands stattfinden.

Am Ende eine dicke Dame und der bayerische König

Nachdem die Fischerei durchlaufen wurde, queren wir die Kapuzinerstraße schräg links und gelangen über die Stangsstraße auf den Heumarkt, wo wir auf eine wohlgenährte Dame, *Die Frau mit Frucht*, treffen: eine überdimensionale Figur des kolumbianischen Künstlers Fernando Botero, die wie die oben erwähnte Lüpertz-Figur den Skulpturenweg schmückt. Am Ende des Platzes führt der Weg links durch die Fleischstraße am ehemaligen Jesuitenkolleg vorbei, das auf Pläne von Georg Dientzenhofer zurückgeht und heute neben Teilen der Universität das Naturkundemuseum mit einem der schönsten Ausstellungsräume weltweit beherbergt. Schließlich gelangen wir auf den Maximiliansplatz, benannt nach dem ersten bayerischen König Max I. Joseph, der auch auf dem Pfeiler des gleichnamigen Brunnens, über dem Heiligen Heinrich, seiner Gemahlin Kunigunde und dem heiliggesprochenen Bischof Otto sowie König Heinrich III. zu finden ist. Beherrscht wird der Platz vom Neuen Rathaus, das von Balthasar Neumann 1732 bis 1737 gebaut und bis 1927 als Priesterseminar genutzt wurde. Wir biegen rechts an der Ecke wieder in Richtung Grüner Markt ab und gelangen via Franz-Ludwig-Straße an unseren Ausgangspunkt, den ZOB, zurück, wohl wissend, dass wir vieles, aber beileibe noch nicht alles gesehen haben, was Bamberg seinen Besuchern zu bieten hat.

Jan Castner

Informationen:
Tourist-Information, Geyerswörthstr. 5, 96047 Bamberg, Tel. 09 51/2 97 62 00, www.bamberg.info

Einkehrtipps:
Ö drei, Untere Sandstr. 20, Tel. 01 76/97 54 67 31, www.oe-drei.de, Mi–Sa 12.00–22.00, So 12.00–20.00, Mo u. Di Ruhetag.
Weinwirtschaft Fischerei, Fischerei 15, Tel. 09 51/2 50 13, Di–So ab 18.00, Mo Ruhetag.

Extras:
Diverse Bockbieranstiche der hiesigen Brauereien im letzten Viertel jedes Jahres.
Personenschifffahrten auf der Regnitz an Klein Venedig vorbei (Infos unter www.personenschiffahrt-bamberg.de)
Echt venezianische Gondelfahrten auf der Regnitz (Infos unter Gondeltelefon 09 51/1 20 63 27 oder www.gondel.info)
Highlights für Besucher aus nah und fern sind vor allem Festivitäten und Veranstaltungen, die in der historischen Altstadt stattfinden, u. a. das jährliche Festival »Bamberg zaubert« oder das »Tucher Blues u. Jazz Festival«.

Haßfurt

Ein Bilderbuch des fränkischen Adels

Ort:
Unterfränkische Kreisstadt im Landkreis Haßberge. Ohne die im Zuge der Gebietsreform eingemeindeten Ortschaften 8 400 Einwohner.

Geschichte:
Erste urkundliche Erwähnung 1230 als »Hasefurthe«. 1373 verleiht Fürstbischof Gerhard von Schwarzenberg das Marktrecht und richtet um 1385 eine Münzstätte ein. 1397–1400 kurzfristig Reichsstadt. 1525 Beteiligung am Bauernkrieg. 1611 rafft die Pest knapp 25 Prozent der Einwohner dahin. Herrschaft der Würzburger Bischöfe endet 1802. 1814 Fall an Bayern. 1850–1852 Anschluss an Bahnlinie Bamberg–Aschaffenburg.

Sehenswürdigkeiten:
Ritterkapelle. Heilig-Geist-Kapelle. Pfarrkirche St. Kilian. Altes Rathaus. Stattliche Fachwerkhäuser. Neues Amtshaus. Zwei Stadttürme. Stadthalle. Mainmühle.

Dauer des Rundgangs:
Ohne Wirtshausbesuch ca. 2 Std.

Anfahrt:
ÖPNV: Von Nürnberg mit RE (direkt oder mit Umstieg in Bamberg) zum Haßfurter Bhf. *Kfz*: Von Nürnberg A 73 bis »Kreuz Bamberg«, weiter auf A 70 bis Ausfahrt 11 »Knetzau«, nördlich auf St 2276 und St 2427 bis B 26, auf dieser links zum Parkplatz am Bhf.

Geprägt durch die Ära des Würzburger Hochstifts

An das ursprüngliche »Hasefurthe«, aus dem im Laufe der Jahre Haßfurt wurde, erinnert heute noch der Hase, der das Stadtwappen ziert und dem man innerhalb der Altstadt auf Schritt und Tritt in den verschiedensten Variationen begegnen kann. Selbst auf der Pforte an der Südfassade der Ritterkapelle sitzen zwei muntere Häschen.

Entscheidend geprägt wurde Haßfurt vom Würzburger Hochstift, das fast über fünf Jahrhunderte die Geschicke der Stadt bestimmt hat. Beinahe alle bedeutenden Gebäude, ob Kirchen oder Amtshäuser, entstanden in dieser Zeit. Noch heute sind zahllose bürgerliche Häuser mit Heiligenfiguren und Madonnen bestückt – man war fromm und darauf bedacht, seine Frömmigkeit der Umwelt mitzuteilen.

Zum Marktplatz

Nach Verlassen des Bahnhofs halten wir uns rechts und gehen dann weiter auf der »Promenade«, einem breiten, sorgfältig gepflegten Parkstreifen, auf dem wir uns später noch länger aufhalten werden. Hinter den Häusern bereits gut zu erkennen sind die zwei spitzen Türme von St. Kilian auf dem Marktplatz, unserem ersten Besichtigungsobjekt. Wir biegen links in die Engelmeßgasse ein, kurz danach rechts in die Pfarrgasse, und schon stehen wir vor der wuchtigen katholischen Stadtpfarrkirche, die wir uns jetzt genauer anschauen wollen. Wie *Knaurs Kulturführer* zu entnehmen ist, hatte sich der Bau der dreischiffigen Hallenkirche von 1390 bis Ende des 15. Jahrhunderts hingezogen, und der nördliche der zwei Türme war sogar erst zu Beginn des 17. Jahrhunderts vollendet. Das Mittelschiff besteht aus vier Jochen, darüber spannt sich ein Kreuzrippengewölbe. Höhepunkt der Innen-

Das Alte Rathaus von 1514 markiert den Eingang zum Marktplatz.

ausstattung und allein schon Grund genug für einen Besuch der Kirche sind zweifellos die zwei lebensgroßen Skulpturen von Tilman Riemenschneider – links vom Hochaltar Maria mit Kind, rechts Johannes der Täufer, beides Frühwerke des großen Meisters. Die drei Figuren des Hochaltars, die Frankenapostel Kilian, Kolonat und Totnan, entstammen der späteren Werkstatt Riemenschneiders.

Nach Besichtigen der Kirche widmen wir uns dem viereckigen, großflächigen Marktplatz. Zwischen St. Kilian und dem ehemaligen Rathaus befindet sich der Marktbrunnen, daneben eine moderne Skulptur mit drei Schweinen. Rings um den Platz stehen einige schöne Fachwerkhäuser, aber auch Zweckbauten wie das Sparkassengebäude. Unser Hauptaugenmerk gilt allerdings dem großartigen spätgotischen Rathaus, begonnen 1514 und über Jahrhunderte erweitert und umgebaut. Beeindruckend sind der kunstvolle Giebel und die Wappen an der Ostfassade. Bis 1994 Sitz der Stadtverwaltung, ist hier nunmehr das Bürgerbüro mit dem Standesamt ansässig, und die historische Halle im Erdgeschoss wird laufend für kulturelle Veranstaltungen und Feierlichkeiten genutzt.

Bummel auf der Hauptstraße

Mittelpunkt der Altstadt ist die rund 200 Meter lange Hauptstraße zwischen dem Bamberger Tor im Osten und dem Würzburger Tor im Westen. Tagsüber herrscht hier ein munteres Treiben mit unzähligen Autos und Fußgängern. Wir schlendern zunächst entspannt nach rechts, in Richtung Würzburger Tor, und stellen schnell fest, dass beiderseits Nebenstraßen rechtwinklig abzweigen, die ihrerseits durch Straßen parallel zur Hauptstraße verbunden sind. Wie ein Blick auf den Stadtplan verdeutlicht, gleicht die Altstadt einem in die Länge gezogenen Rechteck mit einem gitterförmigen Straßennetz. Bei allem Trubel um uns herum entgeht uns trotzdem nicht, dass hier nicht nur viele verlockende Geschäfte sind, sondern auch fabelhafte Fachwerkhäuser und an den Fassaden immer wieder Madonnen und Heiligenfiguren. Schade nur, dass die Straße noch nicht verkehrsberuhigt wurde!

Schnell ist der rechteckige Untere Turm, das Würzburger Tor, erreicht, dahinter liegen ein Seniorenwohnzentrum und ein kleiner Bibelgarten mit Pflanzen, die im Alten und Neuen Testament eine Rolle spielen. Hier beginnt auch die Untere Vorstadt. Wir machen aber gleich kehrt und gehen die Hauptstraße zurück in Richtung Bamberger Tor. Die Fachwerkhäuser sind da noch zahlreicher und großartiger. Vor

Erreichen des Oberen Tors biegen wir rechts in die Alte Brückenstraße ab und kommen an deren Ende zum Brückentorturm, der 1616 als Inneres Maintor entstanden war und einst zu der von den Schweden 1632 zerstörten Mainbrücke führte. Nach rechts erstreckt sich der Stadtmauerweg mit der relativ gut erhaltenen alten Stadtmauer.

Wir gehen zurück auf die Hauptstraße. Vor dem Oberen Turm, dem Bamberger Tor, erheben sich rechts zwei mächtige Gebäude. Zuerst das 1719 von Joseph Greissing errichtete bischöfliche Amtshaus mit einem wahrhaft fürstlichen Portal, geadelt durch die Wappen der Bischöfe Philipp von Greiffenclau und Philipp Franz von Schönborn. 1994 hat die Stadtverwaltung das Gebäude in Beschlag genommen. Gleich daneben liegt die zur Stadthalle umfunktionierte ehemalige fürstbischöfliche Zehntscheune, davor ein moderner Brunnen mit drei Figuren, wohl als Symbol für Poesie, Musik und Tanz. Der Obere Turm entstand wie sein Pendant, der Untere Turm, um 1230 und wurde mehrmals aufgestockt.

Ritterkapelle und Christuskirche

Hinter dem Tor beginnt mit dem Floriansplatz die Obere Vorstadt. Wir sind damit auch schon beim absoluten Höhepunkt unseres Rundgangs angekommen, bei der Ritterkapelle, gebaut zwischen 1431 und 1455. Sie ist das Wahrzeichen der Stadt und ein viel bewundertes architektonisches Kunstwerk der Region. Der Name beruht auf über 300 Ritterwappen, von denen 230 als Fries am Außenbau des Chors angebracht sind. Dieses Bilderbuch des fränkischen Adels schauen wir uns als Erstes an. Was wir vor Augen haben, ist wirklich einmalig! Und auch die schlanken Türmchen oder Fialen rings um den Chor sind sehenswert – ebenso wie die Konsole über der »Hasenpforte« und die Kreuzigungsszene über der Spitalpforte.

Beim Betreten der Ritterkapelle sollte man das filigrane Bogenfeld über dem Westportal nicht verpassen – die Heiligen Drei Könige zu Pferd auf dem Weg nach Bethlehem. Der spätgotische Innenraum der Kapelle ist mit einer Vielzahl von Gedenktafeln, Abbildungen, Wappen und Figuren ausgestattet. Am zweckmäßigsten wäre es, sich über die Kunstschätze anhand eines der ausliegenden Kirchenführer selbst zu informieren. Unmittelbar neben der Ritterkapelle befindet sich die Heilig-Geist-Kapelle, um 1450 erbaut als Spitalkirche. Eine Besichtigung ist nur über das Pfarramt in der Pfarrgasse möglich.

Stets zugänglich ist dagegen die 1898/99 erbaute evangelische Christuskirche am gegenüberliegenden Heideloffplatz. 1518 hatte die Reformation auch in Haßfurt Anhänger gefunden. Doch im Zuge der Gegenreformation mussten die Protestanten die Stadt verlassen und erhielten erst nach dem Bau der Christuskirche den Status einer selbstständigen Gemeinde.

Von der Mainmühle zur Promenade

Am Ende der »Oberen Vorstadt« biegen wir rechts in die Straße »Am Fröschgraben« ein und sind kurz darauf am rechten Ufer des Mains, der hier zum Schutzhafen mit Schiffsanlegestelle ausgebaut wurde. Dann weiter flussabwärts auf dem Fußweg am Main entlang. Rechts erhebt sich der runde Fröschturm, Teil der ehemaligen Stadtbefestigung, und auch der Brückentorturm ist hinter Bäumen und zwischen herrschaftlichen Villen zu erkennen. Von der Hektik in der Altstadt ist nun natürlich nichts mehr zu spüren. Ab und an tuckert ein Schleppkahn vorbei, wir begegnen Radlern und spielenden Kindern, und dann legen wir auf einer Bank eine Ruhepause ein und genießen das paradiesische Panorama.

Auch nach der Mainbrücke bleiben wir auf dem Fußpfad und erreichen die bereits 1411 urkundlich erwähnte ehemalige Mainmühle. In den an der Südseite sichtbaren Maueröffnungen waren die Mühlräder angebracht, und mittels eines Wehrs konnte ein stets ausreichender

Die Ritterkapelle verdankt ihren Namen dem Wappenfries am Chorraußenbau.

Wasserstand gewährleistet werden. Bis Mitte des 19. Jahrhunderts war die Mühle in Betrieb, zuletzt noch mit fünf Gängen. Seit einigen Jahren wird das renovierte Gebäude vom Volksbildungswerk genutzt.

Wir umgehen die Mühle, laufen auf der Ringstraße ein paar Schritte zurück und biegen neben dem städtischen Kindergarten in die Gerbergasse ein, die uns wieder zur Hauptstraße bringt. Wir gehen ein kurzes Stück nach links in Richtung Unteres Tor, vorbei am Wirtshaus *Zum Fass*, und dann rechts in die Färbergasse, eine der vielen anheimelnden Nebensträßchen, die von der Hauptstraße abzweigen. An deren Ende biegen wir auf der Hirtengasse nach rechts ab, vorbei an dem Alten- und Pflegeheim St. Bruno. Damit sind wir erneut auf der »Promenade«, angelegt auf dem Gelände des ehemaligen Stadtgrabens. Umgeben von Blumenbeeten, Ruhebänken, Kunstwerken und Gedenksteinen fühlt man sich augenblicklich wohl und verweilt hier gern. Ein Mahnmal erinnert an Haßfurts jüdische Bürger.

Der runde Fröschturm an der Südost-Ecke der ehemaligen Stadtbefestigung

Die Einkehr nicht vergessen

Der Rundgang wäre nun eigentlich zu Ende, nicht aber der Aufenthalt in Haßfurt, denn wir wollen ja auch die kulinarische Seite der Stadt kennenlernen. Deshalb auf der Promenade bis zur Spitalgasse weitergehen, und über die Pfarrgasse erneut auf den Marktplatz und zur Hauptstraße. Das Angebot von Wirtshäusern und Cafés ist mannigfaltig, sodass es nicht schwerfallen dürfte, ein Plätzchen im Freien oder in einer gemütlichen Wirtsstube zu finden. Bevor der Rückweg zum Bahnhof angetreten wird, ist dann vielleicht sogar noch etwas Zeit, zusätzlich durch einige der schmucken Gässchen zu schlendern.

Thilo Castner

Informationen:

Tourist-Information, Bahnhofstr. 2, 97437 Haßfurt, Tel. 0 95 21/68 82 27, www.hassfurt.de

Einkehrtipps:

Wiener Cafébaus, Hauptstr. 23, Tel. 0 95 21/18 88, Mo–Fr 8.00–18.00, So 13.00–17.00.

Ratskeller Haßfurt, Hauptstr. 41a, Tel. 0 95 21/9 58 80 58, Mi–So 18.00–24.00.

Fränkisches Wirtshaus Zum Fass, Hauptstr. 59, Tel. 0 95 21/23 91, Mo–Mi u. Sa–So 10.00–14.00, Do u. Fr bis 20.00.

Ilses Café und Weinstube, Hauptstr. 80, Tel. 0 95 21/95 99 33, tägl. 14.30–23.00.

Gasthaus zum Hirschen, Untere Vorstadt 2, Tel. 0 95 21/14 66, Mo 10.00–24.00, Di bis 18.30, Fr bis 23.00, Sa 11.00–15.00, So u. Fei 10.00–15.00.

Buchtipp:

Annette Faber, Jürgen Lenssen: *Die Ritterkapelle in Haßfurt*, Regensburg 2012.

Extras:

Straßenfest in der Hauptstraße am 1. WE im Okt.

16 Volkach
Im Herzen des fränkischen Weinlandes

Ort:
Stadt im unterfränkischen Landkreis Kitzingen und Sitz der Verwaltungsgemeinschaft Volkach. Rund 5 000 Einwohner.

Geschichte:
Siedlung »Folchaa« urkundlich erstmals 906 erwähnt. 1258 Stadtrecht durch die als Vögte eingesetzten Grafen von Castell, später kommen Münz- und Marktrecht sowie Blutgerichtsbarkeit dazu. Heimsuchung während des Bauernkrieges. 1520 Fall an das Hochstift Würzburg. Im Dreißigjährigen Krieg besetzt von den Schweden. 1814 Eingliederung ins Königreich Bayern.

Sehenswürdigkeiten:
Marktplatz mit Rathaus. Umtriebige Hauptstraße. Kirche St. Bartholomäus. Mauerring mit zwei Stadttoren. Schelfenhaus. Museum Barockscheune. Wallfahrtskirche »Maria im Weingarten«.

Dauer des Rundgangs:
Ohne Museumsbesuch und Einkehr, aber mit Ausflug zur Wallfahrtskirche, ca. 3 Std.

Anfahrt:
ÖPNV: Von Nürnberg mit RE nach Kitzingen, weiter mit Bus 8110 zum Busbhf. Volkach. *Kfz*: Von Nürnberg Frankenschnellweg/A 73 bis Ausfahrt 31 »Erlangen Nord«, westlich weiter über Europakanal und bis Ausfahrt »Erlangen West«, dort auf A3, dieser folgen bis Ausfahrt 74 »Kitzingen Schwarzach«, auf St 2271 u. anschließender St 2260 zum Parkplatz am Bhf.

Ein Mainstädtchen mit Kultur und Wein

Etwa ein Drittel der fränkischen Rebflächen liegt im Umkreis der Volkacher Mainschleife. Die Touristen, die das ganze Jahr über oft in

Scharen die Stadt besuchen, kommen allerdings nicht nur wegen des ausgezeichneten Weins, der ihnen hier kredenzt wird, sondern auch wegen der zahlreichen prächtigen Bauten, hauptsächlich entstanden in der bischöflichen Ära. Und nicht zuletzt die außergewöhnlich schöne Lage der Stadt, eingebettet in sanfte Hügel mit schier endlosen Weinbergen, ist für Naturfreunde eine nie nachlassende Attraktion. Das alles werden wir heute kennenlernen.

Auf der Hauptstraße zum Marktplatz

Von der Bushaltestelle über die Bahnhofstraße rechts zum Oberen Markt sind es nur ein paar Schritte, und dort gibt es gleich eine Menge zu sehen. Auf dem Platz vor dem *Gasthof Rose* hat der aus Bamberg stammende Bildhauer Norbert Kleinlein mit kunstvollen Bronzereliefs sieben Höhepunkte der Volkacher Stadtgeschichte dargestellt, von der Stadtgründung 906 bis zur Eingemeindung von zehn Ortschaften in den 1970er-Jahren. Ringsum auch einige Tafeln mit der Schilderung, wie z. B. Bäcker oder Metzger früher lebten und arbeiteten – der Obere Markt war einst Handels- und Umschlagsplatz für die Produkte der bäuerlichen Bevölkerung. Beherrscht wird der Platz von der Kirche St. Michael, die Mitte des 19. Jahrhunderts im neugotischen Stil errichtet wurde, nachdem der Vorgängerbau, als Friedhofskapelle genutzt, niedergebrannt war. Seit 1977 ist St. Michael im Besitz der evangelischen Gemeinde, davor mussten die Protestanten zum Gottesdienst in benachbarte Gemeinden ausweichen.

Wir verlassen den Oberen Markt und wenden uns dem Oberen Tor zu, das auch Sommeracher Tor genannt wird oder »Diebenturm«, da man hier früher Langfinger einsperrte. Über dem Torbogen das Wappen des Fürstbischofs Julius Echter von Mespelbrunn. Hinter dem Oberen Tor beginnt die Hauptstraße, Volkachs Kultur- und Geschäftsmeile, in der sich alles tummelt, was Beine hat. Gleich links an der Ecke zur Kellereigasse die ehemalige Alte Würzburger Amtskellerei (Nr. 5), ein herrliches Rokokogebäude und jetzt Geschäftshaus. Ein paar Schritte weiter, auf der gegenüberliegenden Straßenseite, die frühere Zehntkellerei des Würzburger Domkapitels (Nr. 14) mit einem schönen Renaissancegiebel, jetzt ebenfalls geschäftlich genutzt. Und dann erreichen wir schon die Stadtpfarrkirche St. Bartholomäus, an der von 1413 bis ins 18. Jahrhundert gebaut wurde und die mit einer üppigen Barock- bzw. Rokokoausstattung aufwartet. Der 54 Meter hohe

Kirchturm gilt als Wahrzeichen der Stadt. Am Ende der Kirchgasse links werfen wir rasch einen Blick auf das hübsche kleine Fachwerkhaus, in dem einst die Lateinschule untergebracht war, und widmen uns dann ganz dem Rathausplatz.

Das Rathaus, Mittelpunkt des städtischen Lebens

Ist schon die Hauptstraße eine wahre Augenweide, kommt man auf dem seit einigen Jahren verkehrsberuhigten Markt- bzw. Rathausplatz aus dem Staunen einfach nicht mehr heraus. Hier war und ist der Dreh- und Angelpunkt der Stadt. In der Mitte des Platzes die Figur der »Maria Immaculata« auf einem vierröhrigen Brunnen, von dem aus wir nun in aller Ruhe die prächtigen Gebäude ringsum betrachten. Das grandiose, typisch fränkische Rathaus ist fast 500 Jahre alt und besticht mit einer doppelläufigen Treppe, die zum Portal im ersten Stock führt, darüber ein Fachwerk-Erker mit Spitzhelm. Das Untergeschoss

war früher Markthalle und durch eine breite Toreinfahrt zugänglich. Während jetzt im Obergeschoss die Stadtratssitzungen stattfinden, hat sich im zweiten Obergeschoss die Stadtverwaltung niedergelassen. Gut möglich, dass wir uns später im Erdgeschoss von der dortigen Tourist-Information einige Prospekte holen.

Aber es gibt noch mehr zu bestaunen, so den großartigen *Gasthof Behringer*, ein 450 Jahre altes denkmalgeschütztes Fachwerkhaus vom Feinsten, oder den zweigeschossigen Spätbarockbau am Eck zur Spitalgasse, derzeit Sitz der Castell-Bank. Und wenn wir unseren Bummel durch die Hauptstraße Richtung Unteres Tor fortsetzen, folgen weitere Sehenswürdigkeiten, z. B. rechter Hand der *Wein- und Biergarten Hinterhöfle* sowie die Weingüter *Max Müller* und *Zum Storchen*, linker Hand das *Gasthaus zum Löwen*, die *Weinstube Torbäck* und das *Hotel Vier Jahreszeiten*, ein Renaissancebau, der 1605 als fürstbischöfliches Amtshaus errichtet worden war.

Maria im Weingarten

Mit Erreichen des Unteren Tores verlassen wir die Altstadt und machen uns dann auf den Weg zu der wohl bekanntesten Sehenswürdigkeit an der Mainschleife. Es sind gut fünfzehn Minuten bis zu der Wallfahrtskirche »Maria im Weingarten«, und es wäre töricht, dieses Kleinod nicht aufzusuchen. Also gehen wir vom Unteren Tor geradeaus weiter, lassen den Parkplatz links liegen und biegen danach rechts in den Kirchbergweg ein. Schon bald ist die Kirche inmitten von Weinbergen zu sehen – ein einmalig schöner Anblick. Auf dem Kreuzweg, den wir zunächst entlangschlendern, sind drei Bildstöcke aus dem Jahr 1521 erhalten, die an Werke von Adam Kraft erinnern. Bergan folgt dann ein Kreuzweg aus dem 19. Jahrhundert, der auf steinernen Stufen in den ummauerten Kirchhof führt.

Nach Entrichtung eines bescheidenen Obolus betreten wir die Kirche, die Mitte des 15. Jahrhunderts entstand, und sofort schaut man wie gebannt auf die im Chor hängende Rosenkranzmadonna, ein 1522 vollendetes Spätwerk von Tilman Riemenschneider, das jedem Vergleich mit dem »Engelsgruß« von Veit Stoß in der Nürnberger Lorenzkirche standhält. Im *Unterfranken Kunst- & Reiseführer* (Veitshöchheim 2009) wird das Kunstwerk wie folgt beschrieben: »Die lebensgroße Figur Mariens steht im ovalen Kranz aus geschnitzten Rosen. Nach je zehn Blüten, den ›Aves‹ des Rosenkranzes entsprechend, zeigt ein

⇦ Das Rathaus – unter der doppelläufigen Freitreppe befindet sich das Tor zur früheren Markthalle.

Die Wallfahrtskirche »Maria im Weingarten« inmitten idyllischer Weinberge

Medaillon die Geheimnisse des Rosenkranzes. Insgesamt sind es fünf: Verkündigung – Besuch bei Elisabeth – Geburt Jesu – Anbetung der Könige – Mariens Tod. Zu Füßen musiziert ein Engelpaar, zur Seite spielen Putten auf der Laute, und ein Engelpaar hält eine Krone über Mariens Haupt.« Einfach hinsetzen und das Kunstwerk wirken lassen.

Museum Barockscheune und Schelfenhaus

Auf dem Rückweg zum Unteren Tor lassen wir nochmals die Blicke über die schier endlosen Weinberge schweifen. Rebstock an Rebstock, bis zum Main hinunter, kein Wunder, dass Volkach zu einem der führenden fränkischen Weinorte werden konnte. Wieder auf der Hauptstraße biegen wir links in die Weinstraße ab und kommen zur »Barockscheune«, dem 2003 eröffneten Museum mit vielen Exponaten u. a. zur Stadtgeschichte und zum Weinbau. Hochinteressant und wohl einmalig die Sammlung von Bocksbeuteln in allen Größen – die ältesten Exemplare sind über 300 Jahre alt. Unbedingt anschauen!

Wir setzen den Rundgang fort und biegen rechts in die Mittlere Zwingergasse ab, die uns zum Gänseplatz mit dem Gänsebrunnen bringt. Etliche der Häuser sind hier an den Fenstern und vor den Türen üppig mit Blumen geschmückt, an den Fassaden ranken sich Rebstöcke empor. Vom Gänseplatz dann rechts in die Schelfengasse, und so kommen wir zum schönsten Anwesen Volkachs, dem »Schelfenhaus«, erbaut 1719–1729 von dem Ratsherrn und Kaufmann Schelf. Über dem prachtvollen linken Portal das Wappen des Bauherrn. Die Frontfassade wird von zwei wuchtigen Vierecksäulen eingerahmt. Die historischen Zimmer im Obergeschoss mit wertvollen Stuckdecken können im Rahmen einer Stadtführung besichtigt werden, da das Haus seit den 1970er-Jahren in städtischem Besitz ist.

Zwei Alternativen zum Abschluss

Wieder auf dem Marktplatz, dürfte der Einkehr in eine der Volkacher Weinstuben sicherlich nichts im Wege stehen, denn selbstredend wäre für den Weinliebhaber ein Besuch ohne ein bis zwei Schoppen der Lagen Volkacher Kirchberg oder Volkacher Ratsherr unverzeihlich. Zusätzlich könnte man vor oder nach dem Wirtshausbesuch vom Oberen Tor aus über die Obere, Mittlere und Untere Zwingergasse sowie anschließend über die Storchgasse zum Unteren Tor schlendern und von dort über die Grabengasse zum Marktplatz und würde auf diese Weise die mittelalterliche Struktur der Stadt noch genauer erleben, denn Zwinger-, Storch- und Grabengasse verlaufen in unmittelbarer Nähe der alten Stadtmauer.

Wer viel Zeit hat und unternehmungslustig ist, dem wäre als krönender Abschluss auch eine Schifffahrt auf der Mainschleife bis Wipfeld und zurück sehr zu empfehlen. MS »Undine« steht von Ende März bis Anfang November an der Schiffsanlegestelle rechts der Mainbrücke im Westen der Stadt zu bestimmten Zeiten bereit und vermittelt die Anmut der Volkacher Weinberge an der Mainschleife aus anderer Perspektive.

Thilo Castner

Informationen:
Tourist-Information, Marktplatz 1, 97332 Volkach,
Tel. 0 93 81/4 01 12, www.volkach.de
Museum Barockscheune, Weinstr. 7, Tel. 0 93 81/71 75 90,
www.museum-barockscheune.de, Ostern–1. Nov
Sa, So u. Fei 11.00–17.00.
Fränkische Personen-Schifffahrt, Hauptstr. 42,
Tel. 0 93 81/71 08 80, www.mainschifffahrt.info

Einkehrtipps:

Hotel Restaurant Weingut Rose, Oberer Markt 7, Tel. 0 93 81/84 03 33, www.rose-volkach.de, Mo–So 9.00–23.00, Mi Ruhetag.

Gasthof Hotel Behringer, Marktplatz 5, Tel. 0 93 81/81 40, www.hotel-behringer.de, tägl. 9.00–21.00.

Gasthaus zum Löwen, Hauptstr. 25, Tel. 0 93 81/24 06, www.zum-loewen-volkach.de, Mo ab 17.00, Mi–So 11.00–14.00 u. ab 17.00, Di Ruhetag.

Wein- & Biergarten Hinterhöfle, Hauptstr. 30, Tel. 0 93 81/81 42 00, www.hinterhoefle.de, Mo–So ab 11.00, im Winter (Mitte Nov–Ostern) Do Ruhetag.

Weingut Gasthof Zum Storchen, Hauptstr. 54, Tel. 0 93 81/23 55, www.gasthofzumstorchen.de, Mo 17.00–23.00, Di–Do 11.00–14.00 u. 17.00–23.00, Fr–So 11.00–23.00, Mi Ruhetag.

Restaurant St. Urban, Obere Zwingergasse 2, Tel. 0 93 81/8 46 13 31, www.weinrestaurant-st-urban.de, Di–Sa 17.00–23.00, So u. Mo Ruhetag.

Buchtipps:

Ute Feuerbach/Christa Volk: *Volkach und seine Ortsteile*, Erfurt 2011.

Hanswernfried Muth/Roman von Götz: *Wallfahrtskirche St. Maria* im Weingarten Volkach, Regensburg 2005.

Extras:

Fränkisches Weinfest Mitte Aug.

Altstadtrundgang Mai–Okt Mo, Mi u. Sa, Treffpunkt jeweils 10.30 vor dem Rathaus.

Kitzingen

Die trinkfeste und fastnachtfrohe Traditionsstadt

Ort:

Eine der ältesten Städte am Main und Zentrum des größten Weinlandkreises in Deutschland. Rund 20 000 Einwohner.

Geschichte:

Ursprung ist das 745 gegründete Benediktinerinnenkloster. Als Stadt urkundlich erstmals 1300 erwähnt. Zwischen 1336 und 1406 geht die Stadt in den Besitz des Hochstifts Würzburg über und wird 1443 an die Markgrafen von Brandenburg-Ansbach verpfändet. In der Reformationszeit evangelisch, ab 1629 wieder katholisch, 1 000 evangelische Bürger wandern deshalb aus. 1814 endgültig bayerisch.

Sehenswürdigkeiten:

3 Kirchen. 3 Museen. Renaissance-Rathaus am Marktplatz. Alte Mainbrücke. Synagoge.

Dauer des Rundgangs:

Mit Museumsbesuch und Einkehr mindestens 4 Std.

Anfahrt:

ÖPNV: Von Nürnberg direkt mit RE zum Bhf. Kitzingen.
Kfz: Von Nürnberg Frankenschnellweg/A 73 bis »Kreuz Fürth/Erlangen«, weiter auf A 3 bis Ausfahrt 74 »Kitzingen/Schwarzach« links auf St 2271, dieser folgen, bis rechts Nordtangente abzweigt, über diese und anschließende Umgehungsstr. wie Schützenstr. zu den Parkplätzen am Bhf.

Weinseliges Kitzingen

Die Stadt zählt zu den frühen Ansiedlungen an den Ufern des Mains und entwickelte sich zur Weinhandelsmetropole in Deutschland. 1482 hatten sich in Kitzingen Delegierte der fränkischen Fürsten und Bischöfe versammelt und im Ersten Deutschen Weingesetz festgelegt, was im Wein enthalten sein durfte und was nicht. Kitzingen besitzt in der Alten Poststraße einen der ältesten Weinkeller Deutschlands und in der Güterhallstraße eine der ältesten Weinkellereien. Anfang des 20. Jahrhunderts gab es in Kitzingen fast 100 Weinhändler – gegenwärtig sind es nur noch sechs. Dass der Wein in Kitzingen aber nach wie vor eine bedeutende Rolle spielt, belegen die Weinlagen Kitzinger Eselsberg, Kitzinger Wilhelmsberg und Kitzinger Eheriederberg. Und natürlich feiert man hier im Juni fröhliche Weinfeste und Tage des offenen Weinkellers und später den Kitzinger Weinherbst.

Am 23. Februar 1945 waren in Kitzingen durch amerikanische Bombenangriffe über 800 Wohngebäude zum Teil völlig zerstört worden, 700 Menschen hatten den Tod gefunden. Von diesem Schicksalsschlag, dem schwersten im Laufe seiner Geschichte, hat sich Kitzingen natürlich längst erholt und präsentiert sich Besuchern heute wieder als lebensfrohe Stadt mit vielen Höhepunkten.

Das offizielle Deutsche Fastnachtmuseum

Der Weg vom Bahnhof in die historische Altstadt beginnt auf der Friedrich-Ebert-Straße. Hier ist gleich rechts unter der Hausnummer 13 das *Weingut Meuschel* zu finden, wo man sich mit dem Wein aus der Gegend vertraut machen kann. Kurz darauf folgen links der um 1542 angelegte Friedhof und rechts ein kleiner Rosengarten. Danach stehen wir schon vor dem efeuumrankten Falterturm, Kitzingens Wahrzeichen. Die schiefe Turmhaube, so heißt es, drücke aus, wie man sich nach einem ausgiebigen Umtrunk fühle. In den Räumlichkeiten des Turms ist das einzige offizielle Deutsche Fastnachtmuseum untergebracht mit Masken, Kostümen, Urkunden, Broschüren, Requisiten und Kultgegenständen der närrischen Zeit aus über zwei Jahrhunderten.

Geöffnet ist der Falterturm zwar nur an Wochenenden, doch wenn wir die Falterstraße ein paar Meter weitergehen und links in die Rosenstraße einbiegen, finden wir in Haus Nr. 10 ebenfalls eine umfangreiche Sammlung närrischer Attribute. Hier sind die Öffnungszeiten an den Wochentagen, sodass eine Besichtigung der Exponate entweder hier oder dort immer möglich ist. Die Rosenstraße biegt nach links ab, wir gehen nach rechts den Rosenberg hinab, werfen aber zuvor einen bewundernden Blick auf das schmucke Ackerbürgerhaus, ein Winkel-

Im Inneren des Falterturms befindet sich das einzige Fastnachtmuseum Deutschlands.

haus mit Fachwerk aus dem Jahr 1531. Gut denkbar, dass wir am Schluss unseres Rundgangs hier einkehren.

Benediktinerinnen und Ursulinen

Die Rosenbergstraße bringt uns zu dem 1883 angelegten Königsplatz, in der Mitte ein stattlicher Obelisk aus Buntsandstein, eingerahmt von Bäumen und Blumenbeeten. Nun auf der Kaiserstraße weiter, bis links die Alte Poststraße abzweigt. Wir folgen dem Hinweis »Kitzinger Klosterkeller« und stehen kurz darauf vor dem bereits erwähnten ältesten Weinkeller Deutschlands, geschaffen vor weit über 1 000 Jahren vom Orden der Benediktinerinnen. Das größte der in Reih und Glied stehenden Fässer hat ein Fassungsvermögen von über 22 000 Liter. Besichtigungen sind nach Voranmeldung möglich.

Die Benediktinerinnen hatten mit der Gründung eines Klosters den Grundstein zur Entstehung Kitzingens gelegt. Auf Initiative des Würzburger Erzbischofs übernahmen im Jahre 1660 die Ursulinen das Kloster, das allerdings wegen des schlechten Bauzustandes erneuert werden musste und 1802 im Zuge der Säkularisation aufgehoben wurde. Jetzt ist das Kloster einschließlich der 1344 dazugekommenen Spitalkirche Sitz des Landratsamtes.

Wir gehen durch das offene Gittertor über den Innenhof der ehemaligen Klosteranlage wieder auf die Kaiserstraße zum Platz der Partnerstädte. Vor uns die farbenfrohe, harmonisch gegliederte Fassade der protestantischen Pfarrkirche. Gebaut von Antonio Petrini (1686–1699) für die Ursulinen, wurde die Kirche im Zuge der Säkularisation 1817 von der evangelischen Gemeinde übernommen. Beeindruckend der schlichte, lichtdurchflutete Innenraum des Gotteshauses.

Mittelpunkt Marktplatz

Wir gehen jetzt ein paar Schritte zurück, vorbei an dem mächtigen, 39 Meter hohen Marktturm, und kommen zur Marktstraße bzw. zum Marktplatz. Das Renaissance-Rathaus mit dem reich gegliederten Giebel, Mitte des 16. Jahrhunderts von Meister Eckhart von Schaffhausen

Blick auf das wunderschön am Main gelegene Kitzingen

erbaut, bietet im Erdgeschoss ständig wechselnde Ausstellungen an. Im zweiten Obergeschoss steht der historische Sitzungssaal mit schönen Wandvertäfelungen und einem mächtigen Kachelofen zur Besichtigung offen. Am Marktplatz verdient sodann das Poganietz-Haus unsere besondere Aufmerksamkeit, ist dies doch eines der ältesten und schönsten Bürgerhäuser von Kitzingen. Seit 1996 ist hier ein Conditorei-Museum eingerichtet, das jederzeit gegen geringes Entgelt besichtigt werden kann. Zu sehen sind z. B. vielerlei Backformen, Model, Walzwerke, Marzipanfiguren und Rezepte – ein Eldorado für backfreudige Hausfrauen und neugierige Kinder.

Wir passieren den Kiliansbrunnen mit dem Schutzpatron der Winzer und gehen rechts über die Obere Kirchgasse zur katholischen Pfarrkirche St. Johannes, einer spätgotischen dreischiffigen Hallenkirche aus dem 15. Jahrhundert. Die barocke Haube basiert auf Plänen von Balthasar Neumann. Auffallend die blauen Chorfenster und das moderne Altarbild, eine Darstellung der Taufe Jesu im Jordan. Künstlerisch wertvoll sind vor allem das Sakramentshaus aus dem 15. und die Kanzel aus dem 18. Jahrhundert. An der Außenwand der Kirche befindet sich eine Ölbergszene, die der Riemenschneiderschule entstammen soll.

Kitzinger Juden sind nicht vergessen

Nach Überquerung des Kirchenplatzes erreichen wir die Schrannenstraße und gehen rechts zur neugebauten Synagoge. Die 1882/1883 errichtete Alte Synagoge war von den Nazischergen in der Pogromnacht niedergebrannt worden. Das Anfang der 1990er-Jahre errichtete neue Gebäude wird, da es in Kitzingen keine jüdische Gemeinde mehr gibt, ausschließlich für Kulturveranstaltungen und Vorträge genutzt. Wer sich für die Stadtgeschichte Kitzingens und die Entwicklung des Landkreises interessiert, geht geradeaus weiter und kommt auf der Landwehrstraße zum Städtischen Museum.

Über den Main nach Etwashausen

Nun aber auf der Schrannenstraße zurück und zur Alten Mainbrücke, die urkundlich bereits um 1300 Erwähnung findet. Das gelbe Haus rechts am Brückenaufgang ist das ehemalige Zollhaus und jetzt die Kitzinger Tourist-Information. Hier kann man Stadtführungen buchen und einen Stadtplan holen. Der Blick von der Brücke auf die

Stadtsilhouette ist einzigartig. Am Brückenende, nun bereits in Etwashausen, nehmen wir links die Kapelle Heilig Kreuz ins Visier. Sie wurde 1741–1745 von Balthasar Neumann entworfen, und das nach der Haager Konvention geschützte Kulturgut gilt als die bedeutendste Dorfkirche des großen Baumeisters, der in Lebensgröße vor der Kirche postiert ist. Auf der gegenüberliegenden Seite dann das *Gasthaus Goldene Gans* mit fränkischen Spezialitäten und mit spritzigen Weinen, serviert in einem ausladenden Biergarten mit schöner Aussicht auf Main und Altstadt. Vor oder nach einer Einkehr sollte man sich einen Bummel entlang der Mainlände, die nach der Gartenschau von 2011 wundervoll rekultiviert worden ist, keinesfalls entgehen lassen.

Abschließend eine Weinprobe?

Ein Vorschlag zum Rückweg: über die Mainbrücke zum Marktplatz und die Marktstraße geradeaus, dann links in die Herrenstraße. Wer noch nicht eingekehrt sein sollte, findet im *Bayerischen Hof* ein exzellentes Restaurant. Am Eck zur Ritterstraße erinnert eine Gedenktafel an die Niederschlagung des Bauernaufstands im Jahr 1525. Teile der Kitzinger Bevölkerung hatten sich auf die Seite der Aufständischen geschlagen. Zur Vergeltung wurden nach Beendigung des Bauernkrieges auf Anweisung des Markgrafen Casimir 68 Kitzinger Bürger mit einem glühenden Eisen geblendet und der Stadt verwiesen.

Nun links in die Falterstraße zum Falterturm und wie zu Beginn des Rundgangs über die Friedrich-Ebert-Straße zum Bahnhof. Wer noch mehr über Wein aus Franken erfahren möchte, geht vom Falterturm weiter geradeaus auf der Güterhallstraße zum 1843 gegründeten *Weingut Völker* und nimmt sich Zeit für eine Weinprobe. Nach Voranmeldung ist auch eine Besichtigung der Weinkellerei möglich. Danach auf der Güterhallstraße bis zur Friedenstraße vorgehen und dort links zum Bahnhof.

Thilo Castner

Informationen:

Tourist-Information, Schrannenstr. 1, 97318 Kitzingen, Tel. 0 93 21/20 88 88, www.kitzingen.info

Städtisches Museum, Landwehrstr. 23, Tel. 0 93 21/92 99 15, www.kitzingen.info/museen, Di–Fr 15.00–18.00, Do 15.00–20.00, Sa, So u. Fei 14.00–17.00.

Conditorei-Museum im *Café Rösner*, Marktstr. 26, Tel. 0 93 21/92 94 35, www.conditorei-museum.de, Mo–Sa 7.00–18.00, So 8.00–17.00.

Deutsches Fastnachtmuseum im Falterturm, Luitpoldstr. 4, Tel. 0 93 21/2 33 55, www.karnevaldeutschland.de, Di–So 13.00–17.00.

Alter Klosterkeller, Alte Poststr. 6, Besichtigung, auch in Zusammenhang mit einer Weinprobe, nur nach vorheriger Anmeldung unter Tel. 0 93 21/9 16 90.

Weingut Völker, Güterhallstr. 10, Tel. 0 93 21/41 94, www.voelkerwein.de

Weinkellerei Meuschel, Innere Sulzfelder Str. 14, Tel. 0 93 21/43 78, www.weingut-meuschel.de, Mo–Fr 7.00–12.00 u. 13.30–17.00, Sa 9.00–12.00.

Einkehrtipps:

Restaurant-Café Brückeneck, Alte Burgstr.2, Tel. 0 93 21/9 29 86 77, www.brückeneck.de, Mo–Do 9.00–24.00, Fr u. Sa 9.00–1.00, So 9.00–24.00.

Hotel-Restaurant Bayerischer Hof, Herrnstr. 2, Tel. 0 93 21/14 40, www.bayerischerhof.info, tägl. 7.00–24.00.

Buchtipps:

Landratsamt Kitzingen (Hg.): *Kunst- und Kulturführer des Landkreises Kitzingen*, Kitzingen 1993.

Stadt Kitzingen (Hg.): *Kitzingen am Main*, Kalender, Kitzingen o. J.

Extras:

Weinfest am letzten WE im Juni (Infos unter: www.kitzinger-promenaden-weinfest.de)

Weinherbst mit Wein, fränkischen Köstlichkeiten und Musik auf dem Marktplatz am letzten Sa im Okt.

18 Neustadt an der Aisch
Eine Domäne der Hohenzollern

Ort:
Mittelfränkische Kreisstadt im Landkreis Neustadt/Aisch-Bad Windsheim. Ohne eingemeindete Ortsteile ca. 10 000 Einwohner.

Geschichte:
Erstmals urkundlich erwähnt wird 741 der Königshof Riedfeld, der Ursprung Neustadts. Die Stadt selbst tritt urkundlich erstmals 1285 als »Nivenstadt« in Erscheinung. Bis 1791 bestimmt das Geschlecht der Burggrafen von Nürnberg die Geschicke der Stadt. Danach wird man preußisch, untersteht anschließend 4 Jahre lang einer französischen Militärregierung und kommt 1810 zu Bayern.

Sehenswürdigkeiten:
Mittelalterliche Stadtmauer mit 6 Türmen und dem Nürnberger Tor. Barockes Rathaus. Altes Schloss mit 2 Museen. Neustädter Unterwelt. Jean-Paul-Allee. Mehrere idyllische Parkanlagen in der Innenstadt. Eine Vielzahl schöner alter Fachwerkhäuser.

Dauer des Rundgangs:
Ohne Einkehr und Museumsbesuch gut 2 Std.

Anfahrt:
ÖPNV: Von Nürnberg direkt mit RB zum Bhf. Neustadt/Aisch-Mitte. *Kfz*: Von Nürnberg über Südwesttangente, weiter auf B 8, beim Kreisverkehr vor Neustadt links auf Nürnberger Str. u. dieser folgen, abschließend links über Straße »An der Bastei« und Strahlbacher Weg zum Bhf. Mitte. Dort auf dem Parkplatz oder in der Ansbacher Straße das Auto abstellen.

Wir verlassen den Bahnsteig nach links und steigen über Treppen zur Ansbacher Straße hinunter. Dann zügig Richtung Innenstadt, vorbei an einigen sehr schönen Villen; anschließend halten wir kurz vor der katholischen St. Johannis Kirche, in der vor allem die Metzler-Orgel sehenswert ist. Am Plärrer biegen wir rechts in die Wilhelmstraße ein, Neustadts Hauptgeschäftsstraße mit Läden und Boutiquen in fast jedem Haus. Vielleicht wird der eine oder andere hier später auf Shopping-Tour gehen. Dann ist auch schon der Marktplatz erreicht, der Dreh- und Angelpunkt der Stadt.

Die Geißbock-Sage

Beherrscht wird der Platz von dem Anfang des 18. Jahrhunderts errichteten barocken dreigeschossigen Rathaus. In dem Türmchen auf dem Walmdach ist ein Geißbock zu erkennen, der alltäglich um zwölf Uhr lautstark zu meckern beginnt. Ihm ist, einer Legende zufolge, die Rettung der Stadt anlässlich einer Belagerung durch bayerische Truppen im Jahr 1460 zu verdanken. Demnach soll ein Schneider im Gewand eines Geißbocks auf der Stadtmauer spazieren gegangen sein, sodass die Belagerer, in den Glauben versetzt, die Stadt habe noch genügend Nahrungsmittel, ihr Vorhaben einstellten. Rund um den Marktplatz sind stattliche Fachwerkhäuser, Gasthöfe und Cafés, in der Mitte ein Neptunbrunnen.

Nun geht's die Bamberger Straße entlang. Schon bald linker Hand eine Grünzone mit Bänken, dahinter, auf den Grundmauern des ehemaligen Neuen Schlosses, das große Grundschulgebäude. Am rechten Eck zur Gartenstraße liegt das Amtsgericht, das Mitte des 19. Jahrhunderts im Stil der Florentiner Renaissance als Gefängnis erbaut wurde. Wir gehen ein paar Meter zurück und am Gasthaus *Zum Goldenen Engel* die Hintere Kellereigasse hinauf. Nach einigen efeuumrankten Häusern stehen wir am Haus Nr. 15 vor den Resten der ehemaligen Hohenzollerischen Burg von 1285, die später als markgräfliche Kellerei und Jagdzeughaus genutzt wurde. Gleich darauf rechts erneut ein stattliches zweigeschossiges Fachwerkhaus mit hohem Giebel.

Neustadts Kellerwelt

Bei Erreichen der Nürnberger Straße links halten. Am Max-Döllner-Platz ist das vielleicht schönste Bürgerhaus der Stadt, ein nach dem Dreißigjährigen Krieg von dem Büttner Lindelbacher errichteter, dreigeschossiger Fachwerkbau, gegenüber *Gasthaus Zur Sonne*, eines der ältesten Wirtshäuser im Aischgrund. Die Nürnberger Straße führt geradewegs zum Nürnberger Tor. Wir nehmen jedoch einen kurzen

Umweg und biegen links in die Gasse »Bei der Freiung« ein. Die Häuser sind hier in die alte Stadtmauer integriert, zudem existieren etliche Abgänge in zweigeschossige Keller, in denen die Bewohner ihre Wein- und Biervorräte einlagerten. An der Ecke zur Nürnberger Straße, Haus Nr. 35, im Kastenboden, ist neuerdings als besonderer Höhepunkt eine Besichtigung der »Neustädter Unterwelt« nach Anmeldung beim städtischen Tourismusbüro möglich.

Das Nürnberger Tor, entstanden im 14. Jahrhundert, ist das Wahrzeichen der Stadt und als Einziges von ehemals vier Toren erhalten

Das Neustädter Rathaus mit dem Geißbock-Türmchen

geblieben. Ein paar Schritte weiter, im *Gasthof Schützengarten*, kommt an einem warmen Sommertag vielleicht eine kurze Rast im Biergarten unter einer schattigen Kastanie in Betracht.

Von Turm zu Turm

Über die Straße »An der Bastei« gelangen wir zum Äußeren Stadtmauerweg. Auch hier sind einige Häuser in die alte Stadtmauer eingebaut und bilden mit den davor angelegten Gärten ein Bilderbuch-Panorama. Auf den Säuturm folgt der Flurersturm. Beim Vögeleinsturm werden wir über die Geißbock-Sage informiert und verlassen den Äußeren Stadtmauerweg. Es lohnt sich, an der inneren Stadtmauer ein paar Meter bis zum Flurersturm hinaufzulaufen, den rekonstruierten Wehrgang zu begutachten und dann erst den Rundgang auf dem Unteren Stadtmauerweg fortzusetzen.

Bevor wir die Wilhelmstraße erreichen, passieren wir den Hirtenturm. Am Plärrer ein kurzer Abstecher zum Kriegerdenkmal für die Gefallenen der Kriege 1866 und 1870/1871. In der Wilhelmstraße biegen wir anschließend neben Haus Nr. 34 in das schmale Gässchen ein. Die alte Stadtmauer ist hier besonders gut erhalten. Nach Schauflersturm und Pulverturm kommen wir zum Bleichweiher und zur ehemaligen Städtischen Warmbadeanstalt, dahinter ein etwas schief geratener Rundturm. Der Mauerdurchbruch, das Bleichtürlein, erfolgte im 19. Jahrhundert, um den Neustädter Frauen den Zugang zum Wäschebleichen zu erleichtern. Wir folgen der rechtwinklig abbiegenden Stadtmauer, überqueren am *Allee Hotel* die Würzburger Straße und kommen zur Jean-Paul-Allee. Der bedeutende fränkische Dichter war 1793 in Neustadt und hatte sich heiß und innig in die Tochter eines hohen Beamten verliebt. Ihm zu Ehren wurde 2003 auf Anregung des Schriftstellers Godehard Schramm ein Leseweg angelegt, auf dem an die 20 Aphorismen Jean Pauls auf kleinen Tafeln nachgelesen werden können. Eine unweit davon aufgestellte Dampflok erinnert an den 1978 eingestellten Zugverkehr auf der romantischen Aischtalstrecke.

Neustadts Schlösser

Nun sind wir am Alten Schloss und betreten über einen Mauerdurchgang den Innenhof. Uns erwartet ein kleiner Apothekergarten mit der Statue der Markgräfin Anna. Sie war die Ehefrau von Kurfürst

Wo vormals Kurfürsten wohnten, befindet sich nun das Aischgründer Karpfenmuseum.

Albrecht Achilles, der das ehemalige Wasserschloss 1430 erbauen ließ. Viel geblieben ist von der prunkvollen Residenz nicht, aber immerhin reichen die Räumlichkeiten aus für die KinderSpielWelten im Torhaus sowie für das erst vor Kurzem eingerichtete und in seiner Art einmalige Aischgründer Karpfenmuseum. Eine Kaffeepause bietet sich im *Schlosscafé* an.

Unmittelbar neben dem Alten Schloss entstand zwischen 1575 und 1626 das Neue Schloss. Es brannte 1906 vollständig aus, nur der achteckige Turm mit dem Sandsteinwappen überstand die Katastrophe. Neun Jahre später wurde das Gebäude wiederaufgebaut, und zwar zu einem zentralen Schulhaus. Der sich anschließende Schlossplatz wird rechts von dem imposanten Dekanatsgebäude beherrscht, das nach seinem Initiator Dekan Lerche als »Lerchennest« bezeichnet wird.

Berühmte Söhne der Stadt

Nun sind es nur noch ein paar Schritte bis zur Stadtpfarrkiche St. Johannes der Täufer, eine spätgotische dreischiffige Säulenbasilika. Als wertvollstes Kunstwerk gilt der spätgotische Schnitzaltar eines niederländischen Meisters mit über 50 Figuren. Neben der Kirche steht der »Kärnter«, ein um 1400 gebautes mittelalterliches Kampfhaus, in das man sich in Kriegszeiten zurückzog und in dessen Untergeschoss die Gebeine Verstorbener aufbewahrt werden konnten, wenn auf dem

Friedhof nicht genügend Platz war. Später wurde das Obergeschoss als »Mägdeleinschule« genutzt. Rechts davon die ehemalige Lateinschule. Hier war der aus dem Fichtelgebirge stammende Afrikaforscher Peter Kolb acht Jahre lang Direktor und schrieb in dieser Zeit ein weithin anerkanntes Werk über das Kap der Guten Hoffnung.

Über die Untere Schlossgasse, auf der Rückseite der Lateinschule, steuern wir nun auf den Peter-Kolb-Platz zu. Gleich vorn unübersehbar die Statue von Adolph Scherzer, Sohn eines städtischen Türmers, der den bayerischen Defiliermarsch komponiert hat. Rechter Hand die ehemalige Fürstenschule, in der Mitte des Platzes der Luitpold-Brunnen.

Nachdem wir nunmehr die wichtigsten Sehenswürdigkeiten kennengelernt haben, tut eine Verschnaufpause sicherlich gut. Auf der Würzburger Straße finden wir schnell zum Marktplatz zurück und können dort günstig einkehren. Wer danach noch mehr von Neustadt sehen möchte, bummelt einfach kreuz und quer durch die Nebenstraßen, etwas Interessantes gibt es überall zu entdecken. Wer auf eine Shopping-Tour erpicht ist, stürzt sich in die Wilhelmstraße. Der Rückweg zum Bahnhof Mitte über die Ansbacher Straße ist abschließend bestimmt kein Problem.

Thilo Castner

Die Neustadthalle am Schloss

Informationen:

Tourist-Information, Marktplatz 5, 91413 Neustadt a. d. Aisch, Tel. 0 91 61/66 60, www.neustadt-aisch.de

Museen im Alten Schloss mit Aischgründer Karpfenmuseum u. Kinderspielwelten, Untere Schlossgasse 8, Tel. 0 91 61/6 62 09 05, www.karpfenmuseum.de, Di 19.00–21.00, Mi 14.00–17.00, Sa 10.30–13.00, So 14.00–17.00 u. nach telefonischer Vereinbarung.

Einkehrtipps:

Gasthof Schützengarten, Nürnberger Str. 28, Tel. 0 91 61/88 28 83, Mo–So ab 9.00.

Gasthaus Zur Sonne, Nürnberger Str. 18, Tel. 0 91 61/24 88, www.sonne-nea.de, Mi–Sa 11.30–13.30 u. ab 17.30, So 11.30–14.30, Mo–Di Ruhetag.

Gasthof Hausbrauerei Kohlenmühle, Bamberger Str. 53, Tel. 0 91 61/66 22 70, www.kohlenmuehle.de, Di–Fr 11.00–23.00, Sa 11.00–24.00, So 10.00–23.00, Mo Ruhetag.

Wirtshaus Scharfes Eck, Marktplatz 1, Tel. 0 91 61/6 20 22 02, www.wirtshaus-scharfes-eck.de, Mo, Di u. Do–So 9.30–23.00, Mi Ruhetag.

Restaurant Der Markgraf, Comeniusstr. 1, Tel. 0 91 61/8 82 84 12, Di–Sa 16.30–0.00, So 10.30–24.00, Mo Ruhetag.

Buchtipps:

Bad Neustadt/Aisch (Hg.): *Stadtführer Neustadt a. d. Aisch*, Neustadt 1980.

Wolfgang Mück: *Mitten in Franken. Neustadt a. d. Aisch. Politisches, wirtschaftliches und kulturelles Zentrum im Aischgrund*, Neustadt/Aisch 1999.

Extras:

Bauernmarkt am Marktplatz jeden Samstagvormittag.
Kirchweih 2 Wochen nach Pfingsten.
Deutsch-italienisches Weinfest Mitte Juli.
Weinfest WeinMarktPlatz am 2. WE im Aug.

Bad Windsheim

Die alte Reichsstadt mit neuen Attraktionen

Ort:

Mittelfränkischer Kurort im Landkreis Neustadt a. d. Aisch-Bad Windsheim. 10 200 Einwohner.

Geschichte:

Erste urkundliche Erwähnung 741 als »Winedesheim«. Marktrecht 1234. 50 Jahre später Erhebung zur Reichsstadt. 1525 Einzug der Reformation. 1730 zerstört ein Feuer erhebliche Teile der Stadt. 1802 Verlust des Reichsstadt-Status. 1810 Fall an Bayern. Nach Entdeckung ergiebiger Solequellen 1891 und der Errichtung eines Kurhauses 1906 wird Windsheim 1961 zum Bad ernannt. 21 Jahre später Eröffnung des Fränkischen Freilandmuseums.

Sehenswürdigkeiten:

Barockrathaus. Stadtkirche St. Kilian. Spitalkirche (seit 2006 als Museum eingerichtet). Alter Bauhof. Etliche prächtige Fachwerkhäuser. Fränkisches Freilandmuseum und Reichsstadtmuseum.

Dauer des Rundgangs:

Ohne Einkehr, aber mit Besuch des Freilandmuseums und mit Abstecher zum Kurpark, ca. 5 Std.

Anfahrt:

ÖPNV: Von Nürnberg mit RE bis Neustadt/Aisch, weiter mit RB zum Bad Windsheimer Bhf. *Kfz*: Von Nürnberg auf B 8, nach Burggrafenhof links auf St 2252 bis Lenkersheim, auf B 470, bis rechts St 2253 abzweigt, links über »Am Schießwasen« u. nochmals links über Schützenstr., weiter über Ostring u. Nordring zum Parkplatz am Bahnhofsgelände.

Aus der Stadtchronik

Wie im offiziellen Stadtführer bestätigt wird, zählt Windsheim im Mittelalter »zum erlesenen Kreis der Reichsstädte« mit engen politischen Beziehungen zur Reichsstadt Nürnberg. Etliche der Sehenswürdigkeiten in der historischen Altstadt wie Spitalkirche, Lateinschule, Stadtschreiberhaus oder der Alte Bauhof entstehen im 15. und 16. Jahrhundert. Selbstbewusst führen die Stadtväter 1525 die Reformation ein und unterzeichnen fünf Jahre später die »Confessio Augustana«. Die Blütezeit endet zwar mit dem Dreißigjährigen Krieg, als die Stadt unter Plünderungen und Einquartierungen schwer zu leiden hat. Aber unterkriegen lassen sich die Windsheimer zu keiner Zeit, weder von den verheerenden Auswirkungen der Feuersbrunst 1730 noch von den Umzingelungsbemühungen der Ansbacher Markgrafen. So sind heute nicht nur das Freilandmuseum und die Franken-Therme touristische Attraktionen, sondern auch viele Bauten aus der reichsstädtischen Ära, von denen wir einige auf unserem Rundgang kennenlernen werden.

Vom Bahnhof zum Marktplatz

Wir verlassen den Bahnhof und gehen zügig vom Bahnhofsplatz in die Johanniterstraße. Rasch ein Blick auf das schmucke Fachwerkhaus Nr. 14, die Handwerkerstuben, und anschließend weiter in die Pastoriusstraße, benannt nach Franz Daniel Pastorius, einem der ersten Auswanderer nach Amerika und Begründer von Germantown, heute ein Stadtteil von Philadelphia. Kurz nach dem »Stadthaus der ehemaligen Teutschherren« ist schon der Turm der Stadtkirche St. Kilian zu sehen, und nach wenigen Minuten stehen wir vor dem Windsheimer Roland, einem acht Meter hohen Kriegerdenkmal aus Muschelkalkstein.

Den Marktplatz, Zentrum der historischen Altstadt, schauen wir uns nun genauer an. In der Mitte des Platzes geben drei sogenannte »Archäologische Fenster« den Blick frei auf die Überreste eines Gräberfeldes aus dem 8. bis 10. Jahrhundert – dieses Gräberfeld war bei der Neugestaltung des Platzes entdeckt worden. Rund um den Marktplatz erheben sich eine Reihe sehenswerter Gebäude, so die Ahorn-Apotheke, *Hotel Reichsstadt* und natürlich das mächtige Barockrathaus, 1732 von dem Windsheimer Stadtbaumeister Krauß errichtet, nachdem der Vorgängerbau durch das bereits erwähnte Stadtfeuer zerstört worden war.

Die Rathausuhr zeigt auch den Stand von Mond und Sonne sowie die Tierkreiszeichen an.

Durch das Rathausportal gelangt man zum Dr.-Martin-Luther-Platz mit drei außergewöhnlich schönen Fachwerkhäusern – Stadtschreiberhaus, Lateinschule und Rektorhaus, alle aus der zweiten Hälfte des 16. Jahrhunderts und in tadellosem Zustand. Klar, dass wir auch der Stadtkirche einen Besuch abstatten, die ausschließlich vom Luther-Platz aus zugänglich ist. Die Feuersbrunst von 1730 hatte auch hier den Vorgängerbau bis auf den Turm vernichtet. Auf wundersame Weise blieb der Zwölfbotenaltar von Tilman Riemenschneider erhalten – eine später angefertigte Kopie werden wir noch in der Seekapelle sehen, das Original war im Kurpfälzischen Museum Heidelberg entdeckt worden. St. Kilian beeindruckt durch seine Größe und das hohe Tonnengewölbe. Eindrucksvoll sind auch Chor, Orgel und Kanzel.

Weinmarkt und Spitalkirche

Wieder auf dem Marktplatz, schlendern wir die Kegetstraße hinunter und kommen zum Weinmarkt. Hier gibt es erneut herrliche Hausfassaden zu bestaunen, so das Rokokohaus (Nr. 2), das Metzgerhaus mit Ochsen (Nr. 4) sowie das *Gasthaus Zum Storchen* (Nr. 6), das als eines der ältesten Fachwerkhäuser Bayerns gilt und mit einer Grundfläche von 400 Quadratmetern das größte Haus der Stadt ist. In der Mitte des Platzes steht ein Brunnen mit einer Statue Kaiser Karls IV.

Zielstrebig geht es weiter über die Schwalbengasse zur Rothenburger Straße und damit zu der Anfang des 15. Jahrhunderts erbauten Spitalkirche, die 2006 nach längeren Sanierungs- und Umbauten zum »Museum Kirche in Franken«, d. h. zu einem Museum der evangelischen Kirche wurde. Es lohnt sich, hier kurz zu verweilen. Am spektakulärsten ist sicherlich die Begehung des mächtigen Dachstuhls, aber auch die zahlreichen Exponate mit Texttafeln und Hörstationen zur Kirchengeschichte Frankens sind außerordentlich informativ. Die Kirche ist Teil des Fränkischen Freilandmuseums, ebenso wie der Alte Bauhof, den wir als Nächstes aufsuchen wollen.

Vom Bauhof zum Freilandmuseum

Deshalb geht es auf der Rothenburger Straße zurück und vor dem *Goldenen Schwan* nach rechts, schon sind wir auf dem Holzmarkt und

Das Häckerhaus, eines der vielen historischen Bauernhäuser im Freilandmuseum

damit vor dem Alten Bauhof, dem sicherlich bedeutendsten Bau aus der reichsstädtischen Zeit. Das Staunen nimmt kein Ende, und unwillkürlich fragt man sich, wie es den Zimmerleuten vor mehr als fünf Jahrhunderten möglich war, in nur drei Jahren (1441–1444) ein derart gigantisches Bauwerk zu schaffen, das später zwar laufend ausgebessert und saniert werden musste, aber in seiner Grundstruktur die Jahrhunderte unverändert überdauert hat. Über 1000 Baumstämme stecken in dem Riesenstadel mit einer Grundfläche von 32 mal 23 Metern und einer Höhe von über 17 Metern, und auf dem Dach liegen unglaubliche 35000 Ziegel. Hinter dem Bauhof liegt ein kleines Barockgärtchen, außerdem eine Spitalscheuer, Baujahr 1398, und ein großer Wagenschuppen, erbaut 1564. Das alles ist sehr sehenswert. Aber der Höhepunkt des Tages, die Dorfkulisse des Fränkischen Freilandmuseums, steht ja noch bevor. Darum folgen wir jetzt unverzüglich vom Holzmarkt aus den Hinweisschildern, und nach wenigen Minuten stehen wir am Eingangsbereich des Museums, der größten Einrichtung dieser Art in Deutschland und Europa.

Vor Betreten des Geländes sollte man am Kiosk unbedingt einen Kurzführer kaufen. Die über 100 Objekte, Bauernhöfe, Stallungen, Handwerkerbetriebe, die Mühle und der Gasthof, sind zwar alle an Ort und Stelle ausführlich erläutert, aber auf der 50 Hektar großen Fläche verliert man schnell die Übersicht. Der Kurzführer erleichtert da die Orientierung erheblich und ermöglicht, Schwerpunkte zu bilden und zu überlegen, welche Bereiche besonders interessant sein könnten, z. B. die Objekte aus Mainfranken, aus der Gegend um die Regnitz, aus dem Altmühlgebiet oder die mittelalterlichen Gebäude wie das fast 700 Jahre alte Bauernhaus von Höfstetten und das 1554 erbaute Almoshofer »Schwedenhaus«. Sämtliche Gebäude, ausstaffiert mit den Einrichtungsgegenständen aus der jeweiligen Bauzeit, sind zugänglich. In einigen Bauernhöfen werden noch Kuh, Schwein oder Geflügel gehalten, und die Felder und Wiesen zwischen den Dörfern werden nach alter Sitte bewirtschaftet. Es gibt also unendlich viel zu sehen und zu erleben, ganz besonders für Kinder. Deshalb sollte man genügend Zeit einplanen, unter zwei Stunden wäre ein Besuch wenig sinnvoll. Bevor der Rundgang nach der Besichtigung des Freilandmuseums fortgesetzt wird, möchte sich der eine oder andere wahrscheinlich stärken und eine Pause einlegen, und da ist das *Wirtshaus am Freilandmuseum*, ein herrliches Fachwerkgebäude am Eingang zum Gelände, eine kluge Entscheidung.

Seekapelle und Reichsstadtmuseum

Danach geht es wieder zum Holzmarkt. Das *Gasthaus zum Hirschen* auf der rechten Seite war ursprünglich ein spätmittelalterliches Fachwerkhaus und erhielt seine barocke Neugestaltung von dem bereits erwähnten Stadtbaumeister Krauß, der zur gleichen Zeit für das Windsheimer Rathaus verantwortlich war. Gegenüber – der Kontrast könnte nicht größer sein – erhebt sich ein schönes zweigeschossiges Backsteinhaus in neugotischem Stil, daneben ein schmuckes Wohnhaus mit Fachwerkgiebel. Anschließend biegen wir in die Engerergasse ein, benannt nach dem 1412 verstorbenen Rektor des Windsheimer Gymnasiums. Senator Johann Georg Engerer hat sich später über dem Portal seines schmucken Hauses in der Engerergasse Nr. 7 mit den Initialen »JGE« verewigt. Kurz darauf erreichen wir die Seegasse und stehen vor der 1402 geweihten Seekapelle, die ihren Namen »St. Maria am See« der Tatsache verdankt, dass sie zu jener Zeit außerhalb der Stadtmauer an einem inzwischen ausgetrockneten See lag. Nachdem das Kirchlein lange als Lagerstätte für Pulver und andere Dinge genutzt wurde, drohte mit Beginn des 18. Jahrhunderts Einsturzgefahr, sodass sich die Bürgerschaft genötigt sah, umfangreiche Renovierungen durchzuführen. Jetzt ist die Kapelle ein wahres Kleinod mit barockem Chor und barocker Kanzel, darüber eine formschöne Stuckdecke. Highlight ist natürlich die von einem Heidelberger Bildschnitzer innerhalb von 19 Jahren angefertigte Kopie des Zwölfbotenaltars, der wie erwähnt 1730 nicht in St. Kilian verbrannte und auf ungeklärte Weise nach Heidelberg verschleppt wurde.

Am Ende der Seegasse könnte mit dem »Reichsstadtmuseum im Ochsenhof« ein weiterer Höhepunkt wahrgenommen werden. Aber so sehenswert die dort ausgestellten Exponate zur Geschichte der Stadt und über das Leben der Bürger in der damaligen Zeit auch sind – nach den vielen Eindrücken im Freilandmuseum, im Bauhof und in der Spitalkirche wäre es wohl sinnvoller, dies für einen weiteren Besuch in Bad Windsheim aufzusparen. Wir schlendern deshalb nur kurz zum »Ochsenhof« und bestaunen das wuchtige Fachwerkgebäude, einst als Getreidekasten errichtet, und auch die 1890 gebaute Turnhalle daneben, später von der Feuerwehr und seit 2002 als »Zunfthalle« der Wagnertanzgilde genutzt, verdient unsere Aufmerksamkeit.

Ein Abstecher zur Franken-Therme

Wer jetzt erschöpft ist und nochmals eine Ruhepause einlegen möchte, um dann erholt von der Seekapelle aus über Weinmarkt, Kegetstraße, Marktplatz, Pastorius- und Johanniterstraße zum Bahnhof eilen und die Rückfahrt antreten zu können, sollte das ohne schlechtes Gewissen

Der mit einer Kuppel überdachte Innenbereich des »Salzsees« in der Franken-Therme

tun. Wer aber noch voller Tatendrang ist und die Umgebung der Franken-Therme kennenlernen will, macht sich ebenfalls auf den Weg in Richtung Bahnhof, überquert dort auf der Fußgängerbrücke die Bahngleise und befindet sich damit bereits im Kurparkgelände. Dann die rechte Kastanienallee immer geradeaus, vorbei an der Kiliani-Klinik, und nach *Reichel's Parkhotel-Café* rechts halten. Anschließend folgen links das Gradierwerk und eine Kneipp-Anlage, und von dort sind es nur noch ein paar Meter zum Kongress-Center und zum Eingangsbereich der Franken-Therme. Hier kann man sich informieren, was es an Solebecken, an Bademöglichkeiten, Wellness-Oasen und Sauna-Angeboten gibt, wie hoch die Eintrittspreise sind und welche Beschwerden mit welchen Methoden behandelt werden. Die größte Attraktion ist sicherlich der Salzsee im Außenbereich der Therme mit einem 26,9-prozentigen Salzgehalt, was in etwa dem Salzgehalt im Toten Meer entspricht.

Der Windsheimer Kurpark wartet mit einem Kräutergarten und einem Wildrosenhain auf und bietet ideale Möglichkeiten zu weitläufigen Spaziergängen. Zum Abschluss des Tages gönnen wir uns dann noch einen Espresso oder ein kühles Bier im *Reichel's Parkhotel-Café*, bei schönem Wetter natürlich auf der Terrasse.

Thilo Castner

Informationen:

Tourist-Information, Erkenbrechtallee 2, 91438 Bad Windsheim, Tel. 0 98 41/40 20, www.tourismus.bad-windsheim.de

Fränkisches Freilandmuseum, Eisweiherweg 1, Tel. 0 98 41/6 68 00, www.freilandmuseum.de, 07.03.–25.10. 10.00–18.00, 27.10–13.12. tägl. 11.00–16.00.

Museum Kirche in Franken, Rothenburger Str. 16 (weitere Informationen s. Fränkisches Freilandmuseum).

Reichsstadtmuseum im Ochsenhof, Seegasse 27, Tel. 0 98 41/10 73 oder 0 98 41/51 86, www.reichsstadtmuseum-ochsenhof.de, Ostersonntag–06. 01. Sa, So u. Fei 14.00–17.00.

Franken-Therme Bad Windsheim, Erkenbrechtallee 10, Tel. 0 98 41/4 03 00, www.franken-therme.net, Badehallen tägl. 9.00–22.00, Sauna und Wellness-Oase ab 10.00.

Einkehrtipps:

Hotel-Gasthof Zum Storchen, Weinmarkt 6, Tel. 0 98 41/66 98 90, www.zumstorchen.de, Di–So 11.30–14.00 u. 17.30–21.00.

Wirtshaus am Freilandmuseum, Bernhard-Bickert-Weg 1 (= Freilandmuseum-Haus Nr. 2), Tel. 01 70/5 25 89 36, Di–So ab 9.00, Mo Ruhetag.

Gasthaus zum Hirschen, Holzmarkt 14, Tel. 0 98 41/29 96, www.hirschen-freilandmuseum.de

Reichel's Parkhotel-Café, Am Stauchbrunnen 7–8, Tel. 0 98 41/40 50, www.reichelsparkhotel.de, tägl. durchgehend geöffnet.

Buchtipp:

Bad Windsheim (Hg.): *Heilbad im Herzen Frankens. Stadtführer durch die historische Altstadt*, Bad Windsheim o. J.

Extras:

Frühlingsfest auf dem Festplatz über 9 Tage, beginnend am Karsamstag.

Kiliani-Altstadtfest am 1. WE im Juli (verschiedene Plätze Altstadt).

Dreitägiges Weinturm-Open-Air, Anfang Aug auf einem Hügelplateau im Naturpark Steigerwald (Infos unter www.weinturm-open-air.de).

Weihnachtsmarkt an den 4 Advents-WE auf dem Marktplatz.

Stadtführungen Mo, Do–So u. Fei, Treffpunkt 15.00 Marktplatz (vor Rathaus-Durchgang).

Ansbach

Die Wiege des fränkischen Rokokos

Ort:

Kreisfreie Stadt mit Sitz der Regierung von Mittelfranken. Mit eingemeindeten Stadtteilen 40 000 Einwohner.

Geschichte:

748 gründet ein Gumbert ein Benediktinerkloster an der Stelle des heutigen Ansbach. Als Stadt wird »Onoldsbach«, wie Ansbach bis ins 18. Jahrhundert heißt, 1221 erstmals urkundlich erwähnt. Von 1331 bis 1791 ist die Stadt im Besitz der Hohenzollern, wird 1792 preußisch und 1806 bayerisch. Seit 1838 die Hauptstadt von Mittelfranken.

Sehenswürdigkeiten:

Markgräfliche Residenz. Hofgarten mit Orangerie. Synagoge. St. Gumbertus und St. Johannis. Herrieder Torturm. Stadthaus und Rathaus. Markgrafenmuseum. Viele prächtige Wohnhäuser aus dem 16. und 18. Jahrhundert.

Dauer des Rundgangs:

Mit Besichtigung des Schlosses und evtl. des Markgrafenmuseums mind. 4 Std.

Anfahrt:

ÖPNV: Von Nürnberg direkt mit RE oder S-Bahn zum Ansbacher Bhf. *Kfz*: Von Nürnberg auf A 6 bis Ausfahrt 53 »Lichtenau«, dann St 2223 bis Matthias-Oechsler-Str., über diese links zur Bahnhofsstr., erneut links zum Ansbacher Bhf. Parken hier oder am Karlsplatz.

Über 450 Jahre haben die Markgrafen von Brandenburg-Ansbach die Geschicke der Stadt bestimmt und mit einer Vielzahl historischer Sehenswürdigkeiten ein städtebauliches Juwel geschaffen, das seinen Glanz bis heute bewahrt hat. Ein Rundgang durch die ehemalige Residenzstadt verspricht deshalb zu einem ganz besonderen Erlebnis zu werden.

Vom Karlsplatz zum Herrieder Tor

Wir verlassen den Bahnhof links auf der Bahnhofstraße, biegen kurz darauf rechts in die Karlstraße ein und sind damit schon auf dem Karlsplatz. Schnell ein Blick in die stattliche, 1834–40 erbaute, katholische St. Ludwigskirche. Sie entstand als Nachfolgerin der zu klein gewordenen Karlshalle und war das erste bedeutende Bauwerk der bayerischen Zeit in Ansbach. Sie ist wie alle anderen Gebäude am Karlsplatz, der durch seine Einheitlichkeit und Geschlossenheit beeindruckt, klassizistisch geprägt. Weiter dann linker Hand auf der Karolinenstraße, auf der wir bis zur Maximilianstraße bleiben. Nun in Richtung Altstadt zum Herrieder Tor. Zuvor, am Ende der Maximilianstraße rechts, bewundern wir die Häuserfront der Anwesen Nummer 3–15, ein Zeugnis architektonischer Meisterkunst aus dem 18. Jahrhundert.

Das Herrieder Tor ist eines der Wahrzeichen Ansbachs. Markgraf Carl Wilhelm Friedrich, wegen seiner Eskapaden »Wilder Markgraf« genannt, ließ das repräsentative Bauwerk mit dem 47 Meter hohen Turm Mitte des 18. Jahrhunderts errichten. Jeden Tag, um 11 und um 17 Uhr, erklingt das Glockenspiel mit dem Hohenfriedberger Marsch. Unmittelbar hinter dem Tor biegen wir in die Rosenbadstraße ab und kommen so zu der in den 1740er-Jahren von Hofbaumeister Leopoldo Retty entworfenen Synagoge, die von den Nationalsozialisten zwar geschändet, aber nicht zerstört worden ist. Da in Ansbach keine jüdische Gemeinde mehr existiert, wird das barocke Gebäude für kulturelle Veranstaltungen genutzt. Eine Besichtigung ist nur im Rahmen einer Stadtführung möglich.

Mythos Kaspar Hauser

Anschließend an der *Blauen Traube* rechts vorbei und über ein paar Treppen zur Platenstraße. Linker Hand, vor dem ehemaligen Logenhaus, befindet sich das im Jahr 1981 erschaffene Kaspar-Hauser-Denkmal. Zu sehen ist das »Kind Europas« einmal als mitleiderregende Gestalt, so wie es 1828 erstmals in Nürnberg in Erscheinung trat, und einmal als junger Edelmann, der sieben Jahre später im Ansbacher Hofgarten ermordet wurde, wo sich noch ein weiteres Denkmal, eine Sandsteinsäule, befindet. Wer mehr über Kaspar Hauser erfahren möchte, kann später die entsprechende Abteilung im Markgrafenmuseum aufsuchen.

Im Anwesen Platenstraße 17 ist der Hinweis angebracht, dass dies das Geburtshaus des Dichters August Graf von Platen sei, der, einer verarm-

Das Kaspar-Hauser-Denkmal versinnbildlicht die Entwicklung Kaspar Hausers.

ten Adelsfamilie entstammend, den Dienst als bayerischer Offizier aus Abscheu vor allem Militärischen frühzeitig quittiert hatte. Anmerkungen zu seinem lyrischen Werk fehlen in keiner Literaturgeschichte – Platen ist als »Tulpe im deutschen Dichtergarten« bezeichnet worden, wie auch auf der am Geburtshaus angebrachten Gedenktafel nachgelesen werden kann. Die Platenstraße mündet in den Martin-Luther-Platz, und endet direkt vor St. Johannis, der Kirche mit den zwei ungleichen Türmen. Die schlicht eingerichtete dreischiffige Staffelkirche hat beeindruckende Ausmaße. Sehenswert ist vor allem der Chorraum mit den farbenfrohen Glasfenstern. Auf der Rückseite von St. Johannis kommt man zum Kaspar-Hauser-Platz. Hier befindet sich das Markgrafen-Museum, das im Untergeschoss viele Details über das Leben und Schicksal des ermordeten Unbekannten und in den zwei Obergeschossen vielfältige Exponate zur Markgrafen-Ära beherbergt. Reste der ehemaligen Stadtmauer wurden geschickt in die Räumlichkeiten des Museums eingebunden. Für eine Besichtigung ist gut eine Stunde einzuplanen.

St. Gumbertus, ein bedeutendes historisches Zeugnis

Wieder auf dem Martin-Luther-Platz, sollte man erst einmal die Gelegenheit nutzen, die Schönheit dieses Platzes in sich aufzunehmen: Das Ende des Platzes beherrschen die drei in den Himmel ragenden Türme der Gumbertuskirche, davor steht das 1532 erbaute Stadthaus mit dem Markgraf-Georg-Brunnen. Beiderseits des Platzes können zum Teil repräsentative Bürgerhäuser bewundert werden. Besondere Aufmerksamkeit verdienen die fünf Wappen an der Rathausfassade, auf denen die Etappen der Stadtgeschichte dargestellt sind. Im Rückgebäude des Rathauses befinden sich die Jägerndorfer Heimatstuben mit Dokumenten über die Beziehungen der Markgrafen zu der Stadt Jägerndorf, die im früheren Grenzgebiet zwischen Schlesien und dem Sudetenland liegt.

Eine Besichtigung von St. Gumbertus, der markgräflichen Hofkirche, ist eigentlich unverzichtbar. Nirgendwo sonst, ausgenommen in der Residenz, sind Machtanspruch und Prachtentfaltung der Markgrafen so ausgeprägt wie hier. Die Drei-Turm-Fassade entwarf der markgräfliche Hofbaumeister Gideon Bacher, den Innenraum Leopoldo Retty, die gewaltige Barockorgel mit 47 Registern ist eine rekonstruierte Wiegleb-Orgel. In ihrer puritanischen Schlichtheit wirkt die Kirche elegant und harmonisch. Höhepunkt neben der Orgel ist die spätgotische Schwanenritterkapelle mit altem Chorgestühl, schönen Glasgemälden und vielen Totenschilden. Unterhalb der Kapelle liegen die Toten des Markgrafengeschlechts aus dem 17. und 18. Jahrhundert – Grablege der älteren Linie ist das Heilsbronner Münster.

Schon ein bisschen erschöpft? Auf der Rückseite von St. Gumbertus, in der Pfarrstraße, steht mit dem *Schwarzen Bock* eine historische Gaststätte bereit, alle Ermüdungserscheinungen zu verjagen. Auf dem Weg dorthin liegt auch die ehemalige Hofkanzlei – derzeit Sitz des

Bayerischen Verwaltungsgerichtshofes und auch der gelungenste Profanbau Gideon Bachers mit sieben mächtigen Giebeln und Sgraffito-Elementen. Bei der Umrundung von Kirche und Kanzlei erreichen wir den Johann-Sebastian-Bach-Platz und werfen bei Haus Nummer 5 einen Blick in den Behringerhof mit dem schönen Treppenturm aus dem 16. Jahrhundert und den schattigen Laubengängen. Kurz darauf kommen wir rechts am Carl-Wilhelm-Friedrich-Brunnen mit einer vergoldeten Büste des »Wilden Markgrafen« vorbei. Weiter geht es auf dem Johann-Sebastian-Bach-Platz in Richtung Residenz. Im Hof von Haus Nummer 20 kann wiederum ein sehenswerter Treppenturm bestaunt werden.

Residenz und Hofgarten

Jetzt sind es nur noch wenige Meter zum markgräflichen Schloss, einfach dem Hinweisschild zur Reitbahn folgen. Tatsächlich tummelten sich dort, wo sich heute ein gebührenpflichtiger Parkplatz befindet, einst Kavaliere und Adelige auf ihren Rössern. Wir gehen durch das Vier-Säulen-Portal in den großzügig angelegten Arkadenhof der Residenz und anschließend in das Hauptgebäude. Eine Schlossführung, Beginn jeweils zur vollen Stunde, darf man sich auf keinen Fall entgehen lassen. Denn die ehemalige Residenz der Markgrafen zählt zu den großartigsten Bauten Frankens aus dem 18. Jahrhundert. Gideon Bacher, Gabriel de Gabrieli, Carl Friedrich von Zocha, Leopoldo Retty – sie alle haben dazu beigetragen, dass die Prunkräume des Schlosses zu einem Synonym für den Begriff »fränkisches Rokoko« geworden sind. Gezeigt werden bei der Führung 28 Räume, u. a. der Festsaal, die Bildergalerie, das Spiegel- und das Marmorkabinett sowie das geflieste Speisezimmer mit unglaublichen 2800 Fayencefliesen der Ansbacher Manufaktur. Ein Rundgang durch Ansbach ohne Schlossbesichtigung wäre daher kaum das halbe Vergnügen.

Es bleibt uns noch der Hofgarten, den wir von der Residenz aus über den Schlossplatz mit dem Kunstwerk Anscavallo und dem Brunnen Ansbachantin erreichen. Gleich rechts, neben dem neuen Citrushaus, der Leonhart-Fuchs-Garten mit Kräutern und Rosen, benannt nach dem markgräflichen Leibarzt, Mediziner und Botaniker Dr. Fuchs, der in seinem 1543 erschienenen *New Kreüterbuch* 400 einheimische und 100 fremdländische Heil- und Arzneipflanzen beschrieben hatte und so zum Begründer der botanischen Literatur wurde.

⇦ Der Martin-Luther-Platz mit der Gumbertuskirche im Hintergrund

Danach zur Orangerie, die nach Plänen von Karl Friedrich von Zocha in den Jahren 1726–48 entstand und dem Lustschloss Grand Trianon in Versailles nachempfunden ist. Der Anstoß zum Bau der Anlage kam von Markgräfin Christiane Charlotte, die darauf bestanden hatte, das bis dahin für Turniere genutzte Gelände in einen Rokokogarten nach französischem Vorbild umzugestalten.

Wir spazieren genüsslich durch das blühende vierteilige Blumenparterre mit Springbrunnen und Pflanzenkübeln vor der Südfront der Orangerie und lassen den Rundgang im lauschigen *Orangerie-Café* ausklingen, vielleicht bei einem Cappuccino oder mit einem Glas Frankenwein. Der Weg zum Bahnhof ist von hier aus in wenigen Minuten zurückgelegt, doch es lohnt sich, einen kleinen Umweg zu machen und zuerst zum Springbrunnen zu gehen. Dort dann links halten, und schon stehen wir vor einem Gedenkstein an der Stelle, wo am 14. Dezember 1833 Kaspar Hauser von einem Unbekannten durch einen Stich in die Brust tödlich verletzt wurde. Gleich daneben ein weiteres Denkmal zu Ehren des beliebten Ansbacher Mundartpoeten und Lyrikers Johann Uz.

Zurück zum Springbrunnen und geradeaus zu einem zweiten Springbrunnen, jetzt nach rechts, vorbei an den zwei schmucken Gartenhäuschen, und dann bringt uns die Bischof-Meiser-Straße links zum Bahnhof.

Thilo Castner

Die Orangerie mit Brunnen und Blumenparterre

Informationen:

Amt für Kultur & Touristik, Johann-Sebastian-Bach-Platz 1, 91522 Ansbach, Tel. 09 81/5 12 43, www.ansbach.de, Mo 9.00–17.00, Sa 10.00-14.00.

Residenz Ansbach, Promenade 27, Tel. 09 81/9 53 83 90, www.schloesser-bayern.de, Apr–Sep 9.00–18.00, Okt–März 10.00–16.00, Mo Ruhetag.

Markgrafenmuseum, Kaspar-Hauser-Platz 1, Tel. 09 81/9 77 50 56, tägl. 10.00–17.00 (Okt–Apr Mo geschlossen).

Einkehrtipps:

Hotel-Restaurant Schwarzer Bock, Pfarrstraße 31, Tel. 09 81/42 12 40, www.schwarzerbock.com, tägl. 11.30–14.00 u. 18.00–22.00.

Eugens Weinstube, Pfarrstr. 35, Tel. 09 81/3 57 74 35, www.eugens-weinstube.de, Mo–Sa 17.00–2.00, So Ruhetag.

Café-Restaurant Orangerie, Promenade 33, Tel. 09 81/21 70, www.orangerie-ansbach.de, Di–So 11.00–18.00, Mo Ruhetag.

Buchtipps:

Hermann Dallhammer: *Ansbach. Geschichte einer Stadt*, Ansbach 1993.

Adolf Lang: *Ansbach. Führer durch die Stadt des fränkischen Rokoko*, Ansbach o.J.

Extras:

Altstadtfest im gesamten Stadtgebiet Anfang Juni.
Ansbacher Rokoko-Festspiele jährlich am 1. WE im Juli.
Grüne Nacht in der Innenstadt Mitte Juli.
Bachwoche Ansbach jedes zweite Jahr Ende Juli/Anfang Aug.
Ansbacher Kneipenjagd Anfang Nov.

21 Feuchtwangen

Ein Juwel an der Romantischen Straße

Ort:

Mittelfränkische Stadt im Landkreis Ansbach. Ohne Eingemeindungen rund 7 000 Einwohner.

Geschichte:

Erste urkundliche Erwähnung 818/19 als »Fiuhctinwanc« (zu verstehen als Platz, auf dem zuvor Fichten standen). Stadtrecht 1150–1178. 1241 Reichsstadt. 1376 an die Nürnberger Burggrafen verpfändet. Bis 1791 Bestandteil der Ansbacher Markgrafenschaft. 1388 von reichsstädtischen Truppen niedergebrannt. Schwere Plünderungen und Verwüstungen im Dreißigjährigen Krieg. Mit Ende der Markgrafen-Ära Fall an Preußen, 1806 an Bayern. Im 19. Jahrhundert Abriss der Stadtbefestigung. Keine Beschädigungen im Zweiten Weltkrieg.

Sehenswürdigkeiten:

Marktplatz mit Rathaus und Röhrenbrunnen. Stiftskirche, Kreuzgang und Handwerkerstuben. Johanniskirche. Taubenbrünnlein. Eine Vielzahl schöner fränkischer Fachwerkhäuser. Oberes Tor. »Kasten« und Schranne. Fränkisches Museum. Sängermuseum.

Dauer des Rundgangs:

Ohne Museumsbesuch und Wirtshauseinkehr 1–1 ½ Std.

Anfahrt:

ÖPNV: Von Nürnberg mit RE nach Ansbach, von da mit Bus 805 bis Haltestelle »Mooswiese, Feuchtwangen«.
Kfz: Von Nürnberg auf A 6 bis Ausfahrt 50 »Aurach«, weiter auf Ansbacher, Weinberger und Feuchtwanger Str. (St 1066), beim Kreisverkehr links und auf B 25 zum Parkplatz Mooswiese.

Die von Würzburg am Main nach Füssen im Allgäu führende »Romantische Straße« ist unbestritten die bekannteste und beliebteste Ferienroute in Deutschland, wobei die Strecke von Rothenburg ob der Tauber nach Dinkelsbühl wohl der romantischste Abschnitt ist. Die ehemalige Reichsstadt Feuchtwangen liegt ebenfalls an der Romantischen Straße und wartet mit einer Vielzahl historischer Glanzlichter auf, die schon so manchen Besucher in Verzückung versetzt haben.

»Frankens Festsaal«

Die Mooswiese liegt etwas außerhalb, aber ins Zentrum der Altstadt sind es trotzdem nur ein paar Minuten. An der Ampel einfach auf dem Fußweg dem Hinweisschild »Marktplatz« folgen, dann flugs durch die Weber- und Gerbergasse, und der Marktplatz ist erreicht. Da weiß man zunächst gar nicht, wohin man zuerst schauen soll: Wir sehen großartige Fachwerkhäuser, Turmspitzen, verlockende Cafés und Gasthöfe. Am klügsten ist es wahrscheinlich, man bleibt ein Weilchen am Röhrenbrunnen stehen und lässt das herrliche Panorama auf sich wirken. Überwältigend der Blick auf die Fassade des *Cafés am Kreuzgang*, dahinter die Konturen der Stiftskirche. Auch der 1727 entstandene Brunnen ist ein wahres Schmuckstück. Hoch oben auf einer Säule thront die Figur der römischen Göttin Minerva, der Schutzpatronin des Handwerks und der Schönen Künste, und ringsum zieren prächtige Wappen, u. a. die der Ansbacher Markgrafen und das Feuchtwanger Stadtwappen mit Reichsadler und Fichte, den Brunnenrand. Dann umrunden wir gemächlich den Marktplatz, zunächst die rechte Seite mit dem 600 Jahre alten *Hotel Greifen-Post* sowie den Gasthöfen *Goldene Krone* und *Lamm*, danach die linke Seite mit dem *Café am Kreuzgang*, dem dreigeschossigen Rathaus und Café *Brothaus*. Hier von einem »Festsaal Frankens« zu sprechen, wie der Kunsthistoriker Georg Dehio vorgeschlagen hat, ist wahrlich keine Übertreibung.

Im Umfeld der Stiftskirche

Wenn wir uns satt gesehen haben, biegen wir in das schmale Gässchen zwischen *Kreuzgang-Café* und Stiftskirche ein und kommen zu dem romanischen Kreuzgang, der wahrscheinlich im 12. Jahrhundert entstanden ist. Hier, im Garten des ehemaligen Benediktinerklosters, finden die weithin bekannten Kreuzgangspiele statt, mit inzwischen mehr als 100 Aufführungen im Jahr, darunter auch Inszenierungen für Kinder. Im Obergeschoss des Westflügels sind sechs Handwerkerstuben mit den Originaleinrichtungen eines Webers, Schuhmachers, Zinngießers,

Töpfers, Färbers sowie Zuckerbäckers untergebracht. Eine Besichtigung dieser außerordentlich sehenswerten Werkstätten ist im Rahmen einer Führung sonntags von April bis September möglich und sollte unbedingt wahrgenommen werden.

Wir wenden uns nun der evangelisch-lutherischen Stadt- und Stiftskirche zu, deren Anfänge in das 13. Jahrhundert zurückreichen und die genau dort steht, wo sich einst das bereits erwähnte Benediktinerkloster befand. Durch das Hauptportal betreten wir die mit gut erhaltenen Fresken ausgestattete Vorhalle. Der Hochaltar ist ein Werk von Michael Wohlgemut, dem Lehrer Albrecht Dürers. Die Kanzel hatte Markgraf Georg Friedrich 1699 gestiftet, die schöne Kassettendecke entstand ebenfalls im 17. Jahrhundert. Etwas Besonderes sind die geschnitzten Köpfe des Chorgestühls. Das gedämpfte Licht und die farbenfrohen Glasfenster im Chorraum vermitteln eine Stimmung, in der man sich sofort geborgen fühlt. Gleich neben der Stiftskirche befindet sich ein zweites Gotteshaus, die Nebenkirche St. Johannis, seit 1257 Pfarrkirche. Sehenswert sind hier die Wandmalereien und der Barockaltar. Der stattliche Fachwerkbau hinter St. Johannis ist der sogenannte »Kasten«, in dem früher die Naturalabgaben der Stiftsgüter aufbewahrt wurden. Seit 1982 wird das Gebäude als Stadthalle genutzt.

Blick vom Marktplatz auf die Stiftskirche, davor das *Café am Kreuzgang*

Wir verlassen den Kirchplatz und kommen auf der Passage zwischen den zwei Kirchen zum Forstamtsgarten, einem kleinen, quadratischen Platz mit einer verführerischen Mädchenfigur und einer Galerie, in der Freizeitkünstler abwechselnd ihre Werke ausstellen. Wir umrunden das Alte Forsthaus, einst Verwaltungsgebäude der Chorherren und später markgräfliches Oberamt, und kommen zur Hindenburgstraße, auf der wir nach links weitergehen.

Vom Oberen Tor zum Zwinger

Kurz vor Erreichen des Oberen Tores erhebt sich links die anmutige Figur eines Flötenspielers und anschließend das Alte Landratsamt, ein imposantes Gebäude, bis Mitte des 16. Jahrhunderts Chorherrenhof. Von den einst drei Stadttoren hat nur das Obere Tor überlebt und ist im 19. Jahrhundert zum bewohnten Torhaus umgebaut worden. Unmittelbar hinter dem Tor biegen wir links ab, gehen die Treppen hinunter und schlendern gemütlich an der hier noch erhaltenen Stadtmauer entlang. Dann geht es links durch den Mauerdurchbruch. Bevor wir das legendenumwobene »Taubenbrünnlein« erreichen, erkennen wir links den »Kasten« wieder, den wir bereits vom Kirchplatz aus gesehen haben. Was es mit dem unscheinbaren »Taubenbrünnlein« auf sich hat, verrät die in Stein eingemeißelte, kaum lesbare Inschrift. Demnach hatte sich hier einst Kaiser Karl der Große zur Jagd aufgehalten und im Wald verirrt. Von großem Durst geplagt folgte er einer davonfliegenden Taube und fand so eine erfrischende Quelle. Aus Dankbarkeit für die wundersame Rettung habe er in der Nähe die Gründung eines Klosters veranlasst.

Wir gehen geradeaus weiter und biegen rechts in die Straße »Am Zwinger« ab. Hier befinden sich ein paar hübsche kleine Giebelhäuser in Blau und Rosa, dahinter erneut Reste der Stadtmauer. An der Unteren Torstraße angekommen, wollen wir uns die Stadtmauer etwas genauer anschauen und biegen rechts in die kleine Grünanlage ab. Das Mauerwerk ist stark bemoost, am Turm sind Gedenktafeln zu den Kriegen 1870/71, 1914–1918 und 1939–1945 angebracht. Stadtauswärts führen Brücken zur Sulzach, einem Nebenfluss der Wörnitz.

Zurück über die Untere Torstraße ist der Marktplatz schnell wieder erreicht, wobei wir nicht versäumen, den prächtigen Fachwerkhäusern linker Hand den ihnen gebührenden Respekt zu erweisen. Unmittelbar vor dem Marktplatz erhebt sich rechts dann die Schranne, ein

Im ehemaligen Benediktinerkloster finden die berühmten Kreuzgangspiele statt.

Gebäude, in dem dazumal Korn und Wolle aufbewahrt und zum Verkauf angeboten wurde. Jetzt sind in dem Durchgang zur Gerbergasse historische Feuerwehrgeräte ausgestellt.

Museumsbesuch

Gut eine Stunde sind wir inzwischen unterwegs, aber da bleibt trotzdem noch Zeit für eines der zwei städtischen Museen, erreichbar über die Museumstraße an der Südseite des Marktplatzes. Das Fränkische Museum verfügt über die bedeutendste Volkskunstsammlung in Süddeutschland. Zu sehen sind u. a. komplett eingerichtete bürgerliche Wohn- und Schlafzimmer, fränkische Bauernstuben, außerdem Trachten und Kleider, Schmuck, Geschenke und Aussteuer, so z. B. ein vollbepackter »Bräutelwagen«, auf dem die Jungverheiratete ihre

Aussteuer zum Haus des Angetrauten transportieren ließ. Glanzpunkt des Museums ist wohl die Fayence-Sammlung mit über 1000 Exponaten aus drei Jahrhunderten.

Nicht minder interessant, vor allem für begeisterte Freunde der Sangeskunst, ist das Sängermuseum schräg gegenüber »Am Spittel«. Gesammelt wurden hier Dokumente aus der Geschichte der Chöre und Gesangvereine vom 19. Jahrhundert bis zur Gegenwart – mit mehreren Tausend Lieder- und Notenbüchern, mit Festschriften, Pokalen, Urkunden und Fahnen. Gleichzeitig ist das umfangreiche Archiv Zentrum zur Erforschung des Chorsingens und seiner Kontexte.

Auf Umwegen zurück zur Mooswiese

Noch immer gut zu Fuß? Dann käme vielleicht ein Abstecher in den östlichen Teil von Feuchtwangen infrage. Also ein paar Meter die Museumstraße zurück, vorbei am »Liebesbrunnen« mit bewegenden Versen des Minnedichters Walther von der Vogelweide, und anschließend rechts in die Herrenstraße. In dem Eckhaus lebten Vorfahren der jüdischen Familie Feuchtwanger, die Mitte des 16. Jahrhunderts aus der Stadt vertrieben worden waren. Einer der Nachfahren ist der berühmte Schriftsteller Lion Feuchtwanger. Auf der Herrenstraße entlang geht es anschließend rechts die Jahnstraße hinauf und danach links in den »Vorderen Spitzenberg«. Man hat den Eindruck, dass sich hier in den letzten 100 Jahren so gut wie nichts geändert hat. Einige Häuser sind geschickt in die Stadtmauer eingefügt. Schön ist der Blick auf die Altstadt, zu den zwei Kirchen und bis ins Sulzachtal. Am Ende der »Vordere-Spitzenberg-Straße« spazieren wir links zur Hindenburgstraße hinunter, und damit sind wir wieder im »Festsaal Frankens«. Dort ein gemütliches Café oder Wirtshaus zu finden dürfte wirklich kein Problem sein.

Als Rückweg zur Mooswiese empfehle ich einen kleinen Umweg, und zwar von der malerischen Spitalstraße über den Bärmeyerplatz zur Hirtengasse. So lernen wir am ehemaligen Schweinemarkt noch ein neuzeitliches Kunstwerk kennen und auf dem Bärmeyerplatz ein weiteres wunderschönes Fachwerkhaus.

Thilo Castner

Informationen:

Tourist-Information, Marktplatz 1, 91555 Feuchtwangen, Tel. 0 98 52/9 04 55, www.feuchtwangen.de

Fränkisches Museum Feuchtwangen, Museumstr. 19, Tel. 0 98 52/25 75 (Museum) oder 0 98 52/61 52 24 (Verwaltung), www.fraenkisches-museum.de, März–Apr u. Okt–Dez Mi–So 14.00–17.00, Mai–Sep Mi–So 11.00–17.00.

Sängermuseum Feuchtwangen, Am Spittel 4–6, Tel. 0 98 52/48 33, www.saengermuseum.de, Museum: März–Okt Mi–So 10.00–12.00 u. 14.00–17.00, Archiv: Mo–Mi 10.00–12.00 u. 14.00–16.00, Fr 10.00–12.00.

Einkehrtipps:

Café am Kreuzgang, Marktplatz 3, Tel. 0 98 52/23 87, www.cafeamkreuzgang.de, Di–Sa 8.00–23.00, Fei 10.00–23.00, So Nov–März 10.00–18.30, Apr–Okt 10.00–23.00.

Hotel-Gasthof Lamm, Marktplatz 5, Tel. 0 98 52/25 00, www.gasthof-lamm-feu.de, Apr–Okt tägl. ab 11.30, Nov–März tägl. 11.30–14.30 u. 17.00–21.00.

Romantik-Hotel Greifen-Post, Marktplatz 8, Tel. 0 98 52/68 00, www.hotel-greifen.de, Di–Sa u. Fei 18.00–21.30.

Gasthaus zur Sonne, Museumstr. 2, Tel. 0 98 52/7 62, www.sonne-gasthaus.de, Di–So 10.00–14.00 u. 17.00–21.00.

Buchtipp:

Aliya Bohnsack: *Feuchtwangen*, Feuchtwangen 2007.

Extras:

Kreuzgangspiele Feuchtwangen von Ende Mai–Mitte Aug (Infos unter: www.kreuzgangspiele.de).

Altstadtfest auf dem Marktplatz Anfang Juni.

Großes Volksfest auf dem Mooswiesenfestplatz in der 2. Sep-Hälfte.

Fisch- und Wildtage an den Tagen vor dem Martinstag (11.11.).

Dinkelsbühl

Ein Wunderwerk aus Mauern, Türmen und Toren

Ort:
Mittelfränkische große Kreisstadt an der Wörnitz im Landkreis Ansbach. Rund 11 700 Einwohner.

Geschichte:
Frühe Ansiedlung im 8. Jahrhundert. Keimzelle wohl ein fränkischer Königshof. Erste urkundliche Erwähnung als »burgus Tinkelspuhel« 1188. 1341 Freikauf aus Verpfändung an Grafen von Oettingen und Erlangung des Status einer Freien Reichsstadt. Im Dreißigjährigen Krieg infolge achtmaligen Herrscherwechsels schwere Einbußen. 1649 Gleichstellung der Konfessionen durch Paritätsvertrag. 1806 endgültig bayerisch. 1826 untersagt König Ludwig I. Abbruch der mittelalterlichen Befestigungsanlagen.

Sehenswürdigkeiten:
Münster St.Georg. Altes Rathaus. Spitalanlage mit Hl.-Geist-Kirche. Deutschordensschloss. Weinmarkt. Nahezu komplett erhaltene Stadtbefestigung mit zahlreichen Wehrtürmen und 4 Stadttoren. Mehrere Museen. Eine Vielzahl großartiger Fachwerk- und Giebelhäuser.

Dauer des Rundgangs:
Ohne Museumsbesuch und Einkehr, aber mit Umrundung der historischen Altstadt, etwa 3 Std.

Anfahrt:
ÖPNV: Von Nürnberg mit RE nach Ansbach, anschließend mit Bus 805 zum ZOB Schwedenwiese. *Kfz*: Von Nürnberg auf A 6 bis Ausfahrt 49 »Feuchtwangen Nord«, dann auf B 25 (über Feuchtwangen) zum Parkplatz am ZOB.

Dass der Name der Stadt auf einen Dinkelbauern zurückgeht, der einst vorbeikommende Wallfahrer und Mönche mit dem begehrten Getreide versorgte, ist eine schöne Sage. Wahrscheinlich verdankt die Stadt ihren Namen aber einem »Thingolt« oder »Dingolt«. Trotzdem ist die Sage in das Stadtwappen mit drei Dinkelähren eingegangen, und unweit des Faulturms, an der nördlichen Stadtmauer, wurde dem Dinkelbauern später mit einem Büschel Ähren im Arm ein Denkmal gesetzt, das wir auf unserem Rundgang kennenlernen werden.

Haus der Geschichte und St. Georg

Der Start ist also an der Schwedenwiese, die wir überqueren, die Konturen der ehemaligen Reichsstadt schon fest im Blick. Am Dreigangsturm rechts vorbei, durch das mächtige Wörnitztor aus dem 13. Jahrhundert, und schon ist der Altrathausplatz erreicht. Löwenbrunnen, farbenfrohe Giebelhäuser und das soeben durchschrittene Tor bilden eine herrliche Kulisse und sind ein erster Vorgeschmack auf die außergewöhnlichen Sehenswürdigkeiten, denen wir begegnen werden. Das Alte Rathaus, ein beachtlicher Quaderbau aus der ersten Hälfte des 14. Jahrhunderts, beherbergt jetzt die Tourist-Information sowie das »Haus der Geschichte Dinkelsbühl«. Hier wird u. a. gezeigt, wie Dinkelsbühl im Mittelalter zu einer wohlhabenden und einflussreichen Stadt wurde, infolge des Dreißigjährigen Krieges und wegen anhaltender Streitigkeiten zwischen Protestanten und Katholiken aber jegliche Bedeutung verlor und dann erst um 1900 aus seinem »Dornröschenschlaf« erwachte, als Maler aus Berlin und München die Schönheit der Stadt erkannten und ihre Begeisterung in Gemälden weitergaben. Mit vielfältigen Exponaten ist dieses Museum ein wahres Eldorado und auch für Kinder ein großes Erlebnis.

Unser nächstes Ziel ist jetzt das Münster St. Georg, nach Meinung von Experten eine der schönsten spätgotischen Hallenkirchen in Süddeutschland. Rechts hinter dem Löwenbrunnen verlassen wir den Altrathausplatz und kommen über das Kirchhöflein zum romanischen Portal von St. Georg am Weinmarkt. Der Kirchturm stammt von einer Vorgängerkirche, während das 21 Meter hohe, 22,5 Meter breite und 77 Meter lange Kirchenschiff in den Jahren 1448–1499 entstand. Die Wucht der 22 Säulen in dem lichtdurchfluteten Innenraum mit seinen herrlichen Altären und kunstvollen Steinmetzarbeiten wird keinen Besucher unbeeindruckt lassen. Man sollte sich deshalb für diese außergewöhnliche Kirche genügend Zeit nehmen, und es lohnt sich zudem, die Beschreibung der einzelnen Kunstobjekte in dem ausliegenden Kirchenführer nachzulesen.

Farbenfrohe Fachwerkhäuser bilden eine herrliche Kulisse.

Vom Weinmarkt zum Rothenburger Tor

Wir verlassen St. Georg, und das Staunen hat kein Ende. Was wir jetzt auf der Westseite des Weinmarktes sehen – in einer Reihe die ehemalige Ratsherrentrinkstube, das *Gasthaus zur Glocke*, das *Hotel Deutsches Haus*, die Schranne – ist allein schon einen Besuch in Dinkelsbühl wert. Am großartigsten das *Deutsche Haus* mit seiner Spätrenaissancefassade, und da ist es einfach unerlässlich, das mit Figuren und Ornamenten reich verzierte Fachwerk ausgiebig zu studieren. Im Hausrestaurant mit seinem historischen Ambiente einzukehren könnte später zum krönenden Abschluss des Stadtrundgangs werden.

Der Weinmarkt mündet in die Dr.-Martin-Luther-Straße, und auch hier begleiten uns Giebelhäuser mit prächtigen Fassaden. In Haus Nr. 12, der ehemaligen Fürstenherberge, haben Kaiser Josef I., Kaiser Karl VI. und König Maximilian genächtigt. Rechter Hand kommen wir zur Heilig-Geist-Kirche, erbaut 1380, und dem dazugehörigen und 100 Jahre älteren Spital. Die Spitalgebäude rahmen einen großen Innenhof mit der ehemaligen Spitalscheune ein, in der sich 2008 das Landestheater Dinkelsbühl Franken-Schwaben niedergelassen hat. Am Ende der Martin-Luther-Straße erreichen wir das Rothenburger Tor.

Es wurde früher als Gefängnis genutzt. In jüngerer Zeit war dort lange eine Ausstellung zur Hexenverfolgung untergebracht. Diese ist mittlerweile im Gewölbekeller des »Hauses der Geschichte Dinkelsbühl« zu sehen.

Entlang der Inneren Stadtmauer

Unmittelbar vor dem Rothenburger Tor zweigt links die Obere Schmiedgasse ab; sie bringt uns zu einem weiteren stattlichen Fachwerkbau, der lange als Kornspeicher gedient hat. Nunmehr werden dort für die alljährlich stattfindende Kinderzeche die notwendigen Requisiten wie Schuhe, Waffen und Kostüme aufbewahrt. Das Dinkelsbühler Heimatfest hat seinen Ursprung im Dreißigjährigen Krieg. Der Überlieferung nach bewahrte ein mutiges Mädchen, die Türmerstochter Lore, zusammen mit ihrer Kinderschar die Stadt vor Plünderung und Brandschatzung durch die Schweden. Die Festlichkeiten erstrecken sich jedes Jahr über zehn Tage im Juli und ziehen stets Zehntausende von Besuchern in ihren Bann.

Nun auf der Oberen Schmiedgasse weiter zum Kapuzinerweg. Wir kommen rechts am Grünen Turm vorbei, von dem aus das Umland in Kriegszeiten optimal überwacht werden konnte. Die ehemalige Kapuzinerkirche links ist jetzt Wallfahrtskirche und Gedenkstätte des Heimatkreises Mies/Pilsen, und das dazugehörige Kloster wurde zu einem Erholungsheim der Armen Schulschwestern. Auch das 1508 gebaute Kornhaus an der Ecke zur Koppengasse hat seine frühere Funktion verloren und wurde zur Jugendherberge.

Vom Segringer zum Nördlinger Tor

Am Segringer Tor angekommen, das sich mit seiner barocken Zwiebelhaube von den anderen Stadttoren deutlich abhebt, wenden wir uns jetzt der Segringer Straße zu. Am Eck zum Kapuzinerweg ist die ehemalige Dreikönigskapelle mit einer Gedenkstätte für die Opfer des Nationalsozialismus. Sehr eindrucksvoll ist dann das neue Rathaus. In dem gegenüberliegenden ehemaligen Gasthaus *3 Mohren* soll am 4. November 1797 Goethe eingekehrt sein. Am Ende der Segringer Straße, kurz vor dem Marktplatz, stehen erneut besonders prächtige Häuser, so rechts der Hezelhof, ein Patrizierhaus mit einem malerischen Innenhof, umsäumt von dreigeschossigen Holzgalerien.

Am Marktplatz, vis-à-vis vom Münster, geht es jetzt in die Nördlinger Straße, und wir sind nun eigentlich nicht mehr überrascht, dass auch hier wieder großartige Gebäude stehen. Rechts die evangelische St.-Pauls-Kirche, 1840 errichtet exakt an der Stelle, an der früher die Kirche der Karmeliter stand und, so die Sage, der Hof des legendären Dinkelbauern. Im Klostergebäude, ein paar Schritte weiter, ist jetzt die Berufsfachschule für Musik eingezogen. Anschließend biegen wir links in das Fischergässchen ein, stoßen auf den Unteren Mauerweg und gehen rechts an der Stadtmauer entlang. Der Bäuerlinsturm, den wir kurz darauf passieren, ist mit seinem hohen Walmdach zu einem Wahrzeichen der Stadt geworden. Anschließend erreichen wir das um 1400 entstandene Nördlinger Tor mit der Stadtmühle, in der neuerdings ein faszinierendes Museum heimisch geworden ist. Auf vier Etagen werden hier Verfahren und Techniken zur Realisierung der »Tiefe des Raumes« vorgestellt: Holografie, 3-D-Fotografie, Magic Eyes, Optische Illusionen, Vexierbilder u. a. Wer Zeit hat, lässt sich diese einmalige Schau nicht entgehen.

Wir passieren das Nördlinger Tor und kommen zum Oberen Mauerweg. Hier folgt nun Turm auf Turm, am fünften, dem Weißen Turm, biegen wir rechts in die Altstadt ab und gehen gleich links auf der Nestleinberggasse zum Deutschordensschloss. Das 1764 im Barockstil neu erbaute Gebäude ist derzeit Sitz des Finanzamtes. Die Rokokokapelle

Das Wahrzeichen von Dinkelsbühl: der Bäuerlinsturm

mit formschöner Stuckdecke im dritten Stock unter dem Dachgeschoss kann aus Sicherheitsgründen nur durch eine Glastür besichtigt werden, aber das lohnt sich. Dann auf der Turmgasse zurück zum Marktplatz.

Einkehr und äußerer Stadtrundgang

Der Rundgang wäre fürs Erste abgeschlossen. Wer sich nun etwas ganz Besonderes gönnen will, kehrt im *Deutschen Haus* ein und genießt die Küche und das historische Ambiente dieses außergewöhnlichen Restaurants. Natürlich haben wir noch längst nicht alles Sehenswerte der Stadt kennengelernt. Darum spricht nichts dagegen, durch weitere Nebenstraßen und Gässchen zu schlendern – überall erwartet uns das wunderbare Flair der alten Reichsstadt.

Der Rundgang durch die Innenstadt sollte abschließend auf jeden Fall durch einen Spaziergang entlang der äußeren Stadtmauer ergänzt werden. Deshalb – wir haben uns ja inzwischen gestärkt – zum Altrathausplatz, durch das Wörnitztor und links in die Nikolaus-Eseler-Straße einbiegen. Die Umrundung wird gut eine halbe Stunde in Anspruch nehmen, aber dabei erschließt sich uns die Einmaligkeit der mittelalterlichen Befestigungsanlage nochmals eindrucksvoll.

Die Stadtmauer ist zunächst relativ unscheinbar. Das ändert sich, sobald wir links das Rothenburger Tor erreichen. Hier ist die Stadtmauer zu einem mächtigen Bollwerk ausgebaut, und deutlich erkennbar wird, dass eine Doppelmauer besteht, davor der Stadtgraben. Unmittelbar vor dem Rothenburger Tor geht's rechts auf dem Fußweg weiter, ganz nah am Mauerwerk, Richtung Faulturm. Für Kenner bietet sich hier – mit Blick über den Stadtweiher zum Faulturm und zum Parkwächterhäuschen – das schönste Panorama überhaupt.

Nach dem Faulturm ein kleiner Pavillon und das Denkmal des legendären Dinkelbauern. Dann die Treppen hinauf, oben aber nicht auf dem Weg direkt an der Mauer gehen, sondern auf dem höher gelegenen Fußweg, um bessere Sicht auf die Altstadt zu bekommen. Wir erleben jetzt das Kinderzech-Zeughaus, den Grünen Turm und das Kornhaus aus gänzlich anderer Perspektive, und man kann nur größte Hochachtung vor den Fähigkeiten der mittelalterlichen Baumeister haben.

Am Segringer Tor rechts zur Ellwanger Straße hinauf und anschließend gleich links auf der Alten Promenade weiter. Es folgt eine grandiose »Turmparade«: der Wächtersturm, der Berlinsturm, der Haymersturm, der Weiße Turm, der Hagelsturm, der Hertlesturm, der

Krugsturm und der Salwartenturm. Am Nördlinger Tor kommen wir zur Stadtmühle mit ihrem wehrhaften Aussehen und zollen erneut dem Bäuerlinsturm Respekt. Danach der Henkersturm, und kurz vor dem Dreigangsturm biegen wir rechts zur Schwedenwiese ab. Vor dem Erreichen unseres Ausgangspunkts ein letzter Blick auf eine der schönsten Stadtsilhouetten im Frankenland.

Thilo Castner

Informationen:

Tourist-Information, Altrathausplatz 14, 91550 Dinkelsbühl, Tel. 0 98 51/90 24 40, www.tourismus-dinkelsbuehl.de

Haus der Geschichte Dinkelsbühl – von Krieg und Frieden, Altrathausplatz 14, Tel. 0 98 51/90 21 80, www.hausdergeschichte-dinkelsbuehl.de, Mai–Okt Mo–Fr 9.00–18.00, Sa, So u. Fei 10.00–17.00, Nov–Apr tägl. 10.00–17.00,

Museum 3. Dimension, Am Nördlinger Tor 40, Tel. 0 98 51/28 82. Jan–März Sa u. So 11.00–17.00, Apr–Juni tägl. 11.00–17.00, Juli u. Aug tägl. 10.00–18.00, Sep u. Okt tägl. 11.00-17.00 Nov u. Dez Sa u. So 11.00–17.00.

Kinderzech-Zeughaus, Bauhofstr. 43, Tel. 0 98 51/90 24 40, www.kinderzechzeughaus.de, geöffnet an allen marktoffenen So und auf Anfrage.

Einkehrtipp:

Hotel-Restaurant Deutsches Haus, Weinmarkt 3, Tel. 0 98 51/60 58, www.deutsches-haus-dkb.de, tägl. 10.00–14.00 u. 18.00–22.00, Mo Ruhetag,

Buchtipp:

Gerfried Arnold: *Dinkelsbühl. Menschen, Bilder, Impressionen*, Erfurt 2011.

Extras:

Die Kinderzeche, das Historische Kinder- und Heimatfest der Stadt Dinkelsbühl, jeweils an den WE vor und nach dem 3. Mo im Juli.

Großes Stadtfest am letzten So der bayer. Sommerferien.

23 Gunzenhausen

Die Allgegenwart der Markgrafenzeit

Ort:

Staatlich anerkannter Erholungsort im westmittelfränkischen Landkreis Weißenburg-Gunzenhausen. Ohne die eingemeindeten Orte rund 9 500 Einwohner.

Geschichte:

Gebiet um 90 n. Chr. von den Römern besetzt. Urkundlich erstmals 823 als »Gunzinhusir« belegt, abgeleitet von Gunzo, einem ortsansässigen Adeligen. Stadtrechte in der zweiten Hälfte des 14. Jahrhunderts. Geht im Mittelalter als Lehen an die Adelsfamilien Oettinger und Truhendinger, 1349 an Burkhard von Seckendorff. 19 Jahre später erwirbt der Nürnberger Burggraf die Stadt. Bis 1806 im Besitz der Hohenzollern. Anschluss an die Bahnstrecke Ansbach–Treuchtlingen Mitte des 19. Jahrhunderts und Start ins Industriezeitalter.

Sehenswürdigkeiten:

Marktplatz mit Rathaus und etlichen historischen Gebäuden. Drei Stadttürme. Ehemaliger Markgräflicher Hofgarten. Spital- und Stadtkirche. Schächterhaus. Stadtmuseum im Zocha-Palais. Archäologisches Museum.

Dauer des Rundgangs:

Ohne Einkehr und Museumsbesuch rund 1 ½ Std.

Anfahrt:

ÖPNV: Von Nürnberg mit RE und RB (über Pleinfeld) zum Bhf. Gunzenhausen. *Kfz*: Von »Kreuz Nürnberg-Süd« über A 6 bis Ausfahrt 55 »Schwabach-West«, weiter auf B 466, abschließend links über Nürnberger Str. zu den Parkmöglichkeiten am Bhf.

Die Lieblingsresidenz des »Wilden Markgrafen«

Seine Blütezeit erlebte Gunzenhausen während der Hohenzollernherrschaft. Die Ansbacher Fürsten gewährten den Bürgern das Privileg der Steuer- und Dienstfreiheit, führten im Jahr elf Markttage ein und stellten jüdischen Händlern Schutzbriefe aus. Besonders angetan war Markgraf Carl Wilhelm Friedrich von der Stadt. Der »Wilde Markgraf«, Landesherr des Ansbacher Fürstentums in den Jahren 1729–1757, betrieb rund um Gunzenhausen Europas größte Falkenzucht und machte die Stadt zu seiner Lieblingsresidenz. Im Zuge einer prunkvollen Hofhaltung entstanden zwei Schlösser, das Jagdschlösschen in der Dr.-Martin-Luther-Straße und Palais Heydenab am Marktplatz. Wir können darauf gefasst sein, während des Rundgangs immer wieder auf Spuren aus der Markgrafenzeit zu stoßen.

Markgräflicher Hofgarten und Zocha-Palais

Wir orientieren uns am Gunzenhausener Bahnhofplatz nach rechts und biegen anschließend links in die Bahnhofstraße ein, die nach gut 100 Metern in den Dr.-Martin-Luther-Platz einmündet. Hier ist auch schon linker Hand der erste Höhepunkt unseres heutigen Rundgangs erreicht, der ehemalige Markgräfliche Hofgarten. Von dem Garten ist leider so gut wie nichts erhalten, wohl aber das 1749 vom »Wilden Markgrafen« errichtete Schlösschen, das jetzt als »Haus des Gastes« für Veranstaltungen und zu Bildungszwecken genutzt wird. Vor dem Gebäude steht ein markiger Falkenbrunnen. Der Markgrafensaal im Obergeschoss mit großem Lüster und formschöner Stuckdecke ist zugänglich. An der Rückwand prangt das markgräfliche Wappen, rechts davon ein Porträt des »Wilden Markgrafen«, auf der linken Seite das Porträt von Elisabeth Wünsch, mit der Carl Wilhelm in einer »Ehe zur linken Hand« verheiratet war und die ihm zwei Söhne und zwei Töchter gebar. Sie war seine große Liebe – seine »Ehe zur rechten Hand« mit der preußischen Königstochter Friederike Luise empfand er als Unglück.

Falken waren die große Leidenschaft des jagdbesessenen Markgrafen, dem für sein Hobby nichts zu teuer war und der etwa ein Zehntel der ihm zur Verfügung stehenden Finanzmittel allein in die Falknerei steckte. Von seinen 465 Bediensteten waren 52 Falkner. Kein Wunder, dass er seinem Sohn und Nachfolger Christian Friedrich Carl Alexander einen Schuldenberg von 2,3 Millionen Reichstalern hinterließ. Das Schlösschen war mit über 400 wertvollen Fayencefliesen ausgestattet, 138 mit Falkenjagd-Motiven. Etliche davon werden wir später im Stadtmuseum bewundern können.

Das heutige Rathaus am Marktplatz, früher Residenz Carl Wilhelm Friedrichs

Nur ein paar Schritte sind es bis zum Blasturm, um 1500 errichtet und nach einem Einsturz 1603 neu erbaut. Der Türmer, der in dem 31,5 Meter hohen Turm wohnte und die Stadt vor Gefahren zu warnen hatte, war gleichzeitig auch Stadtmusiker. Eine Besichtigung ist an bestimmten Tagen möglich, und der Ausblick von oben auf die Stadt natürlich einzigartig. An der Westseite des Blasturms erspähen wir drei Wappen, eines davon ist das Wappen des Markgrafen.

Hinter dem spitzbogigen Durchgang beginnt die Rathausstraße. Linker Hand befindet sich das von dem markgräflichen Baumeister Zocha entworfene und nach ihm benannte Barockpalais, das einst als Fürstenherberge genutzt wurde und in dem seit 1984 das Stadtmuseum mit einer Vielzahl interessanter Exponate zum Leben der Handwerker und Bauern vergangener Zeiten untergebracht ist. Zu sehen sind, wie bereits erwähnt, außerdem Fayencefliesen vom fürstlichen Jagdschlösschen, die aus der Crailsheimer Manufaktur stammen. Vor dem Zocha-Bau steht ein 1876 errichteter Neptunbrunnen. Unmittelbar neben dem Stadtmuseum, am Eck zur Brunnenstraße, liegt das Museum für Vor- und Frühgeschichte, in dem Funde aus der Jungstein- und Bronzezeit bis hin zur frühgermanischen Besiedlung übersichtlich und mustergültig aufbereitet sind. Ich schlage vor, den Besuch der beiden Museen auf das Ende des Rundgangs zu verschieben und jetzt erst einmal auf der Rathausstraße bis zum Marktplatz weiterzugehen.

Vom Rathaus zum Färberturm

Der Marktplatz ist ein langer Straßenmarkt, und was man hier erleben kann, sollte mit Bedacht und in aller Ruhe wahrgenommen werden. Es lohnt sich, auf der verkehrsberuhigten Marktstraße in beide Richtungen zu schlendern. Die herrlichen Fassaden sind ein einziger Augenschmaus – hier und da reich verziert, dann wieder schlicht und ohne jeden Zierrat, mal mit stolzem Fachwerkgiebel, mal als wuchtiges Steinhaus. Da gibt es Ackerbürgerhäuser und Brauereigaststätten, Geschäfte, Cafés, Boutiquen und Designer-Shops, und überall eine quirlige Menschenmenge, die an warmen Tagen gemütlich im Freien sitzt und das farbenfrohe Fluidum genießt.

Dem Rathaus wollen wir uns eingehender widmen. Das wuchtige und äußerlich schlichte Gebäude war 1621 aus zwei separaten Adelshäusern zu einem markgräflichen Oberamtshof ausgebaut worden und diente dem »Wilden Markgrafen« als Residenz, wenn er in Gunzenhausen weilte. Hier bewohnte er mehrere fürstlich eingerichtete Räume. Seinen Bediensteten, Leibknechten und Falknern, standen ebenfalls ausreichend Räumlichkeiten zur Verfügung – Obristfalkenmeister von Heydenab besaß ein separates Zimmer. Der Innenhof des Rathauses ist zugänglich. Hier befindet sich gleich rechts ein alter Bildstock aus dem Jahr 1442, das von Legenden umrankte »Kreuz im Altmühltal«. In der Passage sind zudem eine Stadtchronik sowie Jahreszahlen zur Geschichte des Gebäudes und zum Lebenswandel des Markgrafen, der 1757 nach einem Schlaganfall hier in einem seiner Gemächer verstarb, zu lesen.

Am Rathaus vorbei, den Marktplatz entlang – wobei wir den Hopfenmarkt kreuzen – begeben wir uns in Richtung Färberturm. Hierbei stoßen wir auf eine Anzahl weiterer eindrucksvoller Gebäude. Dazu gehören ein imposantes Fachwerkgiebelhaus (Nr. 28), das ehemalige barocke Amtshaus (Nr. 37), jetzt Apotheke, ferner das *Gasthaus Zum Alten Rathaus* (Nr. 41), Palais Heydenab (Nr. 49), jetzt Raiffeisenbank, sowie die alte Stadtvogtei (Nr. 42). Unübersehbar und zur vollen Stunde um 11, 15 und 17 Uhr auch unüberhörbar ist der 1996 aufgestellte Glockenturm vor dem Sparkassengebäude. Bäume und Blumenfenster tragen das Ihre dazu bei, dass hier eine städtebauliche Idylle entstehen konnte.

Der Marktplatz mündet in die Weißenburger Straße mit weiterhin schönen Fassaden, so zum Beispiel Haus Nr. 14 mit der *Pilsbar Le Clou*. Der Färber- oder Diebsturm, den wir anschließend erreichen, ist Teil des früheren Weißenburger Tors, und hier endete auch die einstige Stadtmauer, von der noch ein kleiner Teil am »Weebers Eck« mit Wehrgang erhalten ist. Gegenüber lädt ein Café zum Verweilen ein. Von Mai bis September kann der Färberturm bestiegen werden – dienstags und donnerstags bis sonntags sowie an Feiertagen von 10 bis 18 Uhr – und bietet einen grandiosen Ausblick bis ins Fränkische Seenland.

Von St. Maria über die Brunnenstraße wieder zum Stadtmuseum

Kurz vor dem Turm zweigt links die Kirchenstraße ab, und die bringt uns zur evangelischen Stadtkirche St. Maria, einem gotischen Bau aus der Mitte des 15. Jahrhunderts. Der geräumige Innenraum wurde

300 Jahre später barockisiert. Aus dieser Zeit stammen Kanzel, Kreuz- und Hochaltar. An zwei Wänden lassen sich alte Fresken aus der Gründerzeit bestaunen, so etwa ein großes Christophorus-Fresko. Daneben ist das wohlgeformte Epitaph des Ritters Paul von Absberg zu sehen.

Wenn wir die Kirchenstraße weitergehen, kommen wir zurück zum Hafnermarkt. Wer zuvor noch den dritten Stadtturm sehen möchte, geht nach Verlassen des Kirchhofs weiter geradeaus, biegt dann rechts in ein überaus schmales Gässchen ab, hält sich gleich danach links und steht schon vor dem schmucken Storchen- oder Dreibrüderturm, erbaut 1450 und einst wichtiger Bestandteil der Stadtmauer. Seit Längerem ist der Turm bewohnt.

Danach also zum Hafnermarkt, der Platz und Straße zugleich ist. Auf dem Platz begegnen wir einer klobigen Figur, wohl ein Hafner bei der Arbeit. Dann geht es auf dem Hafnermarkt nach rechts weiter und nach dem *Restaurant Holzwurm* links in die Brunnenstraße. Das Eckhaus war früher Wohnhaus des jüdischen Vorsängers und Schächters – die jüdische Kultusgemeinde hatte das Gebäude 1834 erworben. Gegenüber stand die 1882/83 gebaute Synagoge, die eines der schönsten jüdischen Gotteshäuser der Region gewesen sein soll. Das Gebäude überlebte zwar die Pogromnacht im November 1938, wurde aber nach Vertreibung der Juden anderweitig genutzt und in den 1980er-Jahren abgerissen. Ein Gedenkstein erinnert an die Existenz der Synagoge.

Wir schlendern die Brunnenstraße gemächlich weiter und werden überrascht von einigen einmalig schönen Fachwerkhäusern, wie überhaupt die Brunnenstraße trotz ihrer Enge die attraktivste Nebenstraße in Gunzenhausen ist. Schließlich erreichen wir wieder den Blasturm und werden jetzt überlegen, welches Museum sich zu einer Besichtigung anbietet.

Die Gunzenhausener Museen

Wer sich für Früh- und Vorgeschichte interessiert und vielleicht anschließend einen Abstecher zum Burgstallwald mit Resten des römischen Limes unternehmen möchte, sollte das Archäologische Museum in der Brunnenstraße mit Ausgrabungsfunden aus der Steinzeit, der Urnenfelderzeit, aus der Römerzeit und aus dem frühen Mittelalter aufsuchen. Wer dagegen mehr über das Wirken der Markgrafen in Gunzenhausen erfahren möchte, besucht das Stadtmuseum in der Rathausstraße und kann sich hier nicht nur über die Jagdleidenschaft

⇦ Der Färberturm bietet einen fantastischen Ausblick ins Fränkische Seenland.

des »Wilden Markgrafen« informieren, sondern erfährt auch, wie das einfache Volk in jener Zeit lebte und über welch beachtliche Fertigkeiten die damaligen Handwerker verfügten. Vor oder nach einem Museumsbesuch wird mit Sicherheit die Einkehr in einem der Wirtshäuser anstehen.

Altmühl und Altmühlsee

Noch ist unser Rundgang aber nicht zu Ende. Also gehen wir auf der Rathausstraße wieder zum Marktplatz, links vorbei am Rathaus, anschließend dann gleich rechts in die Straße »Zur Promenade«, und schon liegen die idyllischen Altmühl-Auen vor uns. Wir überqueren die Altmühl-Promenade und schlendern auf dem Fußweg zur Altmühl, die wir zunächst auf einem Brücklein überwinden und gleich danach ein zweites Mal auf der Steinbrücke in der Oettinger Straße. Damit sind wir wieder in der Altstadt. Nach der Jugendherberge biegen wir links in die Spitalstraße ein und kommen zur Heilig-Geist-Spitalkirche, die Ritter Burkhard von Seckendorff Mitte des 14. Jahrhunderts gegründet hatte; er ist in voller Rüstung auf dem Stiftergrab verewigt. Wir umgehen die Kirche, biegen links in die Osianderstraße ein und kurz darauf rechts in das Postgässchen, das uns zur Bahnhofstraße bringt. Rechts liegt das traditionsreiche *Hotel zur Post*, ursprünglich eine thurn-und-taxissche Poststation, in die schon Goethe und König Ludwig I. eingekehrt waren.

Zum Bahnhofplatz ist es nun nicht mehr weit. Ist noch genügend Zeit, wäre ein zusätzlicher Ausflug zum Altmühlsee möglich, erreichbar auf dem hier beginnenden Geh- und Radweg in rund einer Stunde. Vom Seezentrum Schlungenhof aus könnte eine Schifffahrt auf dem Altmühlsee unternommen werden, und dann würde man auch verstehen, warum Gunzenhausen als Zentrum des Fränkischen Seenlandes und als Pforte zum Naturpark Altmühltal gilt.

Thilo Castner

Informationen:

Tourist-Information, Rathausstr. 12, 91710 Gunzenhausen, Tel. 0 98 31/50 83 00, www.gunzenhausen.info

Stadtmuseum Gunzenhausen, Rathausstr. 12, Tel. 0 98 31/50 83 06, Mai–Sep Mo–Fr 9.00–18.00, Sa 10.00–15.00, Okt–Apr Mo–Fr 9.00–17.00, Sa 10.00–13.00.

Archäologisches Museum, Brunnenstr. 1, Tel. 0 98 31/50 83 06, www.gunzenhausen.de, Mai–Sep Mo–Fr 9.00–18.00, Sa 10.00–15.00, Okt–Apr Mo–Fr 9.00–17.00, Sa 10.00–13.00.

Zweckverband Altmühlsee, Marktplatz 25, Tel. 0 98 31/50 81 91, www.altmuehlsee-schifffahrt.de, Schifffahrten Ende Apr–Anfang Nov.

Einkehrtipps:

Hotel-Gasthof Adlerbräu, Marktplatz 10, Tel. 0 98 31/8 86 70, www.hotel-adlerbraeu.de, tägl. 10.00–23.00, Terrasse u. Biergarten bis 22.00 (bei schönem Wetter).

Gasthaus Zum Alten Rathaus, Marktplatz 41, Tel. 0 98 31/30 68, Mo–Fr 9.00–22.00.

Pilsbar Le Clou, Weißenburger Str. 14, Tel. 0 98 31/97 18, Di–Do u. So 11.00–1.00, Fr u. Sa bis 2.00.

Café am Wehrgang, Weißenburger Str. 15, Tel. 0 98 31/20 81, www.cafeamwehrgang.de, Mo 12.00–18.00, Di–So 10.00–18.00.

Stadtkneipe Holzwurm, Hafnermarkt 11, Tel. 0 98 31/51 87 93, Mo–Fr 11.00–1.00, Sa ab 15.00, So u. Fei 17.00–1.00.

Hotel-Gasthof Arnold, Bahnhofstr. 7, Tel. 0 98 31/6 74 70, www.gasthofarnold.de, Mo–Sa 17.00–22.00, So zusätzlich 11.30–14.00.

Buchtipp:

Johann Schrenk: *Gunzenhausen am Altmühlsee*, Gunzenhausen 1994.

Extras:

Mai–Okt donnerstags kostenlose Stadtführungen, Treffpunkt 10.00 vor der Tourist-Information.

10 Sommerkonzerte im ehem. Markgräflichen Hofgarten Juni-Aug.

Kirchweih am Marktplatz, ab 2. Sep-WE 9 Tage lang (besteht seit über 600 Jahren u. ist eines der ältesten Kirchweihfeste in Bayern!).

24 Weißenburg in Bayern

Im Bann einer alten Reichsstadt

Ort:

Große mittelfränkische Kreisstadt im Landkreis Weißenburg-Gunzenhausen. Ohne eingemeindete Ortsteile gut 14 000 Einwohner.

Geschichte:

Erste urkundliche Erwähnung als »Uuinzinburc« 867. In der ersten Hälfte des 13. Jahrhunderts Stadtrechte. Rund 100 Jahre später durch kaiserliche Privilegien Status einer Freien Reichsstadt. 1802 fällt die Stadt an Kurbayern, dann 1804 an Preußen und 1806 endgültig an Bayern.

Sehenswürdigkeiten:

Gut erhaltene Stadtmauer mit 38 Türmen. Ellinger Tor. Reichsstädtisches Rathaus. Hauptkirche St. Andreas. Spitalkirche. Karmeliterkloster. Eine Reihe repräsentativer Bürgerhäuser. Römermuseum. Limes-Informationszentrum. Reichsstadtmuseum. Apothekenmuseum. Castrum Biriciana und Römische Thermen.

Dauer des Rundgangs:

Ohne Einkehr, aber mit Besichtigung des Apothekenmuseums, des Römermuseums und der römischen Thermen rund 4 Std.

Anfahrt:

ÖPNV: Von Nürnberg direkt mit RE zum Bhf. Weißenburg. *Kfz*: Von »Kreuz Nürnberg Süd« auf A 6 bis Ausfahrt 57 »Roth«, daraufhin B 2 bis Ausfahrt »Richtung Weißenburg Nord«, weiter rechts auf Nürnberger Str, an deren Ende auf Schulhausstr., links über Kohlstr. zum Parkplatz am Bhf.

Entlang der westlichen Stadtmauer zum Ellinger Tor

Wir gehen vom Bahnhof eine kurze Strecke die Bahnhofstraße entlang und biegen dann links in die Westliche Ringstraße ein. Rechter Hand der Stadtgraben und Reste der alten Stadtmauer, die einst Weißenburg mit einigen Dutzend Türmen und drei Stadttoren komplett umschlossen hat. Jetzt ist der Stadtgraben hier voller zauberhafter Gärten, die Türme werden für Wohnzwecke genutzt. Unser erster Eindruck ist, dass hier Mittelalter und Moderne, reichsstädtische Vergangenheit und industriell geprägte Neuzeit, zu einer harmonischen Einheit geworden sind.

Vorbei am *Löwengarten*, einer griechischen Taverne, etlichen kleinen Häuschen und anmutigen winzigen Vorgärten erreichen wir den Scheibleinsturm. Es ist der einzige erhaltene Rundturm der Stadtmauer, der lange als Stadtgefängnis genutzt worden war. Beim Weitergehen wird der Blick auf die Weißenburger Altstadt mit ihren formvollendeten Türmen und Giebelfassaden zunehmend freier. Die Versuchung ist groß, auf Höhe der Andreaskirche in die historische Altstadt einzuschwenken. Wir bleiben aber zunächst an der Außenmauer, passieren den Pulverturm, und erst an der Nordspitze der Stadtmauer, unterhalb des Ellinger Tores, verlassen wir den Stadtgraben, steigen über Treppen zur Nördlichen Ringstraße hinauf und stehen dann vor dem einzigen Stadttor Weißenburgs, das von der Spitzhacke verschont geblieben ist. Mit seinem aus dem 14. Jahrhundert stammenden Turm und dem reizvoll gestalteten Vorwerk ist es zweifellos eines der prächtigsten deutschen Stadttore. Also ein wenig verweilen und die außergewöhnliche Schönheit der Architektur genießen.

Frühes Bekenntnis zur »Confessio Augustana«

Wir durchschreiten nun das Tor und schlendern durch die Ellinger Straße. Schon gleich am Anfang herrliche Häuser, am auffallendsten *Restaurant Am Ellinger Tor*, das wir uns für später vormerken könnten. Doch auch das Gasthaus *Andreas Stuben* am Ende der Ellinger Straße hinterlässt einen guten Eindruck und kommt in die engere Auswahl, wenn wir einkehren werden. Aber wir sind ja jetzt ohnehin im kulturellen Zentrum der Altstadt angelangt und müssen überlegen, was wir uns alles anschauen wollen.

Da ist zunächst der imponierende Bau der Andreaskirche, »Sinnbild der Reichsstadt und Spiegelbild ihrer Geschichte«, wie die Kirche, an der fast zwei Jahrhunderte lang gebaut wurde, in einer Broschüre zutreffend charakterisiert wird. Im Zuge der Reformation – als eine der ersten Reichsstädte hatte sich Weißenburg 1530 auf dem Reichstag in

Majestätisch erhebt sich hinter der Stadtmauer das Ellinger Tor.

Augsburg öffentlich zur »Confessio Augustana« bekannt – sind der Kirche bedeutende Kunstgegenstände verloren gegangen, sodass der mächtige Innenraum überaus schlicht wirkt. Historisch wertvoll ist das über fünf Meter lange Konfessionsbild im nördlichen Seitenschiff, das die Segnungen des evangelischen Glaubens zum Ausdruck bringt.

In unmittelbarer Nähe der Kirche ist das Städtische Amt für Kultur und Touristik mit Römermuseum und Limes-Informationszentrum zu finden. Die hier ausgestellten Exponate aus der Römerzeit, insbesondere der 1979 in einem Spargelbeet gefundene Römerschatz mit über 150 Einzelstücken, darunter 17 Figürchen römischer Götter, werden wir uns nicht entgehen lassen. Genaueres über die Geschichte Weißenburgs ist im benachbarten Reichsstadtmuseum zu erfahren.

Von der Rosen- zur Luitpoldstraße

Es folgt ein Bummel durch die Rosenstraße. Im Blauen Haus, genauer in den Kellergewölben der Einhorn-Apotheke, können die Hinterlassenschaften des Apothekers Wilhelm Kohl besichtigt werden. Rezepturen, Mineralien, Kräuter oder Arbeitsgeräte wie Mörser, Häckselmaschine und Trockenschrank lassen erahnen, wie bescheiden es im 19. Jahrhundert um die medizinische Versorgung der Bevölkerung bestellt war. *Hotel Krone*, Rosenstraße 10, war über Jahrhunderte der wichtigste Gasthof in der ehemaligen Reichsstadt – belegt sind Übernachtungen von Philipp Melanchthon 1540 und Gustav Adolf 1632. Die Rosenstraße führt zum Rathaus, einem mächtigen spätgotischen Sandsteinbau. Davor, in Richtung Marktplatz, der Schweppermanns-Brunnen, vom Volksmund ohne historischen Bezug nach einem Ritter benannt, der sich mit seinem Fähnlein 1322 bei einer Schlacht unter Kaiser Ludwig dem Bayern besonders hervorgetan haben soll. Vom Marktplatz aus leicht bergab kommt man auf der Friedrich-Ebert-Straße zur Spitalkirche mit dem früheren Spitaltor, das anlässlich der Stadterweiterung Mitte des 15. Jahrhunderts aufgegeben worden war.

Der wohl attraktivste Teil der Altstadt begegnet uns auf der Luitpoldstraße, dem ehemaligen Holzmarkt. Hier, vom Rathaus bis zum Kaiser-Ludwig-Brunnen, reiht sich Prachtbau an Prachtbau, Fassaden mit kunstvoll gefertigten Familienwappen, einladenden Gaststätten, Brauereihöfen und Cafés. Zwischen den stattlichen Bürgerhäusern links das Kulturzentrum Karmeliterkirche; der restaurierte Klostergarten hinter dem Gebäude ist jederzeit öffentlich zugänglich. Mindestens eine Stunde sollte man hier, im Zentrum der Altstadt rings um das Rathaus, laufend oder sitzend verbringen, voller Staunen und vielleicht auch mit ein wenig Ehrfurcht vor dem, was frühere Generationen geschaffen und uns hinterlassen haben.

Zur Seeweihermauer

Gesehen haben wir bis jetzt zwar schon viel, aber längst nicht alles. Wir gehen also die Luitpoldstraße bis zum Kaiser-Ludwig-Brunnen, biegen hier nach rechts ab und kommen zur Schranne. Die einstige Urpfarrei St. Martin wurde nach der Reformation zweckentfremdet als Lager- bzw. Verkaufsraum und der Nachfolgebau später sogar als Feuerwehrhaus genutzt, ist jedoch jetzt nach diversen Umbauten wieder ein höchst respektables Gebäude. Auf der Judengasse geht's links und gleich nach dem ehemaligen Stadtschreiberhaus rechts die Bachgasse hinunter. Linker Hand könnte das historische Wirtshaus *Zur Kanne* Bierfans zu einer Einkehr motivieren, da dort in den Kellerräumen seltene Brauereigeräte zu sehen sind. Weiter auf der Bachgasse, bis links die Bortenmachergasse abzweigt. Auf ihr erreichen wir die Alte Turnhalle, eine der ersten ihrer Art in Mittelfranken, halten uns jetzt nach links und gehen dann rechts durch den schmalen Mauerdurchbruch zum Seeweiher.

Die nun vor uns liegende Strecke an dem gefüllten Befestigungsgraben entlang ist mit Sicherheit der romantischste Teil unseres Rundgangs. Die Stadtmauer mit ihren zahllosen Türmen und eingebauten Fachwerkhäusern spiegelt sich im Weiher, der auf unserer Seite umringt ist von Erlen und Weiden. Schöner und spektakulärer kann eine mittelalterliche Wehrmauer nicht sein! Wir lassen uns Zeit und schlendern weiter zur Schießgrabenmauer. Die Wasserfüllung fehlt hier, doch auch diese Partie des Stadtmauerrundwegs ist herrlich.

Zurück in die Römerzeit

Schließlich stoßen wir auf die Bahnhofstraße und könnten die Rückfahrt antreten. Zu empfehlen ist jedoch allen Besuchern, die sich noch fit fühlen, ein letztes Highlight, ein Bummel zum Castrum Biriciana und zu den Römischen Thermen. Der Weg dorthin ist nicht weit. Im Bahnhof einfach durch die Unterführung zur Kohlstraße gehen und dann rechts ein kurzes Stück bis zum Hinweis »Römische Thermen«. Bereits fünf Minuten später stehen wir auf dem Gelände des ehemaligen Römerkastells mit dem rekonstruierten Nordtor. Alles Wissenswerte über Größe, Entstehung und Untergang der Ansiedlung vermitteln die ausführlichen Erläuterungen auf Infotafeln. Nochmals fünf Minuten dauert es dann zu den Thermen. Die Ausgrabungen sind überdacht, und der Besucher kann auf einem Führungssteg alle

Idylle an der Seeweihermauer

Räumlichkeiten wie Schwitzbad (»sudatorium«), Warmbad (»caldarium«) oder Kaltbad (»frigidarium«) mühelos überblicken. Die präzisen Beschreibungen verdeutlichen, über welch hohes zivilisatorisches Niveau die Römer vor 2 000 Jahren verfügten.

Auf demselben Weg geht es dann nach einem erfüllten Tag zurück zum Bahnhof.

Thilo Castner

Informationen:

Tourist-Information, Martin-Luther-Platz 3, 91781 Weißenburg, Tel. 0 91 41/90 71 24, www.weissenburg.de

Reichsstadtmuseum, Martin-Luther-Platz 3–5, Tel. 0 91 41/90 71 24, Mitte März–Mitte Nov Mo–So 10.00–17.00, Mitte Nov–Mitte Dez Mo–So 10.00–12.30 u. 14.00–17.00.

Apothekenmuseum, Rosenstr. 3, Tel. 0 91 41/23 07, www.einhorn-apotheke-weissenburg.de, Besichtigung nur mit Führung, Mo u. Di sowie Do u. Fr 11.00 u. 14.30, Mi u. Sa 11.00.

Einkehrtipps:

Restaurant Andreas Stuben, Rosenstr. 18, Tel. 0 91 41/8 73 79 19, www.andreas-stuben.de, tägl. 10.00–14.30 u. 17.00–23.30, im Winter Di Ruhetag.

Restaurant Am Ellinger Tor, Ellinger Str. 5–7, Tel. 0 91 41/8 64 60, www.ellingertor.de, tägl. 7.00–22.30.

Bräustüberl Zur Kanne, Bachgasse 15, Tel. 0 91 41/38 44, www.schneider-bier.de (> Gaststätten), Mi–Sa 11.00–14.00 u. 17.00–23.00, So 10.00–14.00 u. 17.00–22.00, Mo u. Di Ruhetag.

Buchtipps:

Lore Grohsmann: *Weißenburg in Bayern*, Weißenburg, 3. Aufl. 1992.

Rainer Kammerl: *Weißenburg in Bayern*, Regensburg 2003.

Extras:

Altstadtfest am 3. WE im Juli.

Kirchweih vom 3. bis 4. So im Aug, mit Bierprobe am Fr davor.

25 Roth
Wo man stets auf Draht ist

Ort:
Mittelfränkische Kreisstadt an der Mündung der Roth in die Rednitz. Ohne die in jüngerer Zeit eingemeindeten Ortschaften gut 16 000 Einwohner.

Geschichte:
Erste urkundliche Erwähnung 1060. Mitte des 12. Jahrhunderts Marktrecht, 200 Jahre später Stadtrecht. Vom Kaiser verliehenes Recht, Verfolgten Asyl zu gewähren. Ende des 15. Jahrhunderts wird Roth Oberamtsstadt und somit Verwaltungs- und Gerichtssitz der Markgrafschaft Ansbach. Bau von Schloss Ratibor durch Markgraf Georg den Frommen. Um 1750 Beginn der Industrialisierung mit der Fertigung Leonischer Waren. Ende der markgräflichen Herrschaft 1791. 15 Jahre später wird die Stadt bayerisch.

Sehenswürdigkeiten:
Schloss Ratibor mit Stadtmuseum. Altes Rathaus. Marktplatz mit Riffelmacherhaus und Stadtbräustüberl. Evangelische Stadtkirche. Kulturfabrik. Fabrikmuseum. Reste der Stadtmauer. Etliche Brunnen.

Dauer des Rundgangs:
Mit Besuch von Schloss und Stadtmuseum, aber ohne Besichtigung des Fabrikmuseums und ohne Einkehr 2–3 Std.

Anfahrt:
ÖPNV: Von Nürnberg mit RE direkt zum Bhf. Roth.
Kfz: Ab »Kreuz Nürnberg-Süd« A 6 bis Ausfahrt 57 »Roth«, weiter auf B 2, rechts in Allersberger Str., links in Willy-Supf-Platz, zuletzt rechts über Bahnhofstr. zu den Parkplätzen am Bhf.

Hatten die Ansbacher Markgrafen über die Jahrhunderte in Roth ihre Spuren hinterlassen, so begann 1574 mit der Eröffnung einer Werkstatt zur Herstellung sogenannter Leonischer Waren durch den ins Rother Asyl geflüchteten Georg Fournier ein neuer Schwerpunkt in der Stadtgeschichte. Nach Verkauf von Schloss Ratibor 1791 an den Tressen- und Bortenfabrikanten Johann Philipp Stieber wurden Leonische Produkte – in Haushalt und Technik sowie zur Dekoration gebrauchte Erzeugnisse aus Drahtgeflecht, namentlich vermutlich abgeleitet von deren ersten Produktionorten Léon (Spanien) und Lyon (Frankreich) – zum dominierenden Markenzeichen der Stadt. Im Schlepptau der Stieberschen Erfolge entstand eine Anzahl ähnlicher kleinerer Firmen. Eine Zeit lang galt Roth sogar als die »industriereichste Kleinstadt Bayerns«. Das ist zwar vorbei, geblieben sind gleichwohl die »Leonischen Werke« in der Stieberstraße. Der Besucher kann heute deshalb nicht nur die kulturellen Hinterlassenschaften aus der Markgrafen-Ära bewundern, sondern wird praktisch auf Schritt und Tritt mit den Relikten einer quasi auf Draht basierenden Stadt konfrontiert.

Vom Bahnhof in die Hauptstraße

Der Rother Bahnhof liegt etwas außerhalb der Innenstadt, die jedoch über den Fuß- und Radweg durch die Rednitzauen in knapp zehn Minuten zu erreichen ist. Wir gehen also rechts neben dem *Gasthaus Frankenstube* immer geradeaus, über die Stieberpark-Brücke, die den linken Rednitzarm überwindet, dann vorbei am Stieber-Mausoleum, und nach Überquerung des rechten Rednitz-Arms kommen wir auf die Bleichstraße. Es folgt anschließend rechter Hand der Rother Friedhof mit der 1625 erbauten Kreuzkirche, und dann ist auch die Münchner Straße erreicht. Hier gehen wir nach links weiter, und schon erblicken wir Schloss Ratibor. Wir queren die Städtlerstraße und kommen in die Rother Hauptstraße. Am Eck entdecken wir das Luitpold-Denkmal, eine Stiftung der Bürgerschaft anlässlich des 70. Geburtstags des bayerischen Prinzregenten.

Frühbarock und Neorenaissance

Eine Besichtigung des Schlosses allein lohnt bereits den Ausflug nach Roth und sollte auf keinen Fall versäumt werden. Durch das Portal in der Hauptstraße mit dem Brandenburger Adler, darüber die Stiftungstafel, gelangt man in den Schlossinnenhof. Hier, unter dem Dach einer mächtigen Linde, begrüßt uns Markgraf Georg der Fromme im

Schloss Ratibor, das Wahrzeichen der Stadt

Gewand des Jägers. Er hatte den Bau des Jagdschlosses 1535 veranlasst, finanziert durch Einnahmen aus Besitzungen im schlesischen Oppeln und Ratibor – daher auch der Name des Neubaus. Die vier Flügel, die den Innenhof umrahmen, sind schon recht imponierend. Vor allem die Hofseite des Hauptgebäudes fasziniert mit dem Wandbild, das darstellt, wie Graf Rudolf von Habsburg die Nachricht von seiner Wahl zum deutschen König im Jahr 1273 erhält. Bei allen Besuchern uneingeschränkte Bewunderung auslösend sind auch die historischen Räume im ersten Geschoss des Schlosses. Hier wohnte die Familie Stieber viele Jahre, und Industriebaron Wilhelm von Stieber, durch die Produkte Leonischer Waren zum steinreichen Mann geworden, war kein Aufwand zu viel, wenn es um die opulente Ausgestaltung der Räume ging. Höhepunkt und eine wahre Augenweide ist der 300 Quadratmeter große Prunksaal, stilistisch eine Verbindung von Frühbarock und Neorenaissance. An den Wänden prangen kostbare Gobelins mit Szenen aus Homers *Odyssee*, an der Decke 33 Ölgemälde unterschiedlicher Größe des seinerzeit hochgeschätzten Malers Ferdinand Wagner. Sein Hauptwerk ist das riesige Mittelbild *Triumph der Schönheit* – Aphrodite, umgeben von den drei Grazien Anmut, Schönheit und Festesfreude. Man kommt aus dem Staunen nicht heraus. Aber auch die anderen Wohnräume haben es in sich: der Speisesaal mit dem fünf Meter breiten Bild *Gastmahl im Hause Stieber* – die dargestellten Personen sind in

Kostüme des 17. Jahrhunderts gehüllt – oder das Kaminzimmer mit kunstvoller Kassettendecke, die Galerie, das Musik- sowie das Barockzimmer. Und selbst das Treppenhaus mit seinen herrlichen Glasfenstern, in der Mitte Georg der Fromme, imponiert mächtig.

Wenn es zeitlich möglich ist, empfiehlt sich auch ein Besuch des Stadtmuseums im zweiten Geschoss. Zu sehen sind dort Exponate aus der Geschichte der Stadt Roth, z. B. Kleidung, Hausrat und Spielzeug vergangener Zeiten, oder wie Handwerk und Gewerbe einst beschaffen waren und wie sich Religion und Kirche in der protestantischen Stadt entwickelt haben. Für Schloss und Museum sollte mindestens eine Stunde eingeplant werden.

Der Marktplatz

Wir setzen nun unseren Rundgang durch die Stadt fort und schlendern auf der Hauptstraße weiter Richtung Markt. An der Ecke zur Kugelbühlstraße passieren wir ein vorbildlich restauriertes Fachwerkhaus. Kurz darauf erreichen wir den Kirchplatz. Rechter Hand liegt das Neue Rathaus, entstanden aus dem ehemaligen Schulhaus, gegenüber die evangelische Stadtkirche »Zu Unserer Lieben Frau«. Der markgräfliche Baumeister Steingruber hatte den spätgotischen Bau mit dem romanischen Turm im Markgrafenstil umgebaut, indem Kanzel und Orgel über dem Altar angebracht wurden. Dies ist anlässlich des Turmbrands von 1878 rückgängig gemacht worden. Sehenswert in der Kirche sind neben dem neugotischen Hochaltar vor allem die vier Epitaphien oberhalb der Emporen.

Wieder in der Hauptstraße, passieren wir das Kriegerdenkmal mit reitendem Soldaten, 1926 von einem Rother Künstler geschaffen, und kommen anschließend zum Alten Rathaus, auf dessen Giebel die Figur der Justitia zu erkennen ist. Unmittelbar daneben steht das Anfang des 20. Jahrhunderts im Jugendstil errichtete Postamt. Auf dem Marktplatz, der jetzt vor uns liegt, findet jede Woche mittwochs der Regionalmarkt und samstags der Bauernmarkt statt – angeboten werden stets Produkte von Direktvermarktern.

Im Zentrum des Marktplatzes ruht der in den 1750er-Jahren errichtete, viel bewunderte Markgrafenbrunnen, aus dessen Mitte eine rokokoverzierte Säule emporragt; und aus drei Gesichtern um den unteren Teil der Säule ergießt sich ein Wasserstrahl in das Becken. Auf der Säule thront erhobenen Hauptes der Brandenburgische Adler.

Am besten wäre es, sich auf den Stufen des Brunnens niederzulassen und die Häuser ringsum einmal genauer anzuschauen. Das Stieberhaus (Nr. 33) stammt aus dem 15./16. Jahrhundert und wurde Mitte des 18. Jahrhunderts vom Begründer der Leonischen Drahtfabrik umgebaut. Besonders schön ist Nr. 39, das »Stadtbräustüberl«, errichtet vom markgräflichen Kastner, dem Verwalter des markgräflichen Geldkastens. Daneben (Nr. 43) erstrahlt dann das »Riffelmacherhaus«, mit filigranem Oberbau und zwei Ecktürmchen zweifellos nicht nur das schönste Haus der Stadt, sondern nach Meinung der Experten sogar eines der schönsten Fachwerkhäuser in ganz Franken überhaupt. Außerordentlich farbenfroh sind auch das rote und das grüne Giebelhaus an der Nordseite des Marktplatzes.

Der Markgrafenbrunnen am Marktplatz, dahinter rechts das Riffelmacherhaus

Von der Kulturfabrik zum Fabrikmuseum

Wir verlassen den Platz und gehen am Riffelmacherhaus vorbei weiter auf der Hauptstraße, bis zu der Brücke über das Flüsschen Roth. Dahinter liegt der Willy-Supf-Platz. Dies war der einstige Dorfplatz, existent lange vor dem Marktplatz und somit die eigentliche Keimzelle von Roth. Beachtlich ist hier der markante ehemalige Gasthof »Schwarzer Adler«, wahrscheinlich ursprünglich der Meierhof des Bamberger Domkapitels. Wir biegen nun vor der Brücke nach rechts in die Bahnhofstraße ein. Kurz darauf folgt rechts das *Hotel Zur goldenen Krone*, wo man eine erholsame Kaffeepause einlegen kann. Die Fassade des Hotels stammt aus der Gründerzeit um 1900. Die Bahnhofstraße schwenkt nach rechts ab, wir gehen jedoch geradeaus weiter und kommen zum Städtler-Brunnen, auf dessen Spitze eine Mädchenfigur mit Wasserkanne in der Hand ist. Sebald Städtler war kaiserlicher Proviantverwalter und brachte sein beachtliches Vermögen zur Finanzierung eines Altmännerspitals ein. Anschließend ist es nicht mehr weit zu der 1992 fertig gestellten Kulturfabrik, einem der renommiertesten Gastspieltheater der Region mit Lesungen, Kunstausstellungen, Konzerten und Kabarett das ganze Jahr über. Das Gebäude ist aus einer ehemaligen Fabrikhalle der Leonischen Werke hervorgegangen, Grundmauern und ein Teil der Wände wurden übernommen. Geht man auf der Stieberstraße ein paar Schritte weiter, steht man vor dem Eingang der Leonischen Werke, in denen nach wie vor Drähte, Kabel und Bordnetzsysteme gefertigt werden. Auf der linken Seite der Stieberstraße entdecken wir Reste der alten Stadtmauer.

Nun geht es wieder ein paar Schritte zurück und rechts das »Neue Gäßchen« hinauf, vorbei am »Jugendhaus«, ehemals das Plätthaus der Leonischen Drahtfabrik. Wieder auf dem Markt, ist unser Ziel jetzt die »Alte Kanzlei« an der Nordseite des Platzes. Es war dies ursprünglich das Amtshaus des markgräflichen Verwalters in Roth, später das Stadtschreiberhaus und ist derzeit Sitz der Caritas. Wir umgehen das Gebäude links und kommen so zu einem idyllischen Fußweg, der unmittelbar an der alten Stadtmauer entlangführt, die hier sehr ansehnlich erhalten ist. Wir bewundern den Gauklerbrunnen, geschaffen aus einem Bierkühler der dort einstmals vorhandenen Valentin-Brauerei. Die Passage heißt »An der Freyung« und erinnert an das kaiserliche Asylrecht, das hier Verfolgte in Anspruch nehmen konnten.

Am Sieh-Dich-Für-Weg angelangt, halten wir uns nach rechts, überqueren die Friedrich-Wambsganz-Straße und haben kurz darauf die »Obere Mühle« und damit das Fabrikmuseum erreicht. In diesem ersten Museum der Leonischen Industrie ist eine typische Fabrikhalle der 1920er-Jahre rekonstruiert worden, mit den damals verwendeten Maschinen und Vorrichtungen. Da die Maschinen zeitweise in Betrieb vorgeführt werden, kann der Besucher miterleben, wie man feine Drähte hergestellt und zu schmucken Bändern verarbeitet hatte. Eine überaus spannende Demonstration!

Das Einkehren nicht vergessen

Danach wird es allmählich Zeit, den Rückzug in die Innenstadt anzutreten. Am besten wäre es da, auf demselben Weg zur Friedrich-Wambsganz-Straße zurückzugehen, dort ein paar Meter nach links zu laufen, gleich darauf rechts in die Traubengasse abzubiegen und anschließend links in die Kugelbühlstraße, die uns nach einer Biegung direkt zur Hauptstraße bringt. Wer noch nicht müde ist und einen kleinen Umweg nicht scheut, schwenkt auf halbem Weg links in die Hilpoltsteiner Straße ein und kommt so zu dem historischen »Seckendorff-Schlösschen«, das der Oberamtmann von Seckendorff 1768 erbauen ließ und in dem jetzt die Rother Volkshochschule untergebracht ist. Neben dem Schlösschen steht das Haus des Bildhauers Heinz Hench (Nr. 4) – ein Gebäude mit steilem Stufengiebel und aufwendig gestaltetem Portal. Wieder in der Kugelbühlstraße bleibt man unwillkürlich vor Haus Nr. 1 stehen. Das »Haus Mehl« entstand um 1700, wurde aber 200 Jahre später mit einer äußerst attraktiven Gründerzeitfassade ausgestattet.

Wieder in der Hauptstraße, dürfte einer Einkehr nichts mehr im Wege stehen, vielleicht im *Ristorante Al Castello* oder im *Valentin's*, im ehemaligen »Goldenen Schwan«, zwei Wirtshäuser in der Hauptstraße, in denen man sich herrlich entspannen kann. Zum Bahnhof geht es dann wie auf dem Herweg durch den Stieberpark. Sollte der Zug Verspätung haben, kann man die Zeit auf angenehme Weise im gegenüberliegenden *Gasthaus Frankenstube* überbrücken.

Thilo Castner

Informationen:

Tourist-Information, im Schloss Ratibor, Hauptstr. 1, 91154 Roth, Tel. 0 91 71/84 85 13, www.stadt-roth.de

Schloss Ratibor mit Stadtmuseum, Hauptstr. 1, Tel. 0 91 71/84 85 32, Apr–Ende Okt Di–So 13.00–17.00, Führungen am 1. Sa im Monat 14.00, Kombiführung (Stadt und Schloss) Jun–Sep Mi 14.00, Treffpunkt jeweils im Schlosshof.

Fabrikmuseum Roth, Obere Mühle 4, Tel. 0 91 71/6 05 64, www.fabrikmuseum-roth.de, 20. März–Ende Nov Sa u. So 13.30–16.30, Aug–Mitte Sep (bayer. Sommerferien) zusätzlich Mi 13.30–16.30.

Kulturfabrik Roth, Stieberstr. 7, Tel. 0 91 71/84 87 11, www.kulturfabrik.de

Einkehrtipps:

Gasthaus Frankenstube, Bahnhofstr. 45, Tel 0 91 71/26 88, Di 17.00–22.00, Mi–Fr 10.00–14.00 u. 17.00–22.00, Sa u. So 10.00–22.00, Mo Ruhetag.

Parkhotel Café Zur goldenen Krone, Bahnhofstr. 6, Tel. 0 91 71/89 22 30, www.zur-goldenen-krone.de, Di–So 7.00–18.00, Mo Ruhetag.

Restaurant Al Castello, Hauptstr. 3, Tel. 0 91 71/8 80 50, www.alcastello-roth.de, Di–So 11.30–14.30 u. 17.00–23.30, Mo Ruhetag.

Restaurant Valentin's, Hauptstr. 48, Tel. 0 91 71/89 23 01, www.valentins-roth.de, Mo u. Mi–So 11.00–14.30 u. 17.00–22.00, Di Ruhetag.

Buchtipp:

Guido Schmid: *Roth in Mittelfranken*,Regensburg 2010.

Extras:

Bluestage Ende März/Anfang Apr (Informationen unter: www.bluestage.de).

Spargelfest auf dem Marktplatz Mitte Mai.

Schlosshofspiele Juli–Aug (Informationen unter: www.schlosshofspiele-roth.de).

Altstadtfest am 2. WE im Sep.

26 Schwabach
Das Zentrum der Blattgoldschläger

Ort:

Kreisfreie Stadt in Mittelfranken. Rund 40 000 Einwohner.

Geschichte:

Bereits im 8. Jahrhundert besteht wahrscheinlich ein fränkischer Königshof. Erste urkundliche Erwähnung 1117 als »suabach«. 50 Jahre später fällt der Ort an das Zisterzienserkloster Ebrach. Marktrecht 1303, Stadtrecht 1375. Von 1364 bis 1791 untersteht Schwabach den Ansbacher Markgrafen, dann dem Königreich Preußen. Nach dem Dreißigjährigen Krieg Aufnahme von Hugenotten aus Frankreich und Glaubensflüchtlingen aus Österreich. 1806 bayerisch. Zu einem wichtigen Gewerbezweig wird neben den Betrieben der Nadler und Drahtzieher das Handwerk der Goldschläger.

Sehenswürdigkeiten:

Evangelische Stadtkirche. Rathaus. Königsplatz mit zwei Brunnen, Gaststätten und schönen Giebelhäusern. Apothekersgarten. Goldschlägerdenkmal und Goldschlägerwerkstatt. Franzosenkirche. Synagoge und Laubhütte. Stadtmuseum.

Dauer des Rundgangs:

Ohne Einkehr und Besuch des Museums 2–3 Std.

Anfahrt:

ÖPNV: Von Nürnberg direkt mit RE zum Schwabacher Bhf. *Kfz*: Von »Kreuz Nürnberg Süd« bis Ausfahrt 56 »Schwabach Süd«, rechts über Rother Str. zum Parkplatz am Bhf.

Hier ist wirklich Gold, was glänzt

Nichts hat die Stadt im 20. Jahrhundert so stark geprägt wie das Handwerk der Goldschläger, die in der Lage sind, Blattgold herzustellen.

Aus gerade mal vier Gramm Gold kann eine vier Quadratmeter große Fläche hauchdünnen Goldes geschaffen werden. Nicht nur der Goldene Reiter in Dresden, sondern auch die Siegessäule in Berlin, die Fackel der New Yorker Freiheitsstatue und der Pariser Invalidendom sollen ihre goldene Umhüllung den Schwabacher Goldschlägern verdanken. Das Handwerk existierte in Schwabach bereits im 16. Jahrhundert und erlebte seinen Höhepunkt in den 1920er-Jahren. Es gab 127 Werkstätten mit rund 1200 Arbeitskräften. Heute wird nur noch in fünf Betrieben Blattgold gefertigt, auch nicht mehr nur per Hand, sondern hauptsächlich mit Maschinen. Zentrum der Goldblattfabrikation ist Schwabach mit 40 Prozent der gesamten Weltmarktproduktion gleichwohl geblieben, und dass Gold in Schwabach nach wie vor eine überragende Rolle spielt, werden wir auf unserem Rundgang gleich mehrfach feststellen können.

Auf dem Weg zum Königsplatz

Vom Schwabacher Bahnhof ins Zentrum der Altstadt ist es nicht weit. Entlang der Bahnhofstraße links eine Reihe ansehnlicher Villen, rechts vor dem Übergang in die Ludwigstraße dann die kleine Dreieinigkeitskirche mit einem seit Längerem stillgelegten Friedhof. In der Ludwigstraße kommen wir kurz darauf zu der neoromanischen St.-Sebald-Kirche, gebaut Mitte des 19. Jahrhunderts. Es ist dies die erste katholische Kirche der Stadt, in der bis zu dieser Zeit die protestantische Konfession wie in allen Markgrafenstädten dominierte. Sehenswert der Hochaltar, das Werk eines aus Augsburg stammenden Malers. Vor Überschreiten der Ringstraße, am Rande des Sablaiser Platzes, unsere erste Begegnung mit Schwabachs wichtigstem Handwerk. Zu sehen ist eine Goldschlägerfigur mit Hammer und Schlagstein, so wie in früheren Zeiten gearbeitet wurde. Einige Tausend Schläge waren erforderlich, bis der gewünschte Feinheitsgrad von 0,0001 Millimeter erreicht war. Auf dem Sockel des Denkmals die Stadtwappen aus verschiedenen Jahrhunderten, einige mit zwei gekreuzten Bierschöpfen, denn Schwabacher Bier war bis in die 1920er-Jahre ein wahrer Exportschlager.

Auf der Ludwigstraße stoßen wir wenig später rechts auf den Mönchshof, hervorgegangen, wie die Historiker glauben, aus einem fränkischen Königshof. Nachdem das Gut an Kloster Ebrach gefallen war, entstand hier eine Zehnt- und Getreidescheune. Jetzt ist das

Anwesen ein schmuckes Fachwerkhaus. Anschließend sind es nur noch ein paar Schritte bis zum Martin-Luther-Platz. Links wieder schöne Fachwerkgebäude, rechts die evangelische Stadtkirche St. Johannes und St. Martin. Am Ostchor eine vergoldete Satellitenschüssel, ein Kunstwerk anlässlich der Schwabacher Kunsttage »Ortung« im Jahr 2007, ein Stück daneben, nahezu in Lebensgröße, die Skulptur des in Schwabach geborenen Adolph von Henselt. Der Klaviervirtuose und Komponist, eng befreundet mit Franz Liszt und Robert Schumann, war viele Jahre Hofpianist der Zarin sowie Generalmusikinspektor in St. Petersburg und zählt neben dem Wunderkind Jean-Philippe Baratier zu den

Das Rathaus, die Stadtkirche und der Schöne Brunnen am Marktplatz

bedeutendsten Persönlichkeiten der Stadt. Der Martin-Luther-Platz mündet übergangslos in den Marktplatz, der in Schwabach Königsplatz heißt, und hier werden wir länger bleiben, denn es gibt doch eine Menge zu sehen.

Rathaus und Stadtkirche

Beide stehen dicht beieinander, eine städtebauliche Rarität. Widmen wir uns zunächst dem Rathaus, dem prächtigsten Fachwerkbau der Stadt, gebaut 1528. Zu jener Zeit war das Gemeinwesen längst mit hohen Mauern und vier Türmen gesichert und zu einer der wichtigsten Städte im Fürstentum geworden. In den folgenden Jahrhunderten wurde das Gebäude mehrmals erneuert und umgebaut, bis in unsere Tage. An den Außenwänden farbige Wappen etlicher geistlicher und weltlicher Herrscher. An dem nördlichen Arkadenpfeiler eine Steinplastik, ein Mädchen mit einem Mühlstein, daneben ein Mann mit hohem Hut. Der Legende nach hatte eine mutige Müllerstochter 1632 im Dreißigjährigen Krieg den Bürgermeister und seine Familie in der Mühle versteckt und ihnen so das Leben gerettet. Dank großzügiger Spenden wohlhabender Bürger konnten 2002 die zwei Rathaustürme vergoldet werden. Mit Blattgold reichlich verziert ist gleichfalls der Rathaussaal, den man unbedingt anschauen muss. Vergoldet sind nicht nur die Wände, sondern ebenso die Decke, insgesamt mit 14 000 Blattgold-Plättchen.

Die in der zweiten Hälfte des 15. Jahrhunderts erbaute Stadtkirche lassen wir uns auch nicht entgehen. Der spätgotische Hochaltar, mit einer Höhe von über 15 Metern der größte Schreinaltar in Süddeutschland, stammt aus der Werkstatt des Nürnbergers Michael Wohlgemut, Lehrer von Albrecht Dürer. Einiges spricht dafür, dass Veit Stoß an der Gestaltung der Plastiken mitgearbeitet hat. Der Altar hat eine Werktags-, Festtags- und Passionsseite. Auch einige der sieben Seitenaltäre sind der Spätgotik zuzurechnen. Zu den herausragenden Kunstschätzen der Kirche gehören außerdem das Grabmal des Stifters Wallenrod, die Bildtafeln des Hans Baldung Grien, das Sakramentshaus des Sebolt Eschenbach, das Markgrafen-Wappen als Schlussstein im Chor sowie die Rosenberg-Kapelle mit den farbigen Glasfenstern des bedeutenden Nürnberger Glasmalers Veit Hirsvogel. Kein Zweifel, diese Kirche zählt zu den schönsten und wertvollsten Sakralbauten Frankens.

Rund um den Königsplatz

Hier widmen wir uns zunächst dem »Schönen Brunnen«. Markgraf Wilhelm Friedrich hatte den Bau 1715 in Auftrag gegeben und ist dort neben Figuren aus der griechischen Mythologie auch mit Ehefrau und Sohn Carl Wilhelm Friedrich, dem späteren »Wilden Markgrafen«, verewigt. Auf der Spitze des Obelisken breitet der Brandenburger Adler stolz seine Flügel aus, bereit zum Abflug in eine rosige Zukunft. Der Pferdebrunnen vor dem *Goldenen Stern* stammt aus der Posthalter-Zeit und ist einer der ganz wenigen seiner Gattung, der die Eisenbahn-Ära überlebt hat.

Der Rundblick vom »Schönen Brunnen« auf den Königsplatz ist grandios, aber man sollte auch herumgehen und sich alles genau anschauen, z. B. das barocke Gebäude der ehemaligen »Fürstenherberge«, in dem nicht nur Gustav Adolf und Wallenstein nächtigten, sondern in dem auch auf Anordnung von Kaiser Karl V. politische Gegner gefangen gehalten wurden. Die goldene Gans im First des Hauses verrät, dass man das Anwesen später als Wirtshaus nutzte. Famos ebenfalls die hohen Giebelhäuser auf derselben Seite des Platzes. In das Fachwerkhaus am Eck ist vor Kurzem das italienische Restaurant *Fabiano* eingezogen und hat den ehemaligen Gasthof »Weißes Lamm« ersetzt, in dem vom 5. auf den 6. November 1797 Geheimrat Goethe eingekehrt war. Prächtig ebenfalls das barocke Hugenottenhaus gegenüber. Nicht minder erwähnenswert *Gasthof Goldener Stern*, der dank seines vergoldeten Gasthausschildes kaum zu übersehen ist. Hier berieten vom 16. bis zum 19. Oktober 1529 die protestantischen Reichsstände die später so genannten »Schwabacher Artikel«, die zu einer wichtigen Grundlage der Augsburger Konfession wurden.

Goldschlägerwerkstatt und Apothekersgärtlein

Vom *Goldenen Stern* geht es rechts in die Höllgasse und gleich darauf links zur »Goldschlägerschauwerkstatt«, aufgebaut mit allem, was zu einer historischen Goldschlägerwerkstatt gehört. Die Abläufe bei der Herstellung von Blattgold werden durch Texte im Detail erläutert und veranschaulicht durch das, was hinter der Glasscheibe zu sehen ist. Zudem erfährt man viel Neues zur Geschichte der Blattgoldschlägerei, denn bereits vor 5 000 Jahren vergoldeten die Ägypter Sarkophage und Mumien mit Blattgold. In unmittelbarer Nähe der Werkstatt steht ein riesiges Goldei, das Geschenk der Goldschläger-Innung an die Stadt.

Blick vom Schönen Brunnen auf die Fürstenherberge am Königsplatz

Neben der gackernden Henne, die aufgeregt der Frage nachgeht, ob erst sie oder das Ei da war, kommen wir auf einem schmalen Gässchen zur Königstraße, die wir flugs überqueren und in das gegenüberliegende Gässchen weitergehen. Schon sind wir im sogenannten »Apothekersgarten«, einer Oase der Stille. Wo einst Heilkräuter gepflanzt und gezüchtet wurden, kann man jetzt Objekte der Schwabacher Kunsttage bestaunen. Schön auch das alte Sandsteintor, durch das man zum Schwabacher »Bürgerhaus« kommt, genutzt für kulturelle Veranstaltungen, wie beispielsweise anlässlich des jährlich stattfindenden »LesArt – Literaturfestivals« im November.

Im Franzosenviertel

Anschließend zurück in die Königstraße und links weiter Richtung Franzosenkirche. Die Straße ist voller Leben und umrahmt von stattlichen Bürgerhäusern. Besondere Aufmerksamkeit verdient Haus Nr. 11, ein gewaltiges Giebelhaus, nachgewiesen bereits 1410 – über mehrere Jahrhunderte lag auf dem Anwesen das Bierbraurecht. Die Königstraße mündet in die »Boxlohe«, und wir betreten damit das ehemalige Franzosenviertel. Wie schon erwähnt, hatte Markgraf Johann Friedrich 1686 auch in Schwabach verfolgte Hugenotten aufgenommen und mit zahlreichen Privilegien versehen, in der Hoffnung auf höhere Steuereinnahmen. Die überaus arbeitswilligen und frommen Franzosen konnten bereits 1687 ihre neue, mit markgräflicher Hilfe entstandene Kirche weihen, und bis Mitte des 19. Jahrhunderts wurde hier in französischer Sprache Gottesdienst gehalten. Wie von Reformator Calvin vorgegeben, ist die Kirche in jeder Hinsicht äußerst schlicht ausgestattet. Innen hängen zwei Gobelins mit dem Glaubensbekenntnis, dem Vaterunser und den Zehn Geboten. Der einzige Schmuck außen ist das Markgrafen-Wappen über dem Hauptportal. Hinter der Kirche dann das Geburtshaus des Wunderkinds Jean-Philippe Baratier, Sohn eines Hugenotten-Pastors. Der Junge beherrschte mit acht Jahren bereits fünf Sprachen, wurde mit 14 Mitglied der Preußischen Akademie der Wissenschaften und hielt drei Jahre später Vorlesungen an der Universität Halle. 19-jährig verstarb er an Krebs.

Pinzenberg und jüdisches Viertel

Rechts neben der Kirche führt ein Sträßchen zur Schwabach hinunter und über eine Brücke auf die andere Uferseite. Wie zu sehen und auf einer Info-Tafel zu lesen ist, wurde der Fluss Mitte der 1990er-Jahre renaturiert und fließt jetzt wieder gemächlich und ungehindert durch die Stadt. Auf dem freien Platz hinter der Brücke ein kugelförmiges Gebilde, aus zwei übereinanderliegenden Hälften zusammengesetzt, dazwischen schimmert Blattgold hervor. Geradeaus weiter, und wir kommen zu dem Teil der Stadtmauer, die dort einschließlich Wehrgang komplett erhalten ist. Danach rechts in die Mühlgasse abbiegen. In den Häusern Nr. 3 und 5 war die ehemalige Münzstätte, die Markgraf Albrecht Achilles 1470 hier eingerichtet hatte, um Schwabach zu einer der Hauptstädte seines Fürstentums zu machen. Der vorbeifließende Nadlersbach, abgeleitet von der Schwabach, sollte das Mühlrad der Stadelmannsmühle antreiben, einer Säge-, Getreide-, Schleif- und Walkmühle. Das Gebäude steht noch. Wir überqueren auf dem nach links abzweigenden Stadelmannsteg den Mittelbach und kommen zur Hördlertorstraße, auf der wir ein paar Meter nach links schlendern, um dann rechts in den »Pinzenberg« abzubiegen.

Das Brauwesen zählte zu den ältesten Gewerben in Schwabach – im 15. Jahrhundert gab es über 80 Brauereien. Keine davon ist erhalten geblieben, die letzte Brauerei gab 2010 auf. Zentrum des Brauwesens war auf dem Pinzenberg. Hier entstand auch ein weit verzweigtes Netz von Felsenkellern, das an die 18 Kilometer lang gewesen sein soll. Der Eingang in die Keller erfolgte durch halbhohe Türen im Erdgeschoss, die noch existieren und die wir beim Bummel durch die Straße nicht übersehen können. Gleich zu Beginn am Pinzenberg linker Hand erneut ein Kunstwerk, diesmal ein riesiges Rad, verziert mit Schwabacher Blattgold.

Am Ende des Pinzenbergs kommen wir zur Nürnberger Straße und können dort links den Rundgang über die Nördliche Mauerstraße fortsetzen oder zum Schwabacher Stadtmuseum aufbrechen, das etwas außerhalb liegt und zu Fuß in zehn Minuten leicht zu erreichen ist. Auch mehrere Buslinien fahren das Museum an. Ein Besuch lohnt sich wirklich, denn dort ist nicht nur die weltweit größte Vogel- und Ostereiersammlung zu bestaunen, sondern man wird auch mit der Technik des Goldschlägerhandwerks vertraut gemacht und lernt rund 2500 Exponate seltener historischer Blechspielwaren und Modelleisenbahnen der Spielwarenfirma Fleischmann kennen. Kaum vorstellbar, dass jemand von diesem Museum nicht begeistert ist! Eine volle Stunde muss allerdings eingeplant werden.

Ob nun Museumsbesuch oder nicht – der Rundgang wird in der Nördlichen Mauerstraße fortgesetzt. Wir biegen anschließend rechts in die Synagogengasse ein und sind damit im Zentrum der ehemaligen jüdischen Gemeinde. Die Synagoge (Haus Nr. 6) war 1938 an eine Brauerei verkauft und deshalb von den Nazihorden nicht zerstört worden, die Einrichtung allerdings ist nicht erhalten geblieben. Nun werden einige der Räume von der Volkshochschule genutzt. Nr. 5 gegenüber war das Haus des Rabbiners, in Nr. 10 entdeckte man vor einigen Jahren eine Laubhütte mit barocken Malereien, die sich auf die Fünf Bücher Mose beziehen. Seit Mai 2015 ist in diesem Haus eine Nebenstelle des Jüdischen Museums Franken untergebracht. Die Synagogengasse führt in die Nürnberger Straße zurück, auf der wir dann linker Hand in wenigen Minuten den Königsplatz erreichen.

Zum Schluss Entspannen und Erholen

Nach den vielen Eindrücken und Begegnungen dürfte es jetzt höchste Zeit für eine zünftige Einkehr sein, und wem die Geschichte der Stadt besonders am Herzen liegt, wird sich wahrscheinlich für den *Goldenen Stern* entscheiden. Ein attraktives Ambiente bietet auch *Café Prinz* in der Rathausgasse.

Der Rückweg zum Bahnhof bzw. zum Parkplatz ließe sich problemlos mit einem kurzen Abstecher durch den Schwabacher Stadtpark verbinden. Der Eingang zur Stadtparkstraße liegt rechts neben der

Ludwigstraße, unmittelbar nach Überschreiten der Ringstraße. Linker Hand erstreckt sich der Stadtpark. Mit seinen geschwungenen Wegen über bewaldete Wiesen, vorbei an einem Musikpavillon und einem Schwanenweiher, bietet der Park zu jeder Jahreszeit ideale Voraussetzungen zum Erholen und Entspannen.

Thilo Castner

Informationen:

Tourist-Information, Königsplatz 1, 91126 Schwabach, Tel. 0 91 22/86 02 41, www.schwabach.de

Stadtmuseum Schwabach, Museumsstr. 1, Tel. 0 91 22/83 39 33, www.schwabach.de/stadtmuseum, Mi–So u. Fei 10.00–18.00.

Jüdisches Museum Franken, Synagogengasse 10a, Tel. 09 11/77 05 77, www.juedisches-museum.org, Di–So 10.00–17.00, Führung So 12.00–17.00.

Einkehrtipps:

Gasthof Goldener Stern, Königsplatz 12, Tel. 0 91 22/23 35, www.trutschel-goldstern.de, Mo–So 11.00–23.00.

Café-Bar Prinz, Rathausgasse 2, Tel. 0 91 22/6 31 83 60, www.prinz-essen-trinken-feiern.de, Mo–Do 8.30–0.30, Fr u. Sa 8.30–2.00, So 9.00–0.30.

Buchtipps:

Daniel Gürtler: *Schwabach. Die Goldschlägerstadt*, Nürnberg 2012.

Sabine Weigand u. a.: *Historisches Stadtlexikon Schwabach*, Schwabach 2008.

Extras:

Wirtefest Mitte Juni.

Bürgerfest Ende Juli am letzten WE vor den bayer. Sommerferien.

Kunstausstellung »Ortung« in Abwechslung mit der »Goldschlägernacht« alle 2 Jahre Mitte Aug.

Literaturfestival LesArt mit renommierten Schriftstellern aus dem In- und Ausland Mitte Nov.

Zirndorf

Die Spielzeugstadt

Ort:

Kreisstadt im mittelfränkischen Landkreis Fürth. Knapp 26 000 Einwohner.

Geschichte:

Erste urkundliche Erwähnung Ende des 13. Jahrhunderts. Zunächst im Besitz der Reichsministralen-Familie von Berg. Der Ort wird im ersten Markgrafenkrieg von den Nürnbergern niedergebrannt; 1532 zerstört eine verheerende Feuersbrunst erneut halb Zirndorf. Die Markgrafen von Brandenburg-Ansbach übernehmen den Ort 1604. Im Juli 1632 Schlacht an der Alten Veste. 1791/92 fällt Zirndorf an Preußen, 1806 an Bayern. 1877 verleiht Ludwig II. das Marktrecht, 1911 Prinzregent Luitpold das Stadtrecht. Im 19. Jahrhundert wirtschaftlicher Aufschwung durch die Spielzeugindustrie.

Sehenswürdigkeiten:

St. Rochus Kirche mit zwei Pfarrhäusern. Etliche historische Fachwerkhäuser. Historisches Badhaus. Zirndorfer-Brauerei-Ensemble. Städtisches Museum. Turm der Alten Veste. Playmobil-FunPark.

Dauer des Rundgangs:

Ohne Einkehr, aber mit Abstecher zum Playmobil-FunPark und zur Alten Veste, 4–5 Std.

Anfahrt:

ÖPNV: Von Nürnberg über Fürth mit RB zum Bhf. Zirndorf (Dauer: ca. 10 Min.) *Kfz*: Ab Nürnberg A 73 Südwesttangente bis Ausfahrt »Fürth-Dambach/Zirndorf«, St 2244 bis zum Parkplatz am Bhf.

Die Geschichte hat es lange Zeit nicht gut gemeint mit Zirndorf, stand man doch immer im Schatten der Großstädte Fürth und Nürnberg. Die Reichsstadt Nürnberg hatte 1450 bei einem Überfall das Dorf einfach niedergebrannt. 1632 wurde rings um Zirndorf zwar ein Stück

Weltgeschichte geschrieben, als die Armeen von Wallenstein und Gustav II. Adolf hier aufeinandertrafen, doch brachte dies der Bevölkerung lediglich große Verluste an Hab und Gut und kostete viele das Leben. Besserung kam erst im Laufe der Markgrafenzeit und endgültig mit dem Anschluss an das Bahnnetz sowie mit der Entwicklung einer blühenden Spielzeugindustrie, die in der Playmobil-Fertigung ihren bisherigen Höhepunkt erreicht hat. Gegenwärtig ist Zirndorf eine moderne und lebendige Kreisstadt, die viele Überraschungen für ihre Besucher auf Lager hat.

St. Rochus und Zirndorfer Brauhaus

Wir verlassen das Bahnhofsgebäude, biegen in die gegenüberliegende Gartenstraße und anschließend rechts in die Schulstraße ein. Hier sehen wir auf der rechten Straßenseite eine alte Kunstschmiede, vor uns gleich danach den Gebäudekomplex der historischen Brauerei, die Markgraf Johann Friedrich 1674 ins Leben gerufen hatte und die inzwischen zum Tucher-Imperium gehört. Wir gehen nach links weiter

Pfarrhaus und links St. Rochus

und kommen in den Pfarrhof. Vor uns ist die evangelische St. Rochus Kirche, die wir uns genauer anschauen wollen. Bereits Anfang des 16. Jahrhunderts wurde das Gotteshaus nach dem Schutzpatron gegen die Pest benannt, der erst am Ende das Jahrhunderts, in den Jahren 1584–1608, viele Zirndorfer zum Opfer fielen. Die Anfänge der Kirche reichen ins 14. Jahrhundert zurück. Der vierseitige Turm ist spätgotisch, die barocke Innenausstattung entstand Anfang des 18. Jahrhunderts. Besonders sehenswert ist der prächtige Barockaltar, schön auch die umlaufende Empore mit Illustrationen von Geschichten aus dem Alten und Neuen Testament. Im anliegenden Kantoratsgebäude, das wie die Kirche aus rotem Sandstein besteht, wurde 1848 Carl Grillenberger geboren, der erste bayerische Sozialdemokrat, der als Abgeordneter in den Reichstag einzog (1881). Eine Gedenktafel, gestiftet von der fränkischen Arbeiterschaft, erinnert an den großen Politiker.

Wir gehen ein paar Schritte weiter und stehen dann unvermittelt vor dem historischen Gebäude der Brauerei Zirndorf. In großen Lettern sind die Ansbacher Markgrafen und das Gründungsjahr vermerkt – die Stadt hatte mit der Brauerei einen erheblichen wirtschaftlichen Aufschwung zu verzeichnen. Natürlich gibt es hier auch eine Brauereigaststätte. Vielleicht haben wir später Zeit, im dazugehörigen Biergarten ein frisch gezapftes Zirndorfer Bier zu probieren.

Auf der Hauptstraße zum Marktplatz

Wir befinden uns nunmehr auf der Rotestraße und widmen uns ganz den stattlichen Fachwerkhäusern. Am prächtigsten ist unbestritten das Alte Schlösschen, das vermutlich 1674 erbaut wurde und in dem sich der Ansbacher Markgraf einzuquartieren pflegte, wenn er sich denn in Zirndorf aufhielt. Die ehemalige Huf- und Wagenschmiede links neben dem Schlösschen, eines der ältesten Zirndorfer Häuser, besteht seit 1306 und wurde erst vor 50 Jahren geschlossen.

Links biegen wir jetzt in die Hauptstraße ab, und auch hier finden wir wieder äußerst bemerkenswerte Fachwerkbauten, so unter Nr. 11, 5 und 3. Geradezu grandios ist das Preißleinshaus mit der Nr. 3, einst Wohnsitz des Steuerbevollmächtigten. Links neben dem Gebäude ein alter Ziehbrunnen. Wir schlendern auf der Hauptstraße entspannt weiter und stoßen auf das ehemalige Badehaus, das im Sturm des Dreißigjährigen Kriegs zerstört worden war, danach aber wieder aufgebaut wurde und nunmehr ein griechisches Restaurant beherbergt. Vor dem Badehaus ist ein moderner Brunnen, von dem aus sich ein Rinnsal Richtung Rathausplatz dahinschlängelt, wohl in memoriam des Banderbachs, der in früheren Zeiten Zirndorf durchfloss.

Wir umgehen das Badehaus linksseitig und statten linker Hand dem Koppenplatz einen kurzen Besuch ab. Der Platz gehört zu den ältesten Stellen der Altstadt und ist umringt von historischen Sand- und Backsteinbauten. Am auffallendsten ist der Getränkemarkt, in dem das gute Zirndorfer Bier zu haben ist. Mitten am Platz befindet sich der Spielwaren-Brunnen mit Produkten der ansässigen Spielzeug-Industrie. Hinter dem Koppenplatz ragt der Turm von St. Rochus majestätisch in die Höhe, davor zwei stattliche Pfarrhäuser, das ältere aus dem Jahr 1710, das andere erbaut 1908.

Wir gehen zurück in die Hauptstraße, und sind gleichzeitig auf dem Marktplatz, der völlig neu gestaltet wurde und jetzt ein idealer Veranstaltungsort für Feste und Feierlichkeiten ist. Schwungvolle Stufen mit lustigen Playmobil-Figuren führen in die Platzmitte. Bei schönem Wetter kann man hier gemütlich sitzen und das anmutige Panorama in Ruhe genießen.

Blechgeklapper und Schlachtengetümmel

Danach geht's wieder zum Badehaus und zu dem links davon liegenden Rathausplatz. Der kleine Wasserlauf verschwindet hier, und unser ganzes Interesse gilt ab sofort dem Glockengießerhaus, einem prächtigen Fachwerkgebäude aus dem 17. Jahrhundert, so genannt, weil dort seinerzeit der Glockengießer Wolfgang Roth wohnte, der die Glocke für St. Rochus gegossen hatte. 1995 ist in das unter Denkmalschutz stehende Haus das Stadtmuseum eingezogen, und das wollen wir uns näher anschauen.

Da die Blechverarbeitung in Zirndorf nahezu 100 Jahre lang die wichtigste Einnahmequelle darstellte, ist das Untergeschoss des Museums ausschließlich der Spielwarenproduktion gewidmet. Bis zum Beginn des Ersten Weltkriegs gab es in der Stadt an der Bibert 30 Spielwarenbetriebe, in denen u. a. bunt bemalte kunstvolle Musikdosen, Kreisel, Autos, Motorräder und Blechtrompeten hergestellt wurden. In fünf Räumen ist dies alles in Vitrinen sorgfältig zu begutachten, und nicht nur junge Besucher werden ihre helle Freude an den vielfältigen Exponaten haben.

Dieses denkmalgeschützte Haus beherbergt das Städtische Museum Zirndorfs.

Nicht minder interessant ist das Obergeschoss. Wallenstein hatte 1632 rund um Zirndorf ein riesiges Heerlager angelegt, in dem 50 000 Soldaten sowie ein gewaltiger Tross von Männern und Frauen in Erdhütten und Zelten campierten. Der Schwedenkönig hatte sich vor Nürnberg verschanzt. Dieses Heerlager rund um die Alte Veste ist in einer Vitrine mit Zinnsoldaten anschaulich dargestellt. Außerdem erfährt man viel über das Leben im Dreißigjährigen Krieg, über die damals gängige Kriegstechnik und das sinnlose Töten und qualvolle Sterben. Die Schlacht hatte keine Sieger – Gustav Adolf fiel noch im selben Jahr bei Lützen, Wallenstein wurde 1634 in Eger ermordet. Mindestens eine halbe Stunde sollte man sich für das Museum Zeit lassen.

Zwei Highlights zum Schluss

Bevor der Rundgang fortgesetzt wird, dürfte nun erst einmal eine Wirtshauseinkehr fällig sein, und zünftige Gaststätten gibt es in Zirndorf wahrlich in Hülle und Fülle. Vielleicht will der eine oder andere noch ein paar Einkäufe tätigen, am besten wohl in der Nürnberger Straße, die vom Marktplatz in östlicher Richtung abzweigt. Zum Abschluss unseres Rundgangs bummeln wir dann aber auf jeden Fall vom Marktplatz aus die Fürther Straße entlang. Gleich links am *Gasthof Bub* befindet sich ein gut erhaltener alter Ziehbrunnen, anschließend rechts das neue Rathaus. Vor dem Sparkassengebäude ein pfiffiger Pfennigbrunnen, und am Ende der Straße ist auch schon wieder der Zirndorfer Bahnhof erreicht.

Wir könnten also jetzt die Heimfahrt antreten, doch viel verlockender wäre es doch, noch zumindest eines von zwei Highlights außerhalb der Altstadt kennenzulernen, den Playmobil-FunPark oder die Alte Veste. Wer die Alte Veste bzw. das Umfeld der Schlacht des Jahres 1632 sehen möchte, fährt mit dem Zug Richtung Fürth bis zur Haltestelle »Alte Veste«. Von dort aus hat man auf schmalem Waldweg in rund 15 Minuten den Aussichtsturm erreicht, den zu besteigen dann wahrscheinlich Ehrensache ist. Der Blick reicht über Fürth bis nach Nürnberg, und es spricht einiges dafür, dass Wallenstein von der Veste aus das Kriegsgeschehen gut verfolgen konnte. Neben dem Turm, der das ganze Jahr über zugänglich ist, gibt es ein gemütliches Restaurant mit traumhafter Terrasse.

Von der Haltestelle am Zirndorfer Bahnhof fährt stündlich Bus 151 zum FunPark. Hier erwartet die Besucher nicht nur ein Heer von Playmobil-Figuren in allen Größen, sondern auch eine mittelalterliche Ritterburg mit einem zehn Meter hohen Wachturm und unterirdischem Geheimgang, ferner ein kleiner See mit Wasserfall, Insel und Piratenflaggschiff, außerdem jede Menge Spielgeräte, Rutschen, ein Kletternetz, ein Indianerdorf, und das ist längst noch nicht alles. Neben dem Park gibt es einen Verkaufsraum, in dem zu haben ist, was Kinderherzen höher schlagen lässt. – Ein Besuch in Zirndorf ohne Abstecher zum FunPark ist eigentlich nur die halbe Miete.

Thilo Castner

Informationen:

Tourist-Information, Marktplatz 1, 90513 Zirndorf, Tel. 09 11/6 00 48 34, www.zirndorf-tourismus.de

Playmobil-FunPark, Brandstätterstr. 2–10, Tel. 09 11/96 66 17 00, www.playmobil-funpark.de, tägl. 9.00–18.00 (Juli–Mitte Sep bis 19.00), Biergarten und Mini-Golf mit längeren Öffnungszeiten im Sommer.

Städtisches Museum, Spitalstr. 2, Tel. 09 11/96 06 05 90, www.zirndorf.de/museum, Di–So 10.00–12.00 u. 14.00–17.00, Juli–Mitte Sep Di–So durchgehend geöffnet.

Einkehrtipps:

Goldener Löwe, Marktplatz 5, Tel. 09 11/69 97 71, Mo–Fr 11.30–14.00 u. 17.00–22.00, So durchgehend geöffnet, Di Ruhetag.

Gasthof Bub, Fürther Str. 5, Tel. 09 11/60 67 05, www.gasthof-bub.de, Mo–Sa 17.00–23.00, So 11.00–14.00, Do Ruhetag.

Gaststätte Zum Bauernwirt, Hauptstr. 12, Tel. 09 11/60 45 63, tägl. 11.00–14.00 u. 17.00–21.00, Mo u. Di Ruhetag.

Restaurant Der Kleine Grieche, Rathausplatz 3, Tel. 09 11/6 00 14 90, www.der-kleine-grieche-zirndorf.de, tägl. 11.30–14.00 u. 17.00–23.00.

Restaurant alte veste, Alte Veste 2, Tel. 09 11/92 31 88 55, www.restaurant-alte-veste.de, Di–So 11.30–14.30 u. 17.30–23.00, Mo Ruhetag (außer Fei).

Brauhaus Zirndorf, Rotestr. 8, Tel. 09 11/6 89 05 86, www.brauhaus-zirndorf.de, Mi–Fr 16.00–23.00, Sa, So u. Fei 11.00–23.00.

Café Eders, Spitalstr.1, Tel. 09 11/59 82 90 28, www.cafe-eders.de, Mi–Fr u. So 9.00–18.00, Sa bis 12.00, Mo u. Di Ruhetag.

Buchtipp:

Geschichtswerkstatt Zirndorf (Hg.): *Zirndorfer Geschichte und Geschichten*, Bd. 6, Zirndorf 2011.

Extras:

Frühlingsfest Ende März.

Brauereifest Ende Juni.

Weinfest im Zimmermannspark am 1. oder 2. WE im Sep.

28 Fürth

Religiöse Toleranz und Freude an urfränkischer Geselligkeit

Stadt:
Kreisfreie Stadt am Zusammenfluss von Rednitz und Pegnitz; gut 115 000 Einwohner.

Geschichte:
Erste urkundliche Erwähnung 1007. Marktrecht 1062 durch König Heinrich IV. Vom 15. bis Ende des 18. Jahrhunderts Aufteilung der Herrschaftsbefugnisse zwischen dem Bischof von Bamberg, den Markgrafen von Brandenburg/Ansbach und der Reichsstadt Nürnberg. Ab 1792 preußisch, ab 1806 bayerisch. Erst 1818 erhält Fürth die Stadtrechte erster Klasse. Im 18. und 19. Jahrhundert wird die Entwicklung der Stadt wesentlich von den in Fürth lebenden Juden mitbestimmt. Größere Zerstörungen bleiben der Stadt im Zweiten Weltkrieg erspart.

Sehenswürdigkeiten:
Rathaus. Stadttheater. 3 Kirchen. Gustavstraße. Jüdischer Friedhof. Stadtpark. Mehrere Museen. Prachtbauten aus der Gründerzeit.

Dauer des Rundgangs:
Ohne Museumsbesuch und Einkehr 3–4 Std.

Anfahrt:
ÖPNV: Von Nürnberg Hbf. mit Zug oder U-Bahn (Linie 1) zum Fürther Hbf. *Kfz*: Von Nürnberg Hbf. über Frankenschnellweg/B 8, Parkplätze am Hbf. oder im Parkhaus Comödie (Theresienstraße neben Berolzheimerianum).

Der Rundgang beginnt am Bahnhofplatz vor dem Centaurenbrunnen. Das 1890 geschaffene Kunstwerk symbolisiert die Bändigung der Naturkräfte durch Menschenhand und bezieht sich auf die Eröffnung der ersten deutschen Eisenbahnstrecke von Nürnberg nach Fürth 1835 sowie auf die Einführung einer zentralen städtischen Wasserversorgung 42 Jahre später. Wir verlassen den Platz in westlicher Richtung und folgen der Straße »An der Post« bis zur Schwabacher Straße, in die wir rechter Hand abbiegen. Infrage käme zuvor auch ein kurzer Abstecher, und zwar weiter geradeaus zum Berolzheimerianum, einem mächtigen Jugendstilgebäude, das der erfolgreiche Bleistiftfabrikant Heinrich Berolzheimer der Stadt 1906 gestiftet hatte und in dem jetzt die Fürther Comödie beheimatet ist.

Auf der Schwabacher Straße zum Rathaus

Ab der Maxstraße wird die Schwabacher Straße zur Fußgängerzone und damit zu Fürths wichtigster Einkaufsmeile mit Läden in fast jedem Haus. Schon von Weitem ist das Wahrzeichen der Stadt, der 55 Meter hohe und dem Palazzo Vecchio in Florenz nachempfundene Rathausturm zu sehen. Auf dem inmitten der Fußgängerzone stehenden Dreiherrschaftsbrunnen sind die drei Repräsentanten der 400-jährigen Herrschaft in Fürth dargestellt: Bambergs Bischof, die Ansbacher Markgrafen und ein Rat der Reichsstadt Nürnberg.

Am Kohlenmarkt erreichen wir das Fürther Rathaus. Das Gebäude links, jetzt Domizil der Volks- und Raiffeisenbank, war ehemals das »Kaufhaus Tietz«, Bayerns erstes Warenhaus. Vor dem Rathauseingang auf der Brandenburger Straße stoßen wir auf das Fürther Kriminalmuseum, untergebracht in den Kellerräumen des Rathauses mit Exponaten zur Polizei und Gerichtsbarkeit der Stadt, ergänzt durch spektakuläre Kriminalfälle aus Fürths Vergangenheit.

Während der Dienstzeiten steht das Rathaus für Besucher offen. Besonders schön sind das klassizistische Treppenhaus und der Rathaussaal im zweiten Obergeschoss. Hier können auch Porträts der Fürther Bürgermeister und verdienter Fürther Bürger wie des Wirtschaftspioniers Max Grundig, des Quelle-Versandhaus-Gründers Gustav Schickedanz und des ehemaligen Bundeskanzlers Ludwig Erhard bewundert werden. Gebaut wurde das Rathaus im klassizistischen Stil nach Plänen Eduard Bürkleins 1840–50. Besonders prächtig ist der Rathauseingang auf der Königstraße in Form eines klassizistischen Vorbaus. Einem Hinweis neben dem Eingang kann man entnehmen, dass hier einst das Geburtshaus von Wilhelm Königswarter stand, einem der großen jüdischen Sponsoren Fürths.

Prämiertes Sanierungsgebiet Gänsberg

Wir gehen auf der Königstraße weiter bis zum Obstmarkt und biegen links in die Mohrenstraße ein. In Haus Nummer 2 wurde 1826 Leopold Ullstein geboren, der, nachdem er in seiner Heimatstadt keine Entwicklungsmöglichkeiten vorgefunden hatte, in Berlin einen der größten deutschen Buchverlage gründete. Die rechts abzweigende Lilienstraße bringt uns in das Gänsbergviertel. Das Gebiet um den Löwenplatz war früher dicht besiedelt und in einem außergewöhnlich schlechten Zustand, sodass sich der Stadtrat Anfang der 1960er-Jahre dazu entschloss, alle Häuser zu entfernen und das Viertel völlig neu zu gestalten. Und das ist mit einer breit angelegten Allee, mit Ruhezonen und grünen Innenhöfen wie z. B. in Haus Nummer 7 auch hervorragend gelungen. Geradezu märchenhaft schön ist die Fassadengestaltung unmittelbar rechts vor dem Löwenplatz. Die rechts abzweigende Geleitsgasse führt zum Synagogenmahnmal aus rotem Granit, geschaffen 1986 von dem japanischen Künstler Kunihiko Kato und dort errichtet, wo 1938 Nazihorden mit der Synagoge das religiöse Zentrum der einst bedeutenden jüdischen Gemeinde zerstörten.

Grüner Markt und Gustavstraße

Weiter geht es die Geleitsgasse bis zum Grünen Markt, so genannt, weil hier früher ausschließlich landwirtschaftliche Produkte zu kaufen waren. Uns empfängt ein lustiger Gauklerbrunnen mit fantastischen Figuren – Kunstwerke des Bildhauers Harry Frey.

Bis zur Stadterhebung 1818 war der Marktplatz das Zentrum Fürths, und hier hatten der Bamberger Domprobst sowie der Markgräfliche Geleitsmann ihre Residenz. Alle Häuser am Marktplatz, und das gilt für sämtliche Anwesen im Alten Fürth, wurden nach dem Dreißigjährigen Krieg neu erbaut, nur die Kirche St. Michael hatte die Kriegswirren überstanden. Da damals keine Bauvorschriften existierten, stehen Fachwerkhäuser neben Steinbauten, und im 19. Jahrhundert kamen noch Schieferfassaden dazu. Unbedingt sehenswert sind die Innenhöfe beim *Goldenen Schwan* sowie bei den Häusern Nummer 5 und Nummer 10.

Auf dem Kirchplatz vor St. Michael steht eine Bronzebüste Wilhelm Löhes mit den Abbildungen seiner großen Verdienste. Die Kirche, mit deren Bau um 1100 begonnen wurde, ist das älteste Bauwerk Fürths und besticht durch die schöne und zugleich schlichte Gestaltung des

Der Grüne Markt mit der vor allem am Abend beliebten Gustavstraße im Hintergrund

Innenraums. Von der ursprünglichen Ausstattung ist jedoch nur das Sakramentshäuschen erhalten geblieben.

Die Gustavstraße, die wir jetzt entlangschlendern, verdankt ihren Namen dem schwedischen König Gustav Adolf, der sich in Fürth 1632 während der Kampfhandlungen an der Alten Veste aufhielt. Eigentlich passt hier nichts zusammen: Traufseitige neben giebelständigen Häusern, bald aus Fachwerk, dann aus Sandstein, schlicht und einfach oder dekorativ gestaltet, mal zwei-, mal vierstöckig, mal mit Mansarden-, mal mit Satteldach – und doch liegt in diesem scheinbaren Durcheinander der wunderbare Charme der Straße. Zudem reiht sich hier Wirtshaus an Wirtshaus, was für Fürther Verhältnisse allerdings nichts Ungewöhnliches ist. Denn schon 1604, damals lebten in Fürth 1500 Einwohner, hatte man bereits 35 Wirtshäuser, gegenwärtig sind es insgesamt 430. Die Fürther lieben eben Geselligkeit und eine stimmungsvolle Einkehr, wie Besucher in der Gustavstraße beim jährlichen Weinfest oder während der Fürther Kirchweih miterleben können.

Glanzlichter in der Königstraße

Nach einem Gasthausbesuch – vielleicht im *Grünen Baum*, wo einst auch Gustaf Adolf genächtigt haben soll – biegen wir gestärkt rechts in die Waaggasse ab und erreichen über den idyllischen Waagplatz wieder die Königstraße. Wir bleiben auf der linken Seite, passieren das Gasthaus *Schwarzes Kreuz*, eines der schönsten Sandsteinhäuser der Altstadt, überqueren die Henri-Dunant-Straße und stehen gleich darauf vor dem Jüdischen Museum, in dem über den Beitrag der Juden zum wirtschaftlichen und kulturellen Aufschwung der Stadt vor allem im 19. Jahrhundert informiert wird – zu jener Zeit machten die jüdischen Einwohner knapp ein Viertel der Gesamtbevölkerung aus und waren voll integriert. Besondere Museumsexponate sind eine Mikwe im Keller sowie eine historische Laubhütte. Wer sich für die vielfältigen Spuren der jüdischen Kultur in Fürth interessiert, sollte auch einen Besuch des in der Schlehnstraße befindlichen, und damit etwa acht Minuten Gehzeit entfernten, Alten Jüdischen Friedhofs nicht versäumen. Auf diesem kann anhand der Grabsteine (berühmter) jüdischer Bürger ein Streifzug durch die Geschichte Fürths von 1607–1936 unternommen werden. Die Besichtigung des Friedhofs ist allerdings nur im Rahmen einer Führung möglich.

Am Jüdischen Museum wechseln wir auf die rechte Straßenseite, passieren den Zugang zum City Center und kommen zum Stadttheater. Das im Neobarockstil erbaute, 1902 eingeweihte Gebäude ist das vielleicht prächtigste der Stadt, überwiegend finanziert durch großzügige

Grabsteine auf dem Alten Jüdischen Friedhof

Spenden jüdischer Mitbürger. An der Hauptfassade sind die Porträts von Mozart und Schiller angebracht. Nicht weit ist es dann zu Unserer Lieben Frau, der ersten katholischen Kirche in Fürth, die 1829 fertiggestellt wurde. Der helle Innenraum gefällt durch seine Strenge und Gradlinigkeit, die Deckenfresken mit Szenen aus dem Leben Mariens sind im Stil der Nazarener gehalten.

Vom Stadtpark zur Belle Époque

Die Königstraße geht in die Nürnberger Straße über, wir wechseln auf die linke Straßenseite und biegen kurz darauf in die Engelhardtstraße ein, die uns in den Fürther Stadtpark bringt. Hier erwartet uns mit Fontänenhof und Rosengarten, mit farbigen Blumenrabatten und exotischen Baumriesen ein echtes Gartenjuwel. Nach einem kurzen Spaziergang und der Besichtigung der Auferstehungskirche, die in das Naturparadies wunderbar eingefügt ist, wird wohl einer Ruhepause im *Stadtparkcafé* nichts im Wege stehen.

Unser Rundgang neigt sich dem Ende zu, aber noch steht ein letzter Höhepunkt bevor, Fürths Belle Époque. Von der Auferstehungskirche aus überqueren wir die Nürnberger Straße, gehen auf der Kirchenstraße bis zur Rudolf-Breitscheid-Straße und biegen hier nach links ab. Parallel dazu ist die Königswarterstraße, dazwischen eine breite Allee. Hier verlief die Trasse der ersten deutschen Eisenbahn »Adler« von Nürnberg nach Fürth, und hier entstanden in der Gründerzeit nach dem deutsch-französischen Krieg 1870/71 wahre Prachtbauten. Im Zuge der Industrialisierung hatte Fürth einen fulminanten wirtschaftlichen Aufschwung erlebt, aus Handwerksbetrieben waren durch Maschineneinsatz blühende Fabriken geworden.

Die Rudolf-Breitscheid-Straße geht über in die Hornschuchpromenade mit den großartigsten Bauten des Fürther Großbürgertums. Fassaden mit kunstvoll verzierten Giebeln und wundervollen Sandsteinornamenten, mit Portalen und Türmen, Säulen, Erkern und Blumengehängen an schmiedeeisernen Balkonen – es ist kaum möglich, die Vielfalt dieser Pracht angemessen zu beschreiben. Die hier wohnten, waren als Großhändler, Architekt, Bankier oder Fabrikant reich geworden und kannten keine Scheu, den erzielten Wohlstand nach außen zu zeigen. An der Jakobinenstraße machen wir kehrt und gehen jetzt die Königswarterstraße entlang, in der um die Jahrhundertwende ebenfalls viele Prachtbauten entstanden.

Der Stadtpark mit der Auferstehungskirche

Wir überqueren die Kirchenstraße und kommen kurz darauf zum Paradiesbrunnen. Symbolhaft dargestellt ist der Garten Eden mit Adam und Eva, mit Tieren, Baum und Wasserspielen, ein Werk des Künstlerehepaars Rumpf. Kurz darauf ist die Fürther Freiheit mit dem Wochenmarkt erreicht. Hier war auch der Endpunkt der Eisenbahntrasse Nürnberg–Fürth. Und auch unser Rundgang endet hier, denn links auf der Gustav-Schickedanz-Straße geht es direkt zum Fürther Hauptbahnhof und damit zum Ausgangspunkt unseres Rundgangs. Von den Highlights der Stadt haben wir natürlich längst nicht alles gesehen. Aber es spricht ja nichts dagegen, ein zweites Mal nach Fürth zu kommen und Versäumtes nachzuholen.

Thilo Castner

Informationen:

Tourist-Information, Bahnhofplatz 2, 90762 Fürth, Tel. 09 11/2 39 58 70, www.fuerth.de

Jüdisches Museum Franken, Königstr. 89, Tel. 09 11/9 77 48 53, www.juedisches-museum.org, Di–So 10.00–17.00.

Jüdischer Friedhof, Eingang Schlehenstr. (Infos unter: www.fuerth.de > Tourismus > Sehenswürdigkeiten).

Kriminalmuseum Fürth, im Rathaus, Eingang Ecke Brandenburger/Ludwig-Erhard-Str., Apr–Sep So 13.00–18.00, Okt–März So 13.00–17.00, www.kriminalmuseum-fuerth.de

Einkehrtipp:

Stadtparkcafé Fürth, Engelhardtstr. 20, Tel. 09 11/7 41 88 84, www.stadtparkcafe-fuerth.de, tägl. 9.00–23.00.

Ristorante Pinzimonio, Gustav-Schickedanz-Str. 7a, Tel. 09 11/9 79 20 67, www.pinzimonio.de, Mo–Fr u. So 11.30–14.30 u. 17.00–23.00, Sa 17.00–23.00.

Bistro Galerie, Gustavstr. 14, Tel. 09 11/77 61 66, www.bistrogalerie-fuerth.de, Mo u. Mi 11.30–14.30 u. 18.00–1.00, Di u. Do–Sa 18.00–1.00, So Ruhetag.

Gaststätte Kaffeebohne, Gustavstr. 40, Tel. 09 11/77 46 04, www.kaffeebohne-fuerth.de, tägl. 8.30-1.00.

Buchtipps:

Gabi Pfeiffer/Erich Malter: *Bilderbuch Stadt Fürth*, Fürth 2006.

K. Wasmeier/H. Arenz/P. Gruner: *Jede Menge Leben Nürnberg, Fürth und Erlangen*, Cadolzburg 2015.

Jo Seuß: *111 Orte in Fürth und Erlangen, die man gesehen haben muss*, Köln 2014.

Barbara Ohm: *Durch Fürth geführt. Bd. 1 Die Stadt zwischen den Flüssen*, Fürth 2001.

Extras:

Weinfest in der Gustavstr. Ende Juli (Informationen unter: www.weinfest-fuerth.de).

Michaelis-Kirchweih rund um den Kirchenplatz im Sep oder Okt (Infos unter: www.michaelis-kirchweih.de).

Grafflmarkt in der Innenstadt Mitte Juni u. Mitte Sep jeweils Fr 16.00–22.00 u. Sa 7.00–16.00.

29 Langenzenn
Ein kultureller Leuchtturm der Region

Ort:

Mittelfränkische Stadt im Landkreis Fürth. Inkl. der eingemeindeten Ortschaften etwa 10 500 Einwohner.

Geschichte:

Erste urkundliche Erwähnung 954 als »Cinna« in Verbindung mit Einberufung einer Reichsversammlung durch König Otto I. Fällt 1021 als Schenkung Kaiser Heinrichs II. an Erzbistum Bamberg und kommt 1248 durch Erbschaft an Nürnberger Burggrafen Konrad I. und damit an die Hohenzollern. 1329 der erhält Ort urkundlich seinen gegenwärtigen Namen durch das Recht, Münzen schlagen zu dürfen; Marktrecht, Halsgericht und Stadtrecht ebenfalls im 14. Jahrhundert. Im Städtekrieg der bayerischen Herzöge gegen den Schwäbischen Städtebund wird die Stadt 1388 von den Nürnbergern niedergebrannt. Zahlreiche Plünderungen während des Dreißigjährigen Kriegs. 1791 preußisch, 1806 von Napoleons Gnaden bayerisch. Beachtlicher wirtschaftlicher Aufschwung im 19. Jahrhundert.

Sehenswürdigkeiten:.

Stadtkirche mit Kloster und Kreuzgang. Kulturhof. Fronveste. Altes Rathaus. Neues Rathaus im ehemaligen Spital. Jugendhaus *Alte Post*. Heimatmuseum. Reste der alten Stadtmauer mit Lindenturm. Försterallee an der Zenn.

Dauer des Rundgangs:

Ohne Einkehr und Museumsbesuch 1 ½–2 Std.

Anfahrt:

ÖPNV: Von Nürnberg mit dem RE direkt (oder mit RB und Umstieg in Siegelsdorf) zum Bhf. Langenzenn.
Kfz: Von Nürnberg Südwesttangente und B 8 bis Nürnberger Str. in Langenzenn, dieser folgen bis zum Bhf.

Altes bewahren und Neues schaffen

Langenzenn gehört nicht zu den Orten, die nach ihrer bedeutenden Rolle im Mittelalter heute ein Schattendasein führen. Die Stadt hat weder versäumt, das historische Erbe zu erhalten und weiterzugeben, noch ist man im 19. Jahrhundert der Industrialisierung aus dem Weg gegangen. Der Heimatverein dokumentiert die Historie, 400 Unternehmen haben sich in neun Gewerbegebieten angesiedelt, das ganze Jahr über finden Konzerte, Theateraufführungen und Märkte statt, die Besucher aus allen Teilen der Region anlocken. Seit Kurzem ist Langenzenn auch »Fairtrade-Stadt«. – Dem Alten verbunden bleiben und aufgeschlossen sein für Neues, das ist das Lebensmotto dieser aktiven Stadt.

Zum Dreh- und Angelpunkt

Vom Langenzenner Bahnhof zur Innenstadt sind es rechts über die Nürnberger Straße nur ein paar Minuten. Am Denkmalplatz, vorbei am Jugendzentrum *Alte Post*, wo einst das Untere Stadttor stand, stoßen wir auf die Friedrich-Ebert-Straße und erreichen damit den alten Kern von Langenzenn. Kurz bevor rechts die Sanktustorstraße abzweigt liegt das ehemalige Spital, eine Stiftung des Nürnberger Burggrafen Friedrichs I. aus dem Jahr 1382. Die 1533 niedergebrannte Anlage wurde später durch ein neues Gebäude ersetzt, erweitert und immer wieder umgebaut. Inzwischen ist hier das Neue Rathaus heimisch geworden. Wir betreten den Innenhof und versorgen uns bei der Stadtverwaltung mit Unterlagen zum aktuellen Stadtgeschehen.

Weiter auf der Friedrich-Ebert-Straße gelangen wir auf den Prinzregentenplatz, Langenzenns Marktplatz. Gleich links befindet sich die stattliche Storchen-Apotheke, das ehemalige Wagendörfersche Haus mit einem schmucken Portal, erbaut anno 1716. Auf der gegenüberliegenden Seite sehen wir eine Reihe historischer Gebäude: rechts die Klosterschänke, daneben links das Alte Rathaus, die Fronveste, und – auf den Fundamenten der ehemaligen Friedhofskapelle – das Heimatmuseum; dahinter die evangelische Stadtkirche mit angrenzendem Augustiner-Chorherrenstift. Dieses außerordentliche Ensemble wollen wir uns nun in aller Ruhe anschauen.

Altes Rathaus, Fronveste, Friedhofskapelle

Die Klosterschänke, das ehemalige Gasthaus »Zum Roten Ross« aus der Zeit kurz nach 1700, wird heute als italienische Pizzeria geführt. Das nach Plänen des markgräflichen Baumeisters Karl-Friedrich von Zocha errichtete Alte Rathaus, ein zweigeschossiger Quaderbau mit Walmdach und Dachreiter, entstand in den 1720er-Jahren, der Vorgängerbau war dem Brand von 1720 zum Opfer gefallen. Genutzt wird das Rathaus gegenwärtig hauptsächlich für Sitzungen des Stadtrats.

Die Fronveste entstand wie das Alte Rathaus nach dem verheerenden Stadtbrand. Entworfen hatte es der markgräfliche Baumeister Steingruber. Man nutzte es als Gefängnis für Straftäter mit leichten Vergehen, das Untergeschoss diente zudem als Ziegenstall; im Obergeschoss wohnte der Stadtbüttel, der für Ordnung in der Stadt zu sorgen hatte. Nach einer umfassenden Sanierung zog 1995 der Heimatverein in die Fronveste ein, der hier einen Teil des Heimatmuseums installierte. Da der Platz für die zahlreichen Exponate nicht ausreicht, wurde und wird auch die ehemalige Friedhofskapelle als Museum genutzt. Zwischen Kirche und Kapelle hatte bis 1622 der örtliche Friedhof gelegen. Die Kapelle wurde danach mit einem malerischen Fachwerkgeschoss aufgestockt und als Lateinschule eingerichtet. Anhand vielfältiger Exponate

Im Innenhof des Kreuzgangs finden die Klosterhofspiele statt.

ist im Museum die Entwicklung der Stadt von der Frühgeschichte bis zur Gegenwart anschaulich dargestellt. Die Besuchszeiten sind begrenzt, daher bietet es sich an, einen individuellen Termin mit dem Heimatverein auszumachen.

Stadtkirche, Kreuzgang und Kloster

1409 gründeten die Nürnberger Burggrafen Johann III. und Friedrich VI., deren Vorfahr Burggraf Konrad I. 1248 das damalige »Cinna« geerbt hatte, das Augustiner-Chorherrenstift. Der Komplex aus Kirche, Kreuzgang und Kloster ist bis heute eine der größten Sehenswürdigkeit in Langenzenn. Wir schauen uns zunächst die Stadtkirche an. Was ist besonders sehenswert? In erster Linie wohl die herrlichen Altäre, z. B. in der Taufkapelle der Kreuzabnahmealtar, in der Rosenkapelle der Apostelaltar oder in der Sakristei der Jungfrauenaltar. Beeindruckend im Chorraum sind der riesige Christophorus und die zwölf Apostel. Im Chorgewölbe sind alte Farbfresken erhalten. Die in Gold gefasste Kanzel, das Werk des Fürther Schreinermeisters Sebastian Kirchner, ruht buchstäblich auf den Schultern von Moses, der in der Linken die Tafel mit den zehn Geboten hält. Auf der gegenüberliegenden Seite des Chors ein Verkündigungsrelief von Veit Stoß aus dem Jahr 1513. Viele der Kunstwerke sind beschriftet, sodass dem Besucher die Orientierung wesentlich erleichtert wird.

Aus der Zeit der Augustiner stammt das vierflügelige Klostergebäude. Nach Einführung der Reformation wurde das Kloster 1533 aufgehoben und danach eine Zeit lang als Kaserne genutzt, später als Schule. Seit 1988 hat die evangelisch-lutherische Kirchengemeinde die Räumlichkeiten mit ehemaliger Küche, Kapitelsaal und Refektorium gemietet. Der weitläufige Kreuzgang mit schönem Kreuzrippengewölbe verbindet die Kirche mit dem Klostergebäude und gilt als einzigartig in Franken. Im idyllischen Innenhof des Kreuzgangs finden im Sommer seit über 30 Jahren Theateraufführungen statt.

Kulturhof und Försterallee

Weiter nun auf der Hindenburgstraße. Nr. 28 ist ein stattliches Fachwerkhaus aus dem 17. Jahrhundert, Haus Nr. 23 gegenüber gefällt mit Fachwerk an der Ostseite, schön ist auch das vom Bezirk Mittelfranken prämierte Haus Nr.23a. Kurz darauf erreichen wir den *Kulturhof*, das neue kulturelle Zentrum Langenzenns mit denkmalgeschütztem Wirtshaus, mit Café und romantischem Innenhof. Auf dem Areal eines Kinosaals aus den 1960er-Jahren und eines ehemaligen Brauereigasthofs mit Scheunen, Stallungen und Kellern wird heute laufend zu Konzerten, Musicals, Theateraufführungen und Ausstellungen eingeladen.

Wenig später passieren wir die im Markgrafenstil und mit Mansardendach ausgestattete Gaststätte *Zum Deutschen Haus*. Auf Anregung des preußischen Ministers Hardenberg war in dem markanten Gebäude 1795 eine Seidenbandfabrik eingerichtet worden, die wenige Jahre später auch von König Friedrich Wilhelm III. und Königin Luise besucht wurde.

Vor dem Friedhofsgelände biegen wir rechts auf den Schießhausplatz ab und anschließend erneut rechts in die von Bäumen umsäumte lauschige Försterallee. Die gemächlich dahinfließende Zenn wird uns nun ein Weilchen begleiten. Rechter Hand sieht man gepflegte kleine Schrebergärten, dahinter die alte Stadtmauer. Es folgen ein Biergarten, ein fantastischer Abenteuerspielplatz mit Rutschen, Kletterfelsen und Labyrinth sowie ein Bewegungsparcours und eine Ruhezone. Dort eine Pause einzulegen liegt auf der Hand. Die Zenn verflüchtigt sich nach links, wir gehen geradeaus weiter, biegen rechts in die Sanktustorstraße ein und kommen erneut zur Friedrich-Ebert-Straße.

Von der Klosterstraße zur Oberen Stadtmauer

Unser Rundgang ist noch nicht zu Ende. Wir begeben uns ein zweites Mal auf den Prinzregentenplatz, den wir jedoch nicht überqueren. Vielmehr biegen wir vor der *Klosterschänke* in die Klosterstraße ein und befinden uns damit auf der Rückseite des wuchtigen Klostergebäudes. Die Häuser rechts sind teilweise einstöckig und schmal, aber wie beispielsweise das mit der Nr.2a durchaus attraktiv. Am Ende der Klosterstraße sehen wir ein gelbes Fachwerkhaus mit Ziehbrunnen. Links auf dem Hof vor dem Kloster befindet sich ein alter, gut erhaltener Backofen, der für Theateraufführungen und Stadtfeste ein paar Mal im Jahr angeschürt wird.

Rechts neben der Metzgerei Stillkrieg biegen wir in die Alte Zennstraße ein. Auf der rechten Seite passiert man die Stelle, auf der 1361 die erste burggräfliche Münzstätte der Hohenzollern eingerichtet worden war, die bis 1425 Bestand hatte. Die Alte Zennstraße bringt uns auf einem Linksbogen wieder zur Hindenburgstraße, auf der wir ein paar

Schritte weiter nach links gehen, um dann rechts den Eckertsberg hinaufzusteigen. Sobald wir die Ringstraße erreicht haben, halten wir uns erneut links; jetzt sind wir oberhalb der alten Stadtmauer. Am Ende der Ringstraße ist der im 12. Jahrhundert errichtete Lindenturm, der letzte Wehrturm der Stadt, gut zu erkennen. Er war 1889 baufällig geworden und teilweise eingebrochen, wurde aber in den 1950er-Jahren, v. a. auf Initiative des Heimatvereins, wieder komplett aufgebaut; im Rahmen einer Führung kann er besichtigt werden. Wir gehen anschließend auf der Oberen Ringstraße geradeaus weiter, biegen danach links in den Schreiberstorberg ab und kommen so mühelos wieder zum Prinzregentenplatz. Einer verdienten Einkehr dürfte jetzt wirklich nichts mehr im Wege stehen.

Zurück zum Bahnhof bzw. zum Parkplatz vom Prinzregentenplatz aus geht man am besten zunächst auf der malerischen Rosenstraße, der direkten Parallelstraße zur Friedrich-Ebert-Straße. Der Zugverkehr Richtung Nürnberg erfolgt halbstündlich, an Wochenenden und Feiertagen dagegen nur im Stundentakt.

Thilo Castner

Der Lindenturm, der letzte Wehrturm der Stadt, kann besichtigt werden.

Informationen:

Stadt Langenzenn, Friedrich-Ebert-Str. 7, 90579 Langenzenn, Tel. 0 91 01/70 30, www.langenzenn.de

Kulturhof Langenzenn, Hindenburgstr. 32, Tel. 0 91 01/70 36 37, www.kulturhof-langenzenn.de

Heimatverein Langenzenn, Prinzregentenplatz 15, Tel. 0 91 01/90 44 98, www.heimatverein-langenzenn.de

Heimatmuseum Langenzenn, Martin-Luther-Platz 4, Besichtigung nur am 1. So im Monat von 14.00–16.00 oder nach Vereinbarung (Tel. s. Heimatverein).

Einkehrtipp:

PanOlio in der Klosterschänke, Prinzregentenplatz 4, Tel. 0 91 01/538 23 44, Mo–So 11.30–15.00 u. 17.00–24.00.

Kulturhof Café, Hindenburgstr. 32, Mi–Sa 12.00–18.00, So 14.00–18.00, Tel. 0 91 01/9 05 25 78.

Buchtipp:

Michael Krone (Hg.): *Langenzenn. Vom Königshof zur Gewerbe- und Industriestadt*, Langenzenn 1988.

Michael Kroner/Martin Weber: *Langenzenn aus der Luft*, Langenzenn 2004.

Extras:

Altstadtfest auf dem Prinzregentenplatz am 2. Sa im Sep.

Trödelmarkt in der Altstadt Anfang Juni.

Bauernmarkt auf dem Prinzregentenplatz jeden 2. u. 4. Sa im Monat.

Regionalmarkt mit fränkischen Spezialitäten Ende Apr/Anfang Mai u. Ende Sep.

Klosterhofspiele Langenzenn von Juni–Aug (Infos unter: www.klosterhofspiele.de).

Weihnachtsmarkt in der Altstadt am 3. Advent.

Herzogenaurach

Wo Herkömmliches bewahrt und Neues geschaffen wird

Ort:

Größte Stadt im Landkreis Erlangen-Höchstadt. Ohne eingemeindete Ortschaften knapp 17 000 Einwohner.

Geschichte:

1002 erstmals urkundlich erwähnt als »Uraha«, von »ur« (Rind) und »aha« (fließendes Wasser), frei übersetzt »Viehtränke am Fluss« – wird später zu Aurach. 1021 Schenkung durch Kaiser Heinrich II. ans Hochstift Bamberg. Um 1348 Stadtrecht. Entwicklung zum Zentrum der Tuchmacherei. Pest und Heimsuchungen im Dreißigjährigen Krieg. 1803 preußisch. 1810 bayerisch. Im 19. Jahrhundert Blüte der Bekleidungs- und Schuhindustrie. Nach 1945 entstehen die Weltkonzerne PUMA und adidas.

Sehenswürdigkeiten:

Amtsschloss. Altes Rathaus. Türmers- und Fehnturm. Kirchenplatz mit St. Magdalena, Marienkapelle, Pfründnerspital und Seelhaus. Bürgerhäuser in der Hauptstraße. Stammhaus Dassler. Stadtmühle. Naturidylle an Aurach und Wiwaweiher.

Dauer des Rundgangs:

Ohne Einkehr 2–3 Std.

Anfahrt:

ÖPNV: Von Nürnberg mit RE bis Erlangen, am Busbahnhof weiter mit Bus 201 zur Haltestelle »An der Schütt/ Badgasse, Herzogenaurach«. *Kfz*: Von Nürnberg über Frankenschnellweg/A73 bis »Kreuz Fürth/Erlangen«, westlich auf A3 bis Ausfahrt 82 »Erlangen-Frauenaurach«, links über Niederndorfer Str. und anschließenden Hans-Ort-Ring, wiederum links über Kreisstraße ERH3, nach dem 2. Kreisverkehr rechts zum Parkplatz »An der Schütt«.

Mauerringe und viele Türme

Das alte Herzogenaurach bestand bis ins 15. Jahrhundert aus drei Teilen: aus der von Mauern umgebenen Burganlage, die Fürstbischof Lothar Franz von Schönborn später in ein Barockschloss umbauen ließ; dann aus dem ebenfalls ummauerten Kirchenplatz; und drittens aus der von den Ackerbauern, Handwerkern und Händlern bevölkerten Altstadt, die auch durch Türme und Mauerwerk geschützt war. Da die Einwohnerzahl beständig wuchs, entstand im 15. Jahrhundert zusätzlich ein zweiter, äußerer Mauerring mit Türmen und Toren, sodass der Besucher heute zwei unterschiedliche Rundgänge unternehmen kann.

Vom Türmers- zum Fehnturm

Von der Haltestelle »An der Schütt/Badgasse« kommen wir schnell in die Badgasse, so genannt, weil im Mittelalter hier die »Untere Badstube« war. Das Haus steht noch und ist zurzeit Sitz der Volkshochschule. Nach wenigen Metern stoßen wir dann auf die Herzogenauracher Hauptstraße und sind damit bereits im Zentrum der historischen Altstadt.

Was für eine fantastische Straße! Hier muss man mit offenen Augen mehrmals entlangschlendern, vom Türmersturm linker Hand, mit der Welschen Haube, zum Fehnturm auf der rechten Seite und wieder zurück, denn beim ersten Mal kann man die vielen Eindrücke gar nicht so schnell verarbeiten. Die Türme sind gut 28 Meter hoch und entstanden im 13. Jahrhundert. Von den vier sogenannten Scharwachttürmchen an der Spitze der Türme konnte der Türmer Stadt und Umgebung gut im Auge behalten und bei Feuer oder anrückenden Feinden rechtzeitig Alarm schlagen. An den Fundamenten sind die Turmmauern zwei Meter dick und verjüngen sich nach oben auf bis zu 25 Zentimeter. Der Fehnturm, benannt nach einer dort wohnenden Familie, war vorübergehend auch Gefängnis und beherbergt seit 1908 Exponate des Stadtmuseums.

Zwischen den zwei Türmen liegen 180 Meter. Obwohl nur teilweise eine Fußgängerzone, herrscht in der Hauptstraße zu jeder Tageszeit geschäftiges Treiben, vor und in den unzähligen Läden, Spezialgeschäften, Cafés, Wirtshäusern und Gasthöfen. Fast alle Fachwerk- und Steinhäuser stammen aus dem späten 17. und dem 18. Jahrhundert, denn im Dreißigjährigen Krieg war ja vieles untergegangen. An einigen

Giebelfassaden befinden sich Dach- und Aufzugserker, die einstigen Ackerbauerhäuser sind an den breiten Hofeinfahrten zu erkennen.

Etliche Häuser verdienen besondere Aufmerksamkeit. In Haus Nr. 20 wohnte Georg Denkler, der Begründer der Herzogenauracher Schuhindustrie. Als ab Mitte des 19. Jahrhunderts die bis dahin sehr erfolgreichen Handwerksbetriebe der Tuchmacher mit den mechanischen Webmaschinen im Ausland nicht mehr konkurrenzfähig waren, hatte Denkler die geniale Idee, aus Filzstoff Hausschuhe zu machen, und wurde so zum Wegbereiter der ersten städtischen Schuhfabrik 1884. Das älteste (derzeit nicht bewirtschaftete) Gasthaus der Stadt ist der »Gasthof Krone« auf der gegenüberliegenden Straßenseite, und auch das ehemalige Gasthaus »Zum Walfisch« neben dem Fehnturm, jetzt eine Buchhandlung, datiert aus dem 14. Jahrhundert. Gleich hinter dem Fehnturm links stoßen wir dann auf den Kiliansbrunnen. Der heilige Kilian, Wanderprediger und Märtyrer, soll hier 686 gepredigt haben, so die Legende. Die Brunnenfigur ist ein Werk der Herzogenauracher Künstlerin Maria Lerch, von der wir später noch ein weiteres Opus begutachten werden.

Vom Marktplatz zum Schloss

Noch angetan von den herrlichen Fachwerkfassaden in der Hauptstraße geht es nun auf den Marktplatz. Das Alte Rathaus, Baubeginn Anfang des 14. Jahrhunderts und barockisiert 1781, am Übergang von der Hauptstraße zum Marktplatz, ist ebenfalls ein wunderschönes Fachwerkgebäude. Bis 1968 hielt hier der Rat der Stadt seine Sitzungen ab. Das Erdgeschoss diente früher als Markthalle für Bäcker und Metzger, während unter dem Dach Tabak und Hopfen getrocknet wurden. In der Mitte des Marktplatzes steht der Georgsbrunnen, ringsum gibt es bei warmem Wetter Gelegenheit zum gemütlichen Kaffeetrinken und Entspannen. Zu den auffälligsten Gebäuden am Markt zählen sicherlich das *Gasthaus Zum Roten Ochsen* sowie das Giebelhaus Nr. 3 mit Fachwerk aus den Jahren vor Ausbruch des Dreißigjährigen Krieges.

Nun aber zum Schloss. Über dem Eingang zum Innenhof prangt das imposante Wappen des Bamberger Fürstbischofs von Schönborn, der den Schlossbau auf den Trümmern der im Dreißigjährigen Krieg zerstörten Burg veranlasst hatte. Burg wie Schloss waren Amtssitz des Bamberger Vogts, der Herzogenaurach zusammen mit dem Rat der Stadt zu verwalten hatte, außerdem oblag dem Vogt die hohe

Gerichtsbarkeit. In den zwei 1967 angebauten Flügeln sind die Stadtverwaltung sowie die Stadtbücherei und die Tourist-Information untergebracht. Im Schlossgebäude selbst befindet sich jetzt der *Ratskeller*. Vor dem neuen Rathaus steht die pfiffige Skulptur eines Schusters bei der Arbeit, und vor der Tourist-Information zwei überdimensionale Sportschuhe, ein Hinweis auf die immense Bedeutung der ortsansässigen Sportartikelindustrie.

Zum Kirchenbezirk

Wir verlassen den Innenhof über den Nordausgang. Linker Hand erblicken wir drei alte Sühnekreuze. Wir gehen rechts weiter, vorbei am Parkplatz, und biegen anschließend gleich rechts in den Steinweg ein. Unter der Nr. 5 beugt sich das älteste Bürgerhaus der Stadt. Der Fachwerkbau mit vorkragendem Obergeschoss ist vorbildlich saniert worden und steht nunmehr unter Denkmalschutz. Danach links halten, und schon ist der Kirchenplatz erreicht.

Ein Blick in die St.-Magdalena-Kirche sollte nicht versäumt werden, vor allem wegen des gewaltigen hölzernen Tonnengewölbes, das in dieser Größenordnung in ganz Franken ziemlich einmalig sein dürfte. Zu den äußerst sehenswerten Kunstgegenständen zählen der barocke Hochaltar und die beiden Seitenaltäre, das Sakramentshäuschen an der nördlichen Chorwand und der Taufstein aus dem 14. Jahrhundert. Am besten setzen wir uns kurz hin, um alles in Ruhe zu betrachten.

Danach schauen wir uns auf dem Kirchenplatz um. Eine Besonderheit ist da sicherlich die äußerlich unscheinbare Marienkapelle an der Nordostecke, mit der Figur des heiligen Sebastian in der Nische oberhalb des Eingangs. Der Kirchenplatz war bis 1827 als Friedhof genutzt worden. Aber da der Platz für Erdbestattungen bei Weitem nicht ausreichte, wurden die Gebeine der früher Bestatteten im Untergeschoss der Kapelle gelagert, im sogenannten Beinhaus oder Karner. Links neben der Kapelle erhebt sich ein Schulgebäude aus dem 19. Jahrhundert. Zunächst für die Fortbildung der Mädchen genutzt, ist es seit 1973 Sitz der städtischen Sing- und Musikschule. Gleich daneben steht das »Seelhaus«, eine Stiftung wohlhabender Bürger zur Betreuung durchziehender Pilger und verarmter Mitbürger. Das interessanteste Gebäude am Kirchenplatz ist aber sicherlich das Pfründnerspital. Finanziert hatte diesen spätmittelalterlichen Fachwerkbau der Tuchhändler Cunz Reyther aus Niederndorf mit der Bestimmung, dass hier Alte, Kranke und Bedürftige versorgt werden. Im Herbst 2000 zog das Stadtmuseum in die Räumlichkeiten des Spitals ein. Dort ist anhand von Bildmaterial, Originalurkunden und Zeugnissen dokumentiert, wie die Menschen im Laufe der Geschichte in Herzogenaurach lebten, wie sich das Handwerk der Tuchmacher und Wollspinnerinnen entwickelte und wie aus den Anfängen der Schuhmacherei die heute weltbekannte Sportschuhindustrie wurde. Zugänglich ist das Museum leider nur im Zuge einer Stadtführung oder für Gruppen nach vorheriger Vereinbarung.

Am äußeren Mauerring entlang

Den alten Kern der Stadt haben wir nun kennengelernt. Bevor wir unseren Rundgang entlang der äußeren Befestigungsanlagen fortsetzen, wäre vielleicht eine kleine Verschnaufpause mit Einkehr in einem Café oder Brauereigasthof angebracht. Wir können aber auch vom Kirchenplatz aus sofort starten. In diesem Fall gehen wir zwischen Mädchenschulhaus und Seelhaus die Engelgasse hinunter und biegen rechts in die Hintere Gasse ab. Rechter Hand, am Eck zur Reytherstraße, ist mit dem Lehensturm ein erster Zeuge des äußeren Mauerrings gefunden. Der Turm wurde wie die meisten der noch bestehenden Wehranlagen inzwischen zum Wohnhaus umgebaut. Das Fachwerk am Obergeschoss entstand Mitte des 15. Jahrhunderts.

Der Wiwaweiher diente früher als Reservoir für Stadt- und Schlossgraben.

Am Ende der Hinteren Gasse biegen wir links in die Straße »Am Rahmberg« ein. Der Schweinehirtenturm, der hier am Eck stand, ist als solcher nicht mehr erkennbar. Er wurde Mitte des 19. Jahrhunderts zum Wohnhaus ausgebaut. Erhalten geblieben sind dagegen Teile des Mauerrings rechts Am Rahmberg, an denen wir jetzt zügig voranschreiten. Wo die Straße nach links abzweigt, erwartet uns bereits der Rahmbergturm, gleichfalls zu einem schlichten Wohnhaus umgebaut. Wir orientieren uns nach rechts und kommen zum Wiwaweiher, idyllisch gelegen und von allerlei Wasservögeln in Besitz genommen. Im Mittelalter war von hier eine Wasserleitung zum Schloss angelegt worden.

Wir widerstehen tapfer der Versuchung, eine erneute Pause einzulegen, stapfen links auf schmalem Pfad, parallel zur Häuserzeile »Am Rahmberg«, durch einen Waldgürtel bis zur Bamberger Straße vor – hier erhob sich einst das Bamberger Tor – und überqueren die Straße. »Am Hirtengraben« geht es weiter. Beim Überqueren der Noppengasse passieren wir links den Schlehenturm, jetzt ebenfalls ein ganz normales Wohnhaus, und stehen kurz darauf rechts vor dem Stammhaus Dassler. 1924 gründeten Adolf und Rudolf Dassler, Söhne eines Filzpantoffelherstellers, eine gemeinsame Schuhfabrik, nachdem sie bereits vier Jahre vorher in der hauseigenen Waschküche mit der Herstellung von Sportschuhen experimentiert hatten. 1948 zerstritten sich die Brüder, Adolf gründete das Unternehmen adidas, Rudolf PUMA, beide Werke entwickelten sich bekanntlich zu Weltkonzernen.

Die Erfolgsgeschichte von adidas und PUMA begann hier, im »Stammhaus Dassler«.

Es geht weiter auf der Straße »Am Hirtengraben«, wo wir nach einem kleinen Wäldchen links den Mausturm passieren – hier war einst bei Betreten der Stadt die Maut zu entrichten; –anschließend erreichen wir die Würzburger Straße, das Würzburger Tor war an dieser Stelle bereits 1870 abgebrochen worden. Wer jetzt Ermüdungserscheinungen verspürt, könnte links in die Hauptstraße einbiegen. Man käme so zu der ehemaligen »Brauerei Polster«, einem sehr ansehnlichen Fachwerkgebäude, das inzwischen zu einer attraktiven Trattoria geworden ist, und wäre dann in wenigen Minuten wieder am Türmersturm. Wer hingegen noch ausreichend Puste hat, überquert die Würzburger Straße und setzt den Rundgang in der Tuchmachergasse fort. Nach der kleinen Brücke über dem künstlich angelegten Arm der Aurach ist die Stadtmühle erreicht, die bereits im Jahr 1348 existiert haben soll und bis 1974 in Betrieb war. Rechter Hand befindet sich dann, auf dem Gelände des mittelalterlichen Stadtweihers, ein modernes Schwimmbad, und linker Hand der kleine Pulverturm, ein restauriertes Relikt, denn das Original war im Laufe der Jahre ziemlich verfallen.

Die Tuchmachergasse bringt uns zur Steinernen Brücke. Von dort haben wir einen schönen Blick auf die gemächlich dahinfließende Aurach. Auf dem Brückengeländer thront eine anmutige Marienstatue von Maria Lerch, deren Kiliansfigur wir in der Altstadt schon bewundern durften. Wer sich bisher noch nicht gestärkt hat, wendet der Brücke den Rücken zu, geht geradeaus weiter und ist dann sehr bald über die Steggasse wieder in der Hauptstraße angelangt. Hier und auf dem Marktplatz findet man diverse Einkehrmöglichkeiten. Ansonsten geht man von der Brücke aus rechts zur Bushaltestelle bzw. zum Parkplatz »An der Schütt« und tritt die Heimfahrt an.

Herzogenaurach – eine Stadt mit Herz

Was hat der Stadtrundgang gebracht? Wer mit offenen Augen die zahlreichen Sehenswürdigkeiten wahrnimmt, wird begeistert sein von so viel lebendiger Geschichte und Weltoffenheit. Herzogenaurach besuchen bedeutet, eine Stadt kennenzulernen, in der es der Bürgerschaft auf wunderbare Weise gelungen ist, Herkömmliches zu bewahren und Neues zu schaffen.

Thilo Castner

Informationen:

Tourist-Information, im EG des Schlossgebäudes, Marktplatz 11, 91074 Herzogenaurach, Tel. 0 91 32/90 11 27, www.herzogenaurach.de

Stadtmuseum Herzogenaurach, Kirchenplatz 2, Tel. 0 91 32/73 51 20, Do 17.00–20.00, Sa u. So 14.00–17.00, zusätzliche Öffnungszeiten zu gesonderten Veranstaltungen u. Ausstellungen sowie für Gruppen auf Anfrage.

Einkehrtipps:

Gasthaus Zum Roten Ochsen, Marktplatz 4, Tel. 0 91 32/74 56 24, www.gasthaus-roter-ochse.de, Mo–Sa 11.30–14.00 u. 17.30–21.30, So u. Fei 11.00–14.30 u. 17.00–21.00.

Ratskeller Kneipenkultur, Marktplatz 11, Tel. 0 91 32/7 50 47 60, www.ratskeller-herzogenaurach.de, Di–Sa ab 18.00.

La Vecchia Trattoria – Zum Alten Gasthaus, Hauptstr. 71, Tel. 0 91 32/77 30 67, www.trattoria-negri.de, Mo–Fr 11.30–14.30 u. 17.30–22.00, Sa 17.30–22.00.

(Ausführliche Infos zu gastronomischen Besonderheiten der Stadt auf: www.genussguide-herzogenaurach.de)

Buchtipps:

Stadt Herzogenaurach (Hg.): *Aus der 1 000-jährigen Geschichte Herzogenaurachs*, Herzogenaurach 2002.

Stadt Herzogenaurach (Hg.): *Stadt Herzogenaurach. Bilder unserer Stadt*, Herzogenaurach 2010.

Extras:

Altstadtfest in der Innenstadt am WE nach Fronleichnam.

Sommerkirchweih auf den Weihersbachanlagen mit Live-Musik, Schaustellern u. fränkischen Spezialitäten über 10 Tage in der 1. Juli-Hälfte.

Mittelalterfest in der historischen Altstadt Anfang Aug.

Stadtführungen über die Tourist-Information, den Herzogenauracher Heimatverein (Tel. 0 91 32/99 77) u. den Kreisheimatpfleger Dr. Manfred Welker (Tel. 0 91 32/73 73 21).

Erlangen

Die perfekt geplante Barockstadt

Stadt:

Kreisfreie mittelfränkische Großstadt mit 105 000 Einwohnern.

Geschichte:

Der Name ist zurückzuführen auf eine Zusammensetzung der ahd. Wörter »erila« (Erle) und »wang« (Feld). 1002 wird die Stadt als »Erlangon« erstmals urkundlich erwähnt. Bis 1361 dem Bistum Bamberg zugehörig. Dann erwirbt Kaiser Karl IV. den Ort, der durch König Wenzel 1374 Marktrechte und 24 Jahre später das Stadtrecht erhält. Ab 1402 gehört die kleine Ackerbürgerstadt zum Markgrafentum Brandenburg-Kulmbach (später Brandenburg-Bayreuth). Im Dreißigjährigen Krieg fast völlig zerstört. Mit der Aufnahme vertriebener Hugenotten gegen Ende des 17. Jahrhunderts, für die Markgraf Christian Ernst neben der Altstadt eine Neustadt erbauen lässt, ab 1701 offiziell »Christian-Erlang« genannt, kommt es zu raschem wirtschaftlichen Aufschwung, der sich 1743 mit Gründung der Universität fortsetzt. Wird 1806 bayerisch und bleibt im Zweiten Weltkrieg unzerstört.

Sehenswürdigkeiten:

Gut erhaltene barocke Innenstadt. Schloss mit Schlossgarten und Orangerie. Aroma- und Botanischer Garten. Stadtmuseum. Altstädter Pfarrkirche und Hugenottenkirche. Burgberg mit Kellern, Skulpturengarten und Platenhäuschen.

Dauer des Rundgangs:

Ohne Einkehr und Museumsbesuch sowie ohne Abstecher zum Platenhäuschen ca. 3 Std.

Anfahrt:

ÖPNV: Von Nürnberg direkt mit RE zum Erlanger Hbf. *Kfz*: Von Nürnberg auf A 73 bis Ausfahrt 32 »Erlangen-Zentrum«, links über Münchener Str. zum Großparkplatz hinter Hbf.

Start unserer Tour ist der Erlanger Bahnhof – die Autofahrer kommen vom Großparkplatz über die Unterführung ebenfalls zum Bahnhofsausgang. Von dort aus biegen wir nach der Überquerung des Bahnhofplatzes rechts in die Calvinstraße ein. Eine Gedenktafel an dem Haus mit der Nummer 5 verweist darauf, dass hier einmal Goethe im damaligen Gasthof »Walfisch« genächtigt hat. Schon ist der Hugenottenplatz erreicht, und wir befinden uns vor der Hugenottenkirche, dem ältesten und besterhaltenen Bauwerk aus der Entstehungszeit der Erlanger Neustadt.

Die Hugenottenkirche ist das älteste Gebäude der Erlanger Neustadt.

Ausgangspunkt Hugenottenkirche

Als Markgraf Christian Ernst die aus Frankreich vertriebenen Anhänger des Schweizer Reformators Johannes Calvin nach Erlangen holte – die ersten kamen 1686 –, musste für die Glaubensflüchtlinge schnellstens Wohnraum geschaffen werden. Der markgräfliche Baumeister Johann Moritz Richter entwarf daraufhin eine barocke Idealstadt auf der Fläche von 324 mal 421 Metern. Von einer langen Mittelachse mit zwei Plätzen gingen rechtwinklig beiderseits Nebenstraßen ab, wobei Größe und Lage der Baugrundstücke feststanden und auch die Gestaltung der Fenster und Türen sowie die Höhe der Häuser normiert waren. Wir werden auf unserem Rundgang die Besonderheiten dieser barocken Planstadt detailliert kennenlernen, denn von der Bausubstanz aus der Gründungszeit ist etliches erhalten.

Die Umsetzung des Generalplans begann 1686 mit dem Bau der Hugenottenkirche, die mit 30 000 Gulden aus der markgräflichen Schatulle finanziert worden war. Eingeweiht wurde der »Temple« 1693, und 30 Jahre später war auch das Kapital zum Bau des Kirchturms vorhanden. 1698 lebten rund 1 000 Hugenotten in Erlangen, vier Mal so viel wie Deutsche. Anfängliche gegenseitige Aversionen konnten relativ zügig beigelegt werden, denn die französischen Protestanten erwiesen sich als fromme und fleißige Handwerker, als perfekte Hut- und Handschuhmacher, Weißgerber und Strumpfwickler. So wurde Erlangen dank der Hugenotten im 18. Jahrhundert zu einer Stadt der Manufakturen mit Produkten, die landesweit äußerst begehrt waren.

Grande Place und Schlossgarten

Wir verlassen den Hugenottenplatz und kommen auf der Hauptstraße zum Zentrum der historischen Neustadt, dem Grande Place, aufgeteilt in den Markt- und Schlossplatz. Hier lohnt es sich, ein wenig zu verweilen. Gleich links auf dem Marktplatz das repräsentative dreigeschossige Palais Stutterheim, in der ersten Hälfte des 18. Jahrhunderts von dem Amtshauptmann Stutterheim errichtet. Eine Zeit lang lebte die Erlanger Markgräfin Sophie Caroline in den von italienischen Fachleuten gestalteten Gemächern. Bis 1971 war dann das Gebäude Sitz des Erlanger Rathauses und beherbergt jetzt die Stadtbücherei, die Städtische Galerie und den Kunstverein. In der Mitte des Marktplatzes steht der prächtige Paulibrunnen, 1889 gestiftet von einem wohlhabenden

Kaufmannsehepaar. Die zwei sitzenden Bronzefiguren stehen symbolisch für den Gewerbefleiß der Stadt und für die Erlanger Universität.

Dominiert wird der Schlossplatz von der wuchtigen Schlossfassade. Markgraf Georg Wilhelm, der Sohn von Christian Ernst, gab den Schlossbau 1700 in Auftrag, vier Jahre später war die Residenz fertig und diente dann primär als Witwensitz, so ab 1764 für die schon erwähnte Markgräfin Sophie Caroline und ihren Hofstaat. Die von Markgraf Friedrich 1742 für Bayreuth gestiftete Universität wurde ein Jahr später nach Erlangen verlegt. Anlässlich der Hundertjahrfeier 1843 hat man dem Gründer der Universität ein Standbild inmitten des Schlossplatzes gewidmet. Nach einem verheerenden Schlossbrand 1814 und der Wiederinstandsetzung 1825 übertrug die bayerische Regierung das Schlossgebäude an die Erlanger Universität, die mit derzeit fünf Fakultäten, über 240 Studiengängen und beinahe 40 000 Studenten (zusammen mit Nürnberg) mittlerweile zu den größten Universitäten Deutschlands zählt.

Wir verlassen den Schlossplatz, gehen rechts am Schloss vorbei in den Schlosspark und steuern nun zielstrebig auf den monumentalen Hugenottenbrunnen zu, ein Werk des Bayreuther Hofbildhauers Elias Räntz und ein Geschenk der Markgräfin an ihren Mann. So steht denn auch Christian Ernst stolz auf der Spitze des Brunnens, ganz unten seine gehorsamen Untertanen, unentwegt damit beschäftigt, das sprudelnde Wasser aufzufangen. Das Prunkstück des Schlossgartens aber ist mit Sicherheit die erst vor Kurzem renovierte Orangerie, ein wahres Barockjuwel und eine ideale Kulisse für die jährlich stattfindenden Schlossfeste und Konzerte. Der Garten inspiriert zu einem kleinen Rundgang, beispielsweise zu der ebenfalls von Räntz geschaffenen Reiterstatue des Markgrafen und zu dem 1904 entstandenen Rückert-Brunnen – der Dichter, eng befreundet mit Graf von Platen, war 1826 als Professor für orientalische Sprachen nach Erlangen berufen worden.

Entlang der Hauptstraße zum Martin-Luther-Platz

Zwischen Schloss und Orangerie geht es wieder zurück zum Schlossplatz. Gleich rechts befindet sich das *Café Mengin*, an dem der Rundgang später noch einmal vorbeiführen wird. Auf allen Erlanger Straßen sind pausenlos Radler unterwegs, da heißt es aufpassen und bei jeder Straßenüberquerung in beide Richtungen schauen! Nunmehr

Juwel des Schlossgartens und beliebter Leseort während des Poetenfestes: die Orangerie

gilt unsere ganze Aufmerksamkeit aber der Hauptstraße, die sich zur Flaniermeile mit zahllosen Geschäften und Boutiquen entwickelt hat. Die durchweg zwei- und dreigeschossig traufständigen Häuser haben hier jedoch nicht mehr, wie ursprünglich geplant, einheitliche Fassaden. Schnurgerade ist die Straße angelegt, die Nebengässchen zweigen allesamt rechtwinklig ab, erst kurz vor dem Martin-Luther-Platz macht sie einen leichten Schwenk nach rechts. Hier stehen nun zwei historisch bedeutende Gebäude, das ehemalige Altstädter Rathaus, jetzt das Stadtmuseum, und die Altstädter Dreifaltigkeitskirche mit den Statuen der Markgrafen Christian Ernst und Georg Wilhelm auf der Frontfassade. Beide Gebäude lohnen einen Besuch. Das Gotteshaus ist eine auf ästhetische Schlichtheit angelegte Saalkirche mit umlaufenden Emporen, einem Kanzelaltar und einer Tiefenbach-Orgel. Der Turm gilt als Wahrzeichen der Stadt. Im Stadtmuseum wird u. a. sehr anschaulich gezeigt, wie entscheidend die Ansiedlung französischer Glaubensflüchtlinge für die Entwicklung Erlangens war und wie der Stadt später der Einstieg in die Industrialisierung gelang.

Vom Kirchenplatz zum Theaterplatz

Der Rundgang führt uns anschließend zum Altstädter Kirchenplatz, auf dem alljährlich Ende Juli/Anfang August das Altstadtfest stattfindet. Von den vormals 14 Altstädter Brauereien befanden sich hier einst sechs, eine davon in dem barocken Erichhaus. Heute ist keine einzige davon mehr in Betrieb. Der Kirchenplatz mündet übergangslos in den Theaterplatz. Wir biegen aber zunächst in die Kirchstraße ein, danach in die Schiffstraße, beide verlaufen parallel zur Hauptstraße. Das 1686 von dem markgräflichen Baumeister geschaffene symmetrische Raster ist hier komplett erhalten. Die Einheitlichkeit der Häuser auf schnurgerader Straße wirkt erstaunlich modern. Mit den vielen Kneipen, Cafés und malerischen Läden ist ein Flair zu erleben, dem man sich nur schwer entziehen kann. Unbestreitbar zählt Erlangen zu den schönsten Barockstädten in Deutschland.

An der Theaterstraße biegen wir links ab und erreichen den Theaterplatz. Hier stoßen wir auf das berühmte Markgrafentheater, das als das älteste erhaltene Barocktheater Süddeutschlands gilt. Daneben befindet sich der Redoutensaal, der für festliche Bälle gebaut wurde. Weitere 18 Häuser auf dem Theaterplatz stehen unter Denkmalschutz, so z. B. das Rokokohaus in Nummer 20. Die Theaterstraße bringt uns zur Loschgestraße, gleich rechts ist der Eingang zum Botanischen Garten, in dem sich längeres Verweilen durchaus lohnt.

Zwei Gärten der Extraklasse

Mit rund 4 000 Arten ist Erlangens Botanischer Garten einer der schönsten und reichhaltigsten in der Bundesrepublik. Pflanzen der verschiedensten Klimazonen und Vegetationsgebiete, von der arktischen Tundra

Der prächtige Zuschauerraum des barocken Markgrafentheaters

bis zu den tropischen Regenwäldern, kann man hier in artgemäßer Umgebung studieren. Den Besucher erwarten ein Alpinum sowie ein Subalpinum, ein Gewürz- und ein Arzneigarten, eine ökologisch-morphologische Anlage, mehrere Seerosenbecken und Gewächshäuser – und das ist längst nicht alles. Mindestens eine halbe Stunde sollte eingeplant werden, um die Pracht dieses Gartens voll auszukosten.

Anschließend zurück zur Loschgestraße. Wer eine Verschnaufpause einlegen will, hat es nicht weit zum *Café Mengin*. Der eine oder andere möchte den Rundgang vielleicht an dieser Stelle sogar schon abbrechen. Vor allem Natur- und Gartenfreunden aber sei ans Herz gelegt, unbedingt weiterzugehen, denn es stehen mit dem Aromagarten und dem Burgberg noch zwei Highlights aus, die zu versäumen wirklich schade wäre.

Deshalb also der Loschgestraße immer weiter geradeaus, über den Maximiliansplatz und unter der blauen Passentenpassage hindurch, zur Hindenburgstraße folgen. Nach dem Denkmal zu Ehren eines Jäger-Bataillons – Erlangen war viele Jahre lang Garnisonsstadt – biegen wir links in die Palmsanlage ein und erreichen nach wenigen Minuten rechter Hand den Aromagarten. Er entstand 1981, initiiert von Professor Karl Knobloch vom Institut für Botanik und Pharmazeutische Biologie, und war der Erste seiner Art in Deutschland. Dort ist alles an Pflanzen zusammengetragen, was die Natur an betörenden Düften und Essenzen zu bieten hat und was die Menschheit von jeher zur Heilung von Krankheiten und zur Befriedigung modischer Bedürfnisse zu nutzen verstand. Von April bis Oktober blüht und summt es hier, Bienen, Hummeln und Schmetterlinge tummeln sich auf Blüten und Blättern. Die 9 000 Quadratmeter große Anlage ist ein perfektes Ökosystem, in dem jede Pflanze in der ihr angemessenen Umgebung wachsen kann, sei es auf trockenem oder feuchtem Boden, im Schatten oder in praller Sonne, im Wasser oder auf steinigem Untergrund. Wer die Vielseitigkeit der Pflanzenwelt bislang noch nie richtig wahrgenommen hat – hier, in dieser größten »Apotheke« Bayerns, lässt sich das mühelos nachholen.

Über die Schwabach zum Burgberg

Wir setzen unseren Rundgang auf der Palmsanlage fort und biegen unmittelbar vor der Schwabachbrücke links in die Schwabachanlage ein. Dann weiter entlang der Schwabach, bis wir auf das Hinweisschild zum Skulpturengarten stoßen. Wir überqueren das Flüsschen und kommen auf dem Papelierweg zur Essenbacher und Rathsberger Straße. Vorbei am *Restaurant Bärengarten* geht es jetzt den 332 Meter hohen Burgberg zum Skulpturengarten hinauf, den der Landschaftsarchitekt Wolfgang Weinzierl angelegt hat und der später mit 17 großartigen Monumentalskulpturen des Erlanger Bildhauers Heinrich Kirchner bestückt wurde. Nach Bewältigung der etwa 50 Höhenmeter bewundern wir nicht nur die bronzenen Riesen des Künstlers, sondern genießen auch den herrlichen Ausblick auf die uns zu Füßen liegende Stadt. Eine kurze Verschnaufpause tut jetzt bestimmt wieder gut.

Der Burgberg ist auch das Mekka aller fränkischen Bierfans. Seit dem 21. April 1755 wird Pfingsten hier feucht-fröhlich gefeiert, inzwischen zwölf Tage lang mit mehr als einer Million Besuchern. Nach dem Abstieg vom Skulpturengarten gehen wir deshalb rechts auf der Straße »An den Kellern« weiter. Es folgt nun Keller auf Keller, in denen früher das Bier gelagert und kühl gehalten wurde. 1770 waren es bereits 50 000 Eimer, also etwa 3,2 Millionen Liter, die man dort mit dem begehrten Gerstensaft bunkern konnte. Die insgesamt 16 unterirdischen Gänge reichen bis 100 Meter tief in den Sandstein hinein, ein Keller durchdringt den Burgberg auf einer Länge von 861 Metern sogar völlig. Neben den Kellern befinden sich dann die Biergärten, in denen Abertausende von Bierfreaks während der Bergkirchweih ihren Durst löschen.

Am Altstädter Schießhaus führt der Weg über die Bergstraße zurück in die Innenstadt. Für Literaturliebhaber gäbe es zuvor aber noch etwas sehr Reizvolles, nämlich den Aufstieg zum Platenhäuschen. Einfach den Burgberg Richtung Wasserturm hinaufsteigen, über die Humboldtstraße zum Umhausener Weg gehen und dabei dem Hinweisschild »Platenhäuschen« folgen. Der bedeutende Dichter und Lyriker August Graf von Platen-Hallermünde hatte sich hier während seiner Erlanger Studienzeit niedergelassen und brachte dort später auch den Druck seiner Lustspiele (*Der gläserne Pantoffel* und *Der Schatz des Rhampsinit*) zum Abschluss.

Auf Umwegen zurück in die Innenstadt

Um den Rundgang zu beenden, gehen wir von der Bergstraße über die Kreuzung zur Bayreuther Straße und gelangen so zur Hauptstraße, die wir ja bereits kennen und die uns zum Hugenottenplatz und damit zum Ausgangspunkt bringt. Nimmermüde Besucher entscheiden sich aber vielleicht für einen kleinen Umweg und biegen kurz nach

Passieren der Schwabachbrücke rechts in die Nördliche Stadtmauerstraße ein. Die alte Stadtmauer ist hier teilweise gut erhalten, ebenso wie in der Westlichen Stadtmauerstraße, die wir über den Fuchsengarten erreichen. Am ehemaligen E-Werk, seit 1982 als Kommunikations- und Kulturzentrum mit ganzjährigen Programmangeboten genutzt, schwenken wir links in die Engelstraße und biegen gleich danach rechts in die Hauptstraße ein. Interessant wäre es auch, kurz darauf rechts in die Heuwaagstraße und anschließend in die Goethestraße zu schlendern. Die Häuserfront ist hier, entsprechend der ursprünglichen Planung, noch sehr einheitlich. Dennoch wird das aufmerksame Auge manche Besonderheit entdecken, z. B. die steinernen Hauszeichen einer Bäckerei (Goethestraße 30), die Abbildung von Handschuhen (Goethestraße 44) und außerdem schöne Verzierungen im Mauerwerk oder Hinweise auf bedeutende Persönlichkeiten. Auf der Goethestraße kommen wir direkt zum Bahnhofplatz.

Gesehen haben wir von Erlangen natürlich längst nicht alles, wie beispielsweise die reich ausgestattete Neustädter Kirche, das Loewenichsche Palais mit dem Erlanger Kunstmuseum oder die Arcaden, den neuen Einkaufstempel der Hugenottenstadt. Doch das lässt sich bei einem späteren Besuch ja sicherlich nachholen.

Thilo Castner

Informationen:

Tourist-Information, Rathausplatz 3, 91052 Erlangen, Tel. 0 91 31/8 95 10, www.erlangen-marketing.de

Stadtmuseum Erlangen, Martin-Luther-Platz 9, Tel. 0 91 31/86 23 00, www.erlangen.de/Stadtmuseum, Di u. Mi 9.00–17.00, Do 9.00–20.00, Fr 9.00–17.00, Sa u. So 11.00–17.00.

Botanischer Garten, Loschgestr. 1–3, Tel. 0 91 31/8 52 24 52, www.botanischer-garten.uni-erlangen.de, Freiland tägl. 8.00–16.00, Juni–Aug bis 17.30, Gewächshäuser Di–So 9.30–15.30, Aromagarten tägl. 7.00–18.00, Nov–März geschlossen, Eintritt frei.

Kunstmuseum Erlangen, Nürnberger Str. 9, Tel. 0 91 31/20 41 55, mit wechselnden Ausstellungen regionaler Künstler, geöffnet während der Ausstellungen Di–Fr 11.00–18.00, Sa, So u. Fei 11.00–16.00.

Einkehrtipps:

Hotel und Restaurant Altmann's Stube, Theaterplatz 9, www.altmanns-stube.de, Tel. 0 91 31/8 91 60, Di–Sa 12.00–13.30 u. 18.00–21.30, Mo u. So Ruhetag.

Hotel und Restaurant Der Graue Wolf, Hauptstr. 80–82, Tel. 0 91 31/8 10 60, www.grauer-wolf.de, tägl. 7.00–22.00.

Café Mengin, Schloßplatz 5, Tel. 0 91 31/2 19 69, Mo–Fr 8.00–18.30, Sa u. So 9.00–18.00.

Café Moravia, Theaterstr. 6, Tel. 0 91 31/8 29 22 22, www.cafemoravia-erlangen.de, Apr–Okt Mo–Sa ab 9.00, So 9.00–18.00, Nov–März Mo–Sa ab 10.00, So 10.00–18.00.

Buchtipps:

Martin Schieber: *Erlangen. Eine illustrierte Geschichte der Stadt*, München 2002.

K. Wasmeier/H. Arenz/P.Gruner: *Jede Menge Leben Nürnberg, Fürth und Erlangen*, Cadolzburg 2015.

Jo Seuß: *111 Orte in Fürth und Erlangen, die man gesehen haben muss*, Köln 2014.

Extras:

Internationales Figurentheater-Festival u. a. im Markgrafentheater u. Redoutensaal, alle 2 Jahre (mit ungerader Jahreszahl) in der 2. Woche im Mai (Infos unter: www.figurentheaterfestival.de).

Erlanger Bergkirchweih (das älteste Bierfest weltweit!) ab Do vor Pfingsten 12 Tage lang (Informationen unter: www.der.berg.ruft.de).

Erlanger Poetenfest im Schlossgarten am letzten WE im Aug (Infos unter: www.poetenfest-erlangen.de).

Internationaler Comic-Salon mit Veranstaltungen im gesamten Stadtgebiet am 2. WE im Juni alle 2 Jahre (mit gerader Jahreszahl) (Infos unter: www.comic-salon.de).

Höchstadt an der Aisch

Das Zentrum des Aischgründer Karpfenreichs

Ort:
Mittelfränkische Stadt mit Sitz der Verwaltungsgemeinschaft Höchstadt/Aisch. Ohne jüngste Eingemeindungen ca. 11 000 Einwohner.

Geschichte:
Erste urkundliche Erwähnung 1003 als »Hohestette«. Bis 1157 im Besitz der Grafen von Hohestette, fällt dann an Hochstift Bamberg. 1380 Stadtrecht. Starke Zerstörungen im Markgräflerkrieg und 1633 durch die Schweden. 1688 verheerender Brand in der Altstadt. 1806, nach 650-jähriger Bamberger Herrschaft, Eingliederung ins Königreich Bayern. 1892 Eisenbahnanschluss. 1920 Beginn der Industrialisierung.

Sehenswürdigkeiten:
Kirche St. Georg. Schloss. Marktplatz mit Rathaus und Brunnen. *Alte Mälzerei*. Kommunbrauhaus. Alte Aischbrücke. Heimatmuseum. Spixmuseum. Fortuna Kulturfabrik. Kellerberg.

Dauer des Rundgangs:
Ohne Museumsbesuch und Wirtshauseinkehr ca. 2 Std.

Anfahrt:
ÖPNV: Von Nürnberg mit RE, ab Erlangen mit Bus 203 oder 205 bis Haltestelle »Aischwiese«. *Kfz*: Von Nürnberg auf Frankenschnellweg/A 73 bis »Kreuz Fürth/Erlangen«, weiter auf A 3 bis Ausfahrt 80 »Höchstadt-Ost«, links über Hauptstr. zum Großparkplatz »Aischaue«.

Verkehrsberuhigt und attraktiv

Höchstadt liegt im Zentrum des Aischgrunds mit rund 1200 Teichwirten und über 7000 Teichen. Von den insgesamt ca. 3000 Hektar großen Gewässern stammt etwa ein Drittel der bayerischen Karpfen, insbesondere der begehrte Spiegelkarpfen. Mit Kellerbier und Karpfen allein kann eine Stadt auf Dauer allerdings nicht bestehen. Als infolge des stark anwachsenden Autoverkehrs in der Altstadt etliche Bewohner und Geschäfte an den Stadtrand abwanderten und die historische Altstadt zu veröden drohte, entwickelte die Stadt ein Konzept, durch das der Autoverkehr in die Außenbereiche verlegt und die Innenstadt attraktiver gemacht werden konnte. So sind in den letzten Jahren außerhalb der Altstadt moderne Großparkplätze entstanden und wurden zahlreiche Straßen, Plätze und Gebäude im Zentrum neu gestaltet, mit dem Ergebnis, dass Höchstadt inzwischen ein verkehrsberuhigtes touristisches Schatzkästlein geworden ist.

Gang um die historische Altstadt

Vom Parkplatz bzw. von der Bushaltestelle aus überqueren wir die Aisch, am besten auf der 700-jährigen »Alten Aischbrücke«, die 2009 umfassend saniert wurde. Die Statue des Brückenheiligen St. Nepomuk ist mit 300 Jahren nicht ganz so alt. Der Blick von hier über die Aisch auf das mächtige Schloss ist äußerst eindrucksvoll. Am Brückenende gehen wir gleich links auf dem Rad- und Fußweg weiter, und schon erreichen wir die 1348 erstmals erwähnte Stadtmühle, an der wir rechts durch das schmale »Mühl-Türli« hindurchschlüpfen. Das Schloss mit seinem hochragenden Mauerwerk ist von hier aus ein Ehrfurcht einflößender Koloss, und das war wohl auch von Anfang an so geplant: als Schutz- und Trutzburg, abgeschirmt mit einem Mauerring gegen etwaige Feinde. An der Fassade des Schlosses vorbei kommen wir zur eigentlichen Stadtmauer, entstanden als zweiter Befestigungsring Mitte des 14. Jahrhunderts, als die sich unterhalb der Burg ansiedelnden Bürger geschützt werden mussten. Wir werden jetzt der Mauer rings um die Innenstadt folgen und so einen ersten Eindruck von der Größe der historischen Altstadt erhalten.

Es ist hier sehr angenehm zu laufen – linker Hand die Aisch, rechter Hand der teilweise gut erhaltene und begrünte Befestigungsring, der mitunter auch für den Bau von Wohnhäusern genutzt worden ist. In einem großen Rechtsbogen, vorbei an einem Kinderspielplatz, biegen wir in die Dr.-Haas-Gasse ein – die Stadtmauer ist dort durch davorliegende Bebauungen nicht zu sehen. Wir überqueren die Hauptstraße und kommen zur Straße »Am Graben«. Ein Teil der Stadtmauer ist hier noch erhalten. Eine Inschrift erläutert, dass an dieser Stelle den

Blick von der Alten Aischbrücke auf das Schloss und die Nepomuk-Statue

Schweden, die anschließend die Stadt in Schutt und Asche gelegt hatten, am 10. März 1633 der Durchbruch gelang. Kurz darauf erreichen wir die Steinwegstraße, in die wir nach rechts einbiegen. Anschließend werfen wir einen Blick links in die Kleine Bauerngasse. Sehr schön anzusehen ist dort das grüne Fachwerkhaus.

Kirchplatz und Marktplatz

Von der Stadtmauer, die entlang der Steinwegstraße bis zur Stadtmühle angelegt war, ist nichts mehr vorhanden. Gegenüber der Kleinen Bauerngasse führen Treppen zum Kirchplatz. Damit sind wir nun in der Altstadt und schauen uns auf dem Platz genauer um. Mit dem Bau der St.-Georg-Kirche war bereits im 12. Jahrhundert begonnen worden. Verwendet wurde fränkischer Sandstein aus der näheren Umgebung. Die Schweden hatten das Gebäude nicht zerstört – die imposante Barockfassade mit dem Hauptportal sowie die oberen Turmgeschosse entstanden allerdings erst 1728–1730. Im Barockstil ist auch die gesamte Innenausstattung mit Chor, Kanzel und Orgel gehalten. Auf dem hier ausliegenden Faltblatt werden alle Figuren, Fresken und Symbole eingehend erläutert. Rechts neben der Kirche duckt sich der Eingang einer Ölberg-Grotte mit gotischen Tonfiguren. Dahinter erhebt sich das Geburtshaus des Dr. Georg Schätzel, der immerhin fünf Jahre lang Reichspostminister während der Weimarer Republik war.

Gleich daneben steht die *Alte Mälzerei*, die im Zuge der Stadtsanierung zu einem exquisiten Restaurant geworden ist.

Über Kirchgasse und die parallel verlaufende Hauptstraße kommt man zum Mittelpunkt der Altstadt, zum Marktplatz. Er ist ab 1995 weitgehend neu gestaltet worden: z. B. mit Granitsteinen fantasievoll gepflastert, und der historische Marktbrunnen wurde mit Bäumen und Bänken umrahmt. Im Sommer stehen auf dem Marktplatz Pflanztröge und Kugelbäumchen, und Touristen wie Einheimische tummeln sich vergnügt in Straßencafés und an Marktständen. Das neue Rathaus war von den Bamberger Fürstbischöfen ursprünglich als Kastenhof errichtet worden, war dann länger Sitz des Fürstbischöflichen Amtsmanns, anschließend Rentamt, und erst 1993 zog die Stadtverwaltung ein. Links neben dem Rathaus das schmucke »Dengler-Anwesen«, ein typisches Ackerbürgerhaus mit Zierfachwerk, errichtet 1625, von den Schweden acht Jahre später niedergebrannt, aber nach Beendigung des Dreißigjährigen Krieges wiederaufgebaut. Bevor wir uns dem Alten Rathaus zuwenden, betrachten wir aufmerksam die Figur an der Ecke zur Hauptstraße. Wie auf der seitlich angebrachten Inschrift zu lesen, ist dies der in Höchstadt geborene Mediziner und Zoologe Johann Baptist Ritter von Spix, über dessen Leben und Wirken wir später im Spixmuseum noch mehr erfahren werden.

Die katholische Stadtpfarrkirche St. Georg

Von Museum zu Museum

Nun also zum Alten Rathaus auf der gegenüberliegenden Seite der Hauptstraße. Hoch oben, auf der Spitze des Turms, befindet sich ein Storchennest, in dem sich Familie Adebar jahrein, jahraus friedlich niederlässt und das inzwischen zu einem Markenzeichen der Stadt geworden ist. 1983 konnte das seit 1926 bestehende Heimatmuseum in das »Storchenrathaus« einziehen. Eine Besichtigung ist wirklich sehr zu empfehlen. In den 14 Räumen wird nicht nur über die regionale Früh- und Spätgeschichte informiert, sondern ebenso über die früheren Lebensverhältnisse der Bewohner, über Zünfte, Handwerksberufe, die bäuerliche Teichwirtschaft und bedeutende Persönlichkeiten der Stadt. Ein Unikat ist die aus Hobelspänen gefertigte Zunftfahne der Schreiner und Schlosser. Eine Stunde wird kaum reichen, um auch nur das Interessanteste anzuschauen.

Beiderseits des Alten Rathauses sind prächtige Fachwerkhäuser zu bewundern, z. B. Haus Nr. 7 und das ehemalige Hotel »Alte Schranne« in der Hauptstraße. Nr. 4 ist das einzige Rokokohaus der Stadt. Durch das stattliche Stadttor, den besterhaltenen Teil des Befestigungsrings, gelangen wir zum Schillerplatz und gehen rechts auf der Brückenstraße weiter, vorbei an Gasthaus und Brauerei *Blauer Löwe*. Dann steigen wir rechts die Treppen hinauf zum Schloss, dessen Konturen wir ja bereits von der Aisch aus gesehen haben. Mit dem Bau des mächtigen Gebäudes war im 11. Jahrhundert begonnen worden, und 1714/15 hatte dann Johannes Dientzenhofer im Auftrag von Fürstbischof Schönborn die Anlage barock umgestaltet. Ein Teil des Schlosses ist jetzt Nebenstelle des Landratsamtes.

Wir gehen anschließend den »Schloßberg« hinab, biegen links in die Badgasse ein und erreichen so das 2004 eröffnete Spixmuseum, Geburtshaus des bedeutendsten Sohnes der Stadt. Anhand von Schautafeln, Exponaten und einer computergesteuerten Audio- und Videoeinrichtung wird die wechselvolle Lebensgeschichte des erfolgreichen Brasilienforschers dokumentiert. Spix hatte von 1817 bis 1820, zusammen mit dem Botaniker von Martius, auf Anregung von König Maximilian I. an einer Expedition nach Südamerika teilgenommen und war mit einer riesigen Ausbeute von Pflanzen, Säugetieren, Vögeln, Amphibien und Fischen zurückgekehrt, die später zur Grundlage der heute noch bestehenden Zoologischen Staatssammlung in München wurden. Hauptattraktion der Ausstellung ist das

Urwalddiorama, ein plastisch gestaltetes Schaubild mit Urwaldtieren und ihren Geräuschen. Einfach fantastisch! Unwillkürlich fragt man sich beim Verlassen des Museums, wie es kommt, dass von den großartigen wissenschaftlichen Leistungen dieses Gelehrten, der auf eine Stufe mit Alexander von Humboldt gestellt wurde, so wenig bekannt ist.

Über Gerber- und Brauhausgasse wieder zum Marktplatz

Am Ende der Badgasse biegen wir rechts in die Gerbergasse ein. Die Stadtmauer ist jetzt linker Hand. Wir bewundern einen kleinen Garten und drei wunderschön restaurierte Häuser, farblich perfekt abgestimmt in Gelb, Rot und Blau. Auf dem kleinen Platz »In der Brannerstatt« stoßen wir erneut auf zwei schöne Hausfassaden. Gleich daneben erhebt sich das ehemalige Kommunbrauhaus, ein Barockgebäude aus dem Jahr 1741. Es entstand, als der Fürstbischof das Bierbrauen in den Privathäusern untersagt hatte und fortan nur hier gebraut werden durfte. Nach umfangreichen Renovierungsarbeiten ist jetzt im Untergeschoss des Brauhauses ein kleiner Saal sowie das Stadtarchiv untergebracht und im Obergeschoss ein großer Sitzungssaal für den Stadtrat und für kulturelle Veranstaltungen entstanden. Die Obere Brauhausgasse bringt uns dann zügig zum Marktplatz, und damit wäre der zweistündige Rundgang eigentlich zu Ende.

Lust auf Kellerberg oder Kulturfabrik?

Natürlich ist es nun erst einmal Zeit für eine Einkehr, vielleicht in der *Alten Mälzerei* oder in der *Pizzeria Saporito*. Danach würden sich zum Abschluss für alle, die unternehmungslustig sind, noch zwei zusätzliche Highlights anbieten. Da wäre einmal die »Fortuna Kulturfabrik« in der Bahnhofstraße, auf der anderen Seite der Aisch, hervorgegangen aus dem 1923 gegründeten Fabrikgebäude der Firma Manz. Zu erreichen ist die Kulturfabrik von der Aischbrücke aus zu Fuß in nur fünf Minuten. Während die Kulturfabrik mit Theateraufführungen, Vorträgen und Konzerten das ganze Jahr über wahrscheinlich in erster Linie Kulturbeflissene anspricht, dürfte der Kellerberg, der »Bierbauch von Höchstadt«, wohl etwas für Genießer des gepflegten Gerstensaftes sein. Entlang der Kellerbergstraße, in etwa zehn Minuten von der Hauptstraße über die Bamberger und Kellerstraße erreichbar, stößt man auf 22 kleine Häuschen, von denen jeweils eine Tür zu einem wahren Labyrinth von Stollen und Gängen mit einer Gesamtlänge von 2 000 Metern führt. In Kellerberg 22 befindet sich dann das famose *Speiselokal Weberskeller*, mit delikaten Karpfengerichten das ganze Jahr über, nicht nur in den Monaten mit dem Buchstaben »R«. Wer hier war, versteht, dass Höchstadt auf ewig mit zwei Dingen verbunden sein wird: mit Kellerbier und Karpfen.

Thilo Castner

An der Aisch führen zahlreiche idyllische Wanderwege entlang.

Informationen:

Tourismuszentrale der Ferienregion Karpfenland Aischgrund, Obere Brauhausgasse 3, 91315 Höchstadt/Aisch, Tel. 0 91 93/62 61 58, www.karpfenland-travel.com

Heimatmuseum Höchstadt, im »Storchenrathaus«, Ecke Hauptstr./Marktplatz, Tel. 0 91 93/34 62, www.heimatmuseum-hoechstadt.de, jeden 2. So im Monat 14.00–16.00 oder nach Absprache.

Spixmuseum, Badgasse 7, Tel. 0 91 93/16 17 (Spixverein), www.hoechstadt.de, an jedem 1. u. 3. So im Monat 14.00–16.00 oder nach Absprache.

Fortuna Kulturfabrik, Bahnhofstr. 9, Tel. 0 91 93/5 03 31 60, www.fortuna-kulturfabrik.de

Kellerbergverein Höchstadt/Aisch, Sudetenstr. 20, Tel. 01 71/4 16 42 32, www.kellerberg-hoechstadt.de

Einkehrtipps:

Restaurant Alte Mälzerei, Steinwegstr. 1a, Tel. 0 91 93/50 44 11, www.alte-maelzerei-hoechstadt.de, Di–Sa 16.00–23.00, So 11.00–14.00 u. 17.00–23.00.

Gasthaus Blauer Löwe, Schillerplatz 8, Tel. 0 91 93/6 06 97 50, www.gasthaus-blauer-loewe.de, Di–Do 17.00–24.00, Fr–Sa 11.00–14.00 u. 17.00–24.00, So 10.00–14.00.

Ristorante Pizzeria Saporito, Obere Brauhausgasse 4, Tel. 0 91 93/5 07 10 50, www.saporito-höchstadt.de, Mo u. Mi–So 11.00–14.00 u. 17.00–23.00, Di Ruhetag.

Speiselokal Weberskeller, Kellerberg 22, Tel. 0 91 93/83 95, www.weberskeller.de, Mo–Mi u. Fr–So 11.00–14.00 u. 17.00–22.00.

Buchtipp:

Anton Wölker: *Aus der Geschichte der Stadt Höchstadt a. d. Aisch*, Höchstadt 1979.

Extras:

Kellerbergfest am »Petersbecks-Keller« am 1. oder 2. WE im Aug.

Altstadtfest auf den Festplätzen und Straßen der Innenstadt am letzten Aug-WE (Infos über den Kellerbergverein, s. o.).

Nürnberg

Noch immer ein »Schatzkästlein«

Stadt:

Mittelfränkische Wirtschaftsmetropole. Ca. 510 000 Einwohner.

Geschichte:

Erste urkundliche Erwähnung 1050 als »Nórenberc«. 1219 erhält »Nurinberch« durch Kaiser Friedrich II. den großen Freiheitsbrief, wird im Laufe des 13. Jahrhunderts Reichsstadt. Weitere Privilegien und Zollfreiheiten unter Kaiser Ludwig dem Bayern. Kaiser Sigismund legt 1423 die Stadt als ewigen Aufbewahrungsort der Reichskleinodien fest. Mit Albrecht Dürer, Veit Stoß, Adam Kraft, Peter Vischer, Martin Behaim u. a. um 1500 kulturelle Blütezeit; ist im ausgehenden Mittelalter neben Köln und Augsburg größte und bedeutendste Stadt des Reichs. 1806 an Bayern; Ende des 19. bzw. Anfang des 20. Jahrhunderts Entwicklung zu bayerischem Industriezentrum. In Bombennächten des Zweiten Weltkriegs schwer getroffen, Altstadt fast völlig vernichtet. Mustergültiger Wiederaufbau der Innenstadt seit Mitte der 1960er-Jahre weitgehend abgeschlossen.

Sehenswürdigkeiten:

Fast komplett erhaltene Stadtumwallung. Handwerkerhof. Mauthalle. Lorenz- und Sebalduskirche. Hauptmarkt mit Schönem Brunnen und Frauenkirche. Rathaus mit Lochgefängnissen. Kaiserburg und Burggarten. Spielzeugmuseum. Albrecht-Dürer-Haus. Fembohaus. Weißgerbergasse. Weinstadel und Henkersteg. Straße der Menschenrechte. Germanisches Nationalmuseum. Neues Museum für Kunst und Design.

Dauer des Rundgangs:

Ohne Museumsbesuch und Wirtshauseinkehr rund 3 Std.

Anfahrt:

ÖPNV: Treffpunkt Handwerkerhof vor dem Hbf.

Kfz: Parkmöglichkeiten im Parkhaus am Hbf.

Nürnberg an einem Tag erschöpfend kennenzulernen, ist natürlich ein Ding der Unmöglichkeit. Wir werden uns auf unserem Rundgang deshalb ausschließlich der Altstadt widmen und auch von dieser nur einen Teil anschauen können. Denn obwohl am Ende des Zweiten Weltkriegs 90 Prozent der Altstadt in Trümmern lagen, ist Nürnberg reich an wundervollen Kulturgütern und großartigen Sehenswürdigkeiten.

Über die Königstraße zur Lorenzkirche

Wir starten am Bahnhofsvorplatz bei dem gläsernen Infokubus, versorgen uns mit einem Stadtplan und Prospekten über Nürnbergs Vergangenheit und wechseln dann auf die andere Straßenseite. Hier, am dicken Königstorturm, beginnen wir mit einem kurzen Bummel durch den Handwerkerhof, der vormals Waffenhof war und jetzt mit vielerlei kunstgewerblichen Läden und Wirtshäusern im altfränkischen Stil aufwartet. Auf der Königstraße folgt nach wenigen Metern links St. Klara, bis ins ausgehende 16. Jahrhundert Klosterkirche des Klarissenordens, und rechts, ein wenig zurückgesetzt, St. Martha, wo fremde Pilger im Mittelalter mit Speis und Trank versorgt wurden. Eine Besichtigung der beiden Kirchen ist auf unserem Rundgang aus zeitlichen Gründen nicht vorgesehen, dafür aber können wir wenig später ausgiebig den mächtigen Quaderbau der Mauthalle bestaunen. Mit 84 Metern in der Länge und 20 Metern in der Breite war sie der größte Kornspeicher der Stadt und ist nach ihrer totalen Zerstörung 1945 wie viele andere historische Gebäude Anfang der 1950er-Jahren original wiederaufgebaut worden – eine Glanzleistung der Nürnberger Stadtväter. Auf der rechten Seite in der Königstraße befinden sich einige stattliche Sandsteinhäuser, am eindrucksvollsten sicherlich das 1888/89 erbaute *Hotel Deutscher Kaiser* mit Giebelfassade und dreistöckigem Chörlein.

Kurz darauf ist St. Lorenz erreicht, die größte evangelische Kirche in Bayern und eines der schönsten gotischen Bauwerke in Süddeutschland. Herrlich das figurenreiche Hauptportal mit plastischen Szenen aus dem Neuen Testament, darüber ein grandioses Radfenster mit einem Durchmesser von gut zehn Metern. Hauptwerke im Inneren der Kirche sind der wundervolle, aus Lindenholz geschnitzte Engelsgruß von Veit Stoß – Maria und Erzengel Gabriel, umrahmt von einem Kranz vergoldeter Rosen – und das 18 Meter hohe, aus grauem Sandstein errichtete Sakramentshaus mit fast 100 Figuren zur Leidensgeschichte Christi, ein Werk von Adam Kraft, der sich mit zwei Gesellen als Stützfigur am Fuß der Pyramide verewigt hat. Prunkvolle Altäre und alte Kirchenfenster, zumeist Stiftungen reicher Patrizier, machen St. Lorenz zu einem einzigartigen kunsthistorischen Juwel.

Nach längerem Verweilen in St. Lorenz setzen wir unseren Rundgang auf der Königstraße Richtung Hauptmarkt fort. Am Eck zur Karolinenstraße steht das Nassauer Haus, das einzige noch erhaltene romanische Turmhaus aus dem 12./13. Jahrhundert, in seinem Kellergewölbe befindet sich eine historische Gaststätte. Schräg gegenüber, unmittelbar hinter der Lorenzkirche, liegt der Tugendbrunnen. Seine Frauenfiguren symbolisieren die sieben Tugenden Liebe (Kinder), Hoffnung (Anker), Tapferkeit (Löwe), Mäßigkeit (Krug), Geduld (Lamm), Glaube (Kreuz und Kelch) und Gerechtigkeit (Waage).

Beim Überqueren der Pegnitz auf der Museumsbrücke geht der Blick nach rechts zum Heilig-Geist-Spital, im 14. Jahrhundert als Einrichtung zur Versorgung von Alten und Kranken von dem reichen Patrizier Konrad Groß gestiftet. Jetzt ist hier ein städtisches Seniorenheim untergebracht sowie ein beliebtes Speiselokal. Kurz vor Erreichen des Hauptmarkts kommen wir zum »Narrenschiff«, in dem menschliche Laster und Torheiten drastisch dargestellt sind, genauso wie sie der Straßburger Dichter und Humanist Sebastian Brant in seinem gleichnamigen Buch vor 500 Jahren geschildert hat.

Frauenkirche und Schöner Brunnen

Auf dem Hauptmarkt, früher auch Veranstaltungsort für die Turniere junger Patrizier, wird täglich Markt gehalten, und in den Wochen vor Weihnachten findet hier der Christkindlesmarkt statt, den das Nürnberger Christkind jedes Jahr am Freitag vor dem ersten Advent eröffnet. Natürlich besichtigen wir die Frauenkirche. Kaiser Karl IV. hat sie 1349 gestiftet. Gebaut wurde sie auf den Trümmern der alten Synagoge, die im selben Jahr im Zuge eines schrecklichen Pogroms gegen die jüdischen Einwohner zerstört worden war. Steht man mittags Punkt zwölf vor dem Westportal, kann man das Männleinlaufen erleben: Die sieben Kurfürsten erscheinen drei Mal vor dem Kaiser, wenden sich ihm zu, und er entlässt sie huldvoll – eine Anspielung auf die Verleihung der Goldenen Bulle, in der Kaiser Karl IV. 1356 das Recht der Königswahl durch die sieben Kurfürsten festgelegt hatte.

Nun aber zum Schönen Brunnen, der wohl am häufigsten fotografierten Sehenswürdigkeit in Nürnbergs Altstadt. Das 18 Meter hohe, aus Sandstein geformte Meisterwerk entstand gegen Ende des 14. Jahrhunderts und enthält 40 Figuren, aufgeteilt in vier Gruppen. Ganz oben Moses mit sieben Propheten, darunter die sieben Kurfürsten und »gute Helden« wie Caesar und Karl der Große, ganz unten die vier Evangelisten nebst vier Kirchenvätern, davor die sieben freien Künste der Antike und die Philosophie. Legendär an diesem Brunnen sind der goldene und der eiserne Ring, die beide frei drehbar sind. Wenn eine Frau den richtigen der beiden Ringe dreht, soll ihr der Sage nach Kindersegen ins Haus stehen. Die Nürnberger glauben übrigens, dass der eiserne, schwarze Ring der richtige sei – während die Touristen sich häufig von dem goldenen Messingring blenden lassen.

Wolffscher Bau, Fembohaus, Kaiserburg

Unser nächstes Ziel ist jetzt die Burg. Wir gehen über den Rathausplatz, links befindet sich die Sebalduskirche, der wir uns erst auf dem

Die Frauenkirche an der Ostseite des Hauptmarkts

Rückweg widmen werden, rechts die 80 Meter lange repräsentative Fassade des Nürnberger Rathauses. Das Werk des Baumeisters Jakob Wolff d. J. entstand 1617–22 und ist der italienischen Palastarchitektur nachempfunden. Oberhalb der drei Prachtportale liegen zwei Obergeschosse mit jeweils 34 Fenstern, darüber drei turmartige Pavillonaufbauten. In der Eingangshalle befinden sich Nachbildungen der Reichskleinodien – Kaiserkrone, Szepter, Reichsapfel –, im Innenhof des Rathauses ein Puttenbrunnen, im Untergeschoss die berüchtigten Lochgefängnisse, die besichtigt werden können. Auch der gotische Rathaussaal, der zur Zeit seiner Entstehung als größter profaner Saal nördlich der Alpen galt, steht Besuchern zur Besichtigung offen, allerdings nur sonntags.

Nun die Burgstraße hinauf und ein kurzer Halt am Fembohaus. Das völlig erhaltene Bürgerhaus entstand Ende des 16. Jahrhunderts und beherbergt seit 1953 das Stadtmuseum. Faszinierend ist nicht nur die prunkvolle Giebelfassade, sondern sind auch die in einigen Räumen original erhaltenen Möbel, Stuckdecken und Dekorationen, die zeigen, wie pompös und stilvoll das Nürnberger Großbürgertum zur Zeit des Barocks lebte. Eine 50-minütige Multivisionsschau informiert über die 950-jährige Stadtgeschichte.

Schließlich ist das Burgareal erreicht, ein Gelände von 220 Metern Länge und 50 Metern Breite. Die Burgstraße führt direkt zur Kaiserstallung, die ursprünglich als städtischer Kornspeicher diente und jetzt eine Jugendherberge ist. Links gegenüber die ehemalige Burgamtmannswohnung, nunmehr Sitz des Bayerischen Landesamts für Denkmalpflege, davor ein freier Platz. Von diesem Platz aus, so die gern erzählte Legende, soll der gefangene Raubritter Eppelein mit seinem Pferd über Mauer und Burggraben den Nürnbergern entkommen sein. Die heutzutage (noch) sichtbaren hufeisenförmigen Abdrücke auf dem Mauerwerk werden als Beweis gehandelt.

Wir halten uns links und kommen zur Freiung mit fantastischem Ausblick auf die Dächer und Türme der Altstadt. Zur Besichtigung des Sinwellturms, des Tiefen Brunnens, der Kaiserkapelle sowie der historischen Räumlichkeiten in der Kaiserburg sollte man sich Zeit nehmen, die Geschichtsträchtigkeit des Ortes ist hier allgegenwärtig. In der schon erwähnten Goldenen Bulle hatte Kaiser Karl IV. verfügt, dass jedes neu gewählte Reichsoberhaupt den ersten Reichstag in Nürnberg abhalten sollte. Hitler hatte das begierig für sich verwendet und Nürnberg zur »Stadt der Reichsparteitage« erklärt. Karl IV. selbst war 40 Mal in der Kaiserburg gewesen, sein Vorgänger Kaiser Ludwig der Bayer sogar 60 Mal. Mehr Historie geht einfach nicht! Von den schweren Zerstörungen am Ende des Zweiten Weltkriegs ist nichts mehr zu sehen.

Vom Burggarten zum Albrecht-Dürer-Haus und zum Sebaldusgrab

Schon müde? Wer jetzt den Rundgang abbrechen und schon mal einkehren möchte, findet unterhalb des Burgbergs verführerische Wirtshäuser. Die Unermüdlichen gehen bis zur Burgamtmannswohnung zurück und biegen rechts in den Burggarten ein. Wir befinden uns jetzt auf der Rückseite der Kaiserburg, schlendern gemütlich an der inneren Stadtmauer entlang und kommen zu drei Bastionen. Die mittlere, die Fazuni-Bastion, wartet mit einem Rosengarten auf, die Tiergärtnertorbastion hingegen mit einem Rondell aus Feldahorn. Der Blick auf die Stadt von hier aus ist ebenso erhebend wie der auf das meterdicke Mauerwerk und den gewaltigen Burggraben. Dieses unüberwindliche Befestigungssystem war Mitte des 16. Jahrhunderts nach Plänen des italienischen Ingenieurs Antonio Fazuni angelegt worden und galt damals als das modernste nördlich der Alpen. Ursprünglich hatte die Stadtmauer eine Länge von 5 Kilometern, und davon sind immerhin 3,8 Kilometer erhalten.

Wir verlassen den Burggarten durch ein kleines Tor zwischen Fazuni- und Tiergärtnertorbastion und sind damit unterhalb der Kaiserburg. Gut zu sehen ist hier, wie die Burganlage mit dem Felsen verwachsen ist. Über ein paar Treppen rechter Hand erreichen wir eine der schönsten Stellen der Altstadt, den Platz »Beim Tiergärtnertor«. Die Kulisse mit alten Fachwerkhäusern, im Hintergrund Kaiserburg und Sinwellturm, ist einfach hinreißend. Die große Bronzeplastik eines Dürer-Hasen auf dem Platz ist wohl als ironische Huldigung an den größten Sohn der Stadt zu verstehen, der in dem Haus schräg gegenüber, das er 1509 erwarb, bis zu seinem Tod 1528 wohnte und dort auch seine Arbeitsstätte hatte. Bei einer Besichtigung des jetzt als Museum eingerichteten vierstöckigen Eckhauses führt »Agnes Dürer«, die Ehefrau des Künstlers, per Audioguide durch die Wohn- und Arbeitsräume. Einer Einkehr im *Augustiner Zur Schranke*, das Einheimische immer noch mit seinem ursprünglichen Namen »Schlenkerla« bezeichnen, gleich nebenan steht sicher nichts im Wege.

Die Bergstraße bringt uns anschließend zum Albrecht-Dürer-Platz mit dem Standbild des Meisters, das hier anlässlich seines 300. Todestages errichtet worden war. Übergangslos schließt sich der Sebalder

Das schöne und gut erhaltene Fachwerk der Weißgerbergasse ⇨

Platz an. Bei einem Blick nach rechts in die »Füll« sind fünf schöne Chörlein zu sehen, am prächtigsten ist dann allerdings das Sebalder Chörlein am Sebalder Pfarrhaus unmittelbar vor St. Sebald. Nach den zwei Begehungen in der Lorenz- und Frauenkirche ist ein drittes Gotteshaus vielleicht nur dem schmackhaft zu machen, der weiß, welches einmalige Kunstwerk der Erzgießer Peter Vischer der Nachwelt dort hinterlassen hat. Etwa zehn Jahre lang waren Vischer und seine Söhne an dem Sebaldusgrab beschäftigt, das die Gebeine des Heiligen Sebald in einer silbernen Truhe umschließt. Zwölf Schnecken und vier Delfine tragen das Grabmal. Eine Fülle von Figuren – Apostel, Propheten, historische Helden und die vier Kardinaltugenden, ergänzt von Kleinplastiken wie Putten, Musikanten und Ballspielern – dekorieren das knapp fünf Meter hohe Monument, an dem man sich nicht sattsehen kann.

Nach Verlassen der Sebalduskirche gehen wir links zum Weinmarkt – linker Hand zweigt die Karlstraße zum Spielzeugmuseum ab – und kommen zur Weißgerbergasse. Hier reiht sich Fachwerk an Fachwerk, bestückt mit Giebeln, Chörlein und fantasievollen Dekorationen aller Art. Einfach nur staunen und die Schönheiten genießen!

Von Brücke zu Brücke

Am Ende der Weißgerbergasse überqueren wir den Maxplatz und gehen geradeaus weiter zu dem 1824 vollendeten Kettensteg, der ersten frei schwebenden Flussbrücke in Deutschland. Gemächlich fließt die Pegnitz dahin, eingerahmt von Mauerwerk und schmucken Häusern

mit viel Grün. Auf der anderen Uferseite halten wir uns links und kommen zum Unschlittplatz. Die Gedenktafel an Haus Nummer 8 erinnert daran, dass an dieser Stelle, am 26. Mai 1828, der rätselhafte Findling Kaspar Hauser erstmals in Erscheinung trat. Von der Maxbrücke hat man einen wundervollen Blick auf den stattlichen Weinstadel, der ursprünglich ein Siechenheim war, ab 1528 als Weinlager und nach dem Krieg als Studentenwohnheim genutzt wurde.

Wir überqueren die Maxbrücke nicht, sondern gehen an der Pegnitz bis zum Henkersteg, der uns zur ehemaligen Wohnung des Scharfrichters bringt, dahinter thront der klobige Wasserturm. Kurz darauf haben wir den Trödelmarkt erreicht und könnten hier in dem Café gleichen Namens mit Aussicht auf die Pegnitz eine Verschnaufpause einlegen. Am Ende des Trödelmarktes – der inzwischen übrigens nicht mehr für seinen Trödel, sondern für seinen gehobenen Einzelhandel bekannt ist – geht es rechts weiter auf der Karlstraße zur Karlsbrücke. Rechter Hand erblicken wir den gerade überquerten Henkersteg, linker Hand die Fleischbrücke, die die Pegnitz in einem eleganten Bogen ohne stützende Mittelpfeiler als Hilfe überspannt.

Umstrittenes Ehekarussell

Unser Rundgang neigt sich nun zwar langsam dem Ende zu, aber noch stehen einige interessante Punkte auf dem Programm. Also weiter auf der Karlstraße zur Kaiserstraße, auf der wir rechts den Josephsplatz und kurz darauf den Ludwigsplatz erreichen. Vor dem Weißen Turm betrachten wir das von dem Braunschweiger Bildhauer Jürgen Weber geschaffene Ehekarussell näher. Dargestellt sind, in Anlehnung an das Hans-Sachs-Gedicht »Das bittersüße ehlich Leben« die Höhen und Tiefen im Zusammenleben von Mann und Frau, wobei die teilweise deftigen Szenen je nach Mentalität des Betrachters Heiterkeit oder Empörung auslösen können. »Kirchenfreaks« haben die Möglichkeit, auf dem Jakobsplatz hinter dem Weißen Turm zwei weitere Kirchen kennenzulernen, den Kuppelbau der klassizistischen Elisabethkirche und die mit vielen Kunstwerken versehene Jakobskirche.

Nationalmuseum und Straße der Menschenrechte

Vom Ehekarussell geht es jetzt in die Breite Gasse, eine der Einkaufsmeilen in der Altstadt. Nach gut fünf Minuten rechts in die Krebsgasse abbiegen, vorbei am Maximum und geradeaus über den Kornmarkt zur Straße der Menschenrechte. Das von dem Israeli Dani Karavan entworfene Kunstwerk, 1993 eröffnet, besteht aus 27 Säulen, zwei Bodenplatten, einer Säuleneiche und dem Torbogen. Auf jedem dieser Elemente ist einer der 30 Artikel aus der Allgemeinen Menschenrechtserklärung in Deutsch und in einer jeweils anderen Sprache eingraviert. Beim Durchschreiten der Straße fühlt man sich an einen griechischen Säulengang erinnert und wird sich beim Lesen der 30 Artikel bewusst, wie unverzichtbar die Achtung der Menschenrechte ist.

Auf halber Höhe der Menschenrechtsstraße liegt links der Eingang zum Germanischen Nationalmuseum – dem größten deutschsprachigen Museum für Kunst und Kulturgeschichte und zugleich einem der bedeutendsten Museen weltweit. Begründet und initiiert Mitte des 19. Jahrhunderts von Hans von Aufseß, bietet es alles, was deutsche Geschichte, Kunst und Literatur betrifft. Man kann hier ganze Tage zubringen und entdeckt immer wieder Neues und Unbekanntes. Ein Besuch ist eigentlich nur als Tagestour sinnvoll.

Am Ende der Menschenrechtsstraße biegen wir links in die Frauentormauer-Straße ein und stehen erneut im Bann der gewaltigen Stadtmauer, die auch dank ständiger Erhaltungsmaßnahmen durchaus etwas Ästhetisches an sich hat. Beim Erreichen der Grasersgasse können wir rechts einen Eindruck vom Nürnberger Opernhaus mitnehmen, das Anfang des 20. Jahrhunderts von dem Berliner Architekten Heinrich Seeling entworfen worden war. Die Kuppel des monströsen Gebäudes ist gekrönt von einer Bronzefigur der Noris, einer Allegorie der Stadt Nürnberg, mit Eichenlaub und Lorbeerkranz.

Zum Schluss das Neue Museum

An der Vorderen Sterngasse gehen wir nicht auf der Frauentormauer-Straße weiter, sondern leicht nach rechts versetzt zum erst vor einigen Jahren geschaffenen Skulpturengarten mit neun Werken namhafter Bildhauer der Gegenwart. Hier, im Zwinger zwischen Sterntor und Königstor, kommt es zu einem belebenden Austausch zwischen Kunst und der monumentalen Befestigungsanlage. Jenseits des gewaltigen Stadtgrabens hat man zudem freien Blick auf den neubarocken Hauptbahnhof, unverkennbar ein Gegenstück zum Nürnberger Opernhaus.

Am Ende des Skulpturengartens gelangen wir zum Klarissenplatz und damit zur letzten Station des Rundgangs. In dem seit April 2000 bestehenden Neuen Museum hat man es sich zum Ziel gesetzt, zeitgenössische Werke aus den Bereichen Kunst und Design aufzuspüren und der Öffentlichkeit zu vermitteln. So kann man z. B. Arbeiten von Andy Warhol, Joseph Beuys, Neo Rauch, Richard Lindner und Gerhard Richter begutachten. Ein ganz besonderes Kunstwerk kann jedoch bereits vor dem Neuen Museum auf dem Klarissenplatz bestaunt werden: Der deutsch-dänische Künstler Jeppe Hein hat dort einen Brunnen aufgebaut, dessen 16 Wasserwände abwechselnd ein- und ausgeschaltet werden können. Dadurch ist es möglich, den Brunnen zu begehen und sich dabei zwischen den Wasserwänden zu bewegen, um sich so zu erfrischen.Vom Klarissenplatz aus sind es dann nur noch ein paar Schritte bis zum Handwerkerhof, dem Ausgangspunkt unserer Tour.

Thilo Castner

Informationen:

Tourist-Information, Königstr. 93, 90402 Nürnberg, Tel. 09 11/2 33 61 32, www.tourismus.nuernberg.de

Tourist-Information am Hauptmarkt, Hauptmarkt 18, Tel. 09 11/2 33 61 35

Handwerkerhof, am Königstor, www.handwerkerhof.de, Mitte März–Dez, Handwerkerhof Mo–Sa 9.00–22.00, Ladengeschäfte Mo–Fr 10.00–18.30, Sa 10.00–16.00, Gastronomie Mo–Sa 10.30–22.00, So Ruhetag.

Mittelalterliche Lochgefängnisse, Rathausplatz 2, Tel. 09 11/2 31 26 90, www.museen.nuernberg.de/lochgefaengnisse, Mo–So 10.00–16.30.

Stadtmuseum Fembohaus, Burgstr. 15, Tel. 09 11/2 31 25 95, www.museen.nuernberg.de/fembohaus, Di–Fr 10.00–17.00, Sa u. So 10.00–18.00, während Christkindlesmarkt auch Mo 10.00–17.00.

Kaiserburg Nürnberg, Auf der Burg 13, Tel. 09 11/2 44 65 90, www.kaiserburg-nuernberg.de, Apr–Sep Mo–So 9.00–18.00, Okt–März Mo–So 10.00–16.00.

Albrecht-Dürer-Haus, Albrecht-Dürer-Str. 39, Tel. 09 11/2 31 25 68, www.museen.nuernberg.de/duererhaus, Di–Fr 10.00–17.00, außer Do 10.00–20.00, Sa u. So 10.00–18.00, Juli–Sep u. während Christkindlesmarkt auch Mo 10.00–17.00.

Museum Henkerhaus, Trödelmarkt 58, Tel. 09 11/30 73 60, www.henkerhaus-nuernberg.de, Apr–Dez Sa u. So 14.00–18.00.

Germanisches Nationalmuseum, Kartäusergasse 1, Tel. 09 11/1 33 10, www.gnm.de, Di–So 10.00–18.00, außer Mi 10.00–21.00.

Neues Museum. Staatliches Museum für Kunst und Design, Luitpoldstr. 5, Tel. 09 11/2 40 20 69, www.nmn.de, Di–So 10.00–18.00, außer Do 10.00–20.00.

Einkehrtipps:

Restaurant Heilig-Geist-Spital zu Nürnberg, Spitalgasse 16, Tel. 09 11/22 17 61, www.heilig-geist-spital.de, tägl. 11.30–23.00.

Restaurant Burgwächter, Am Ölberg 10, Tel. 09 11/22 21 26, www.restaurant-burgwaechter.de, Mo–So 11.00–22.00.

Gaststätte Augustiner - Zur Schranke, Beim Tiergärtnertor 3, Tel. 09 11/22 54 74, www.augustiner-zur-schranke.de, Mo–Sa 12.00–23.00, So Ruhetag.

Café am Trödelmarkt, Trödelmarkt 42, Tel. 09 11/20 88 77, Mo–Sa 9.00–18.00, So 10.00–18.00.

Buchtipps:

Fritz Aschka: *Mein Nürnberg. 60 Ausflüge in die Geschichte*, Nürnberg 2007.

Martin Schieber: *Nürnberg. Eine illustrierte Geschichte der Stadt*, München 2000.

K. Wasmeier/H. Arenz/P. Gruner: *Jede Menge Leben Nürnberg, Fürth und Erlangen*, Cadolzburg 2015.

Walter Grzesiek/Herbert Liedel: *Ein Tag in … Nürnberg. Wo die Stadt am schönsten ist*, Veitshöchheim 2013.

Extras:

Die Blaue Nacht in der Altstadt, Kunst- und Kultur-Event, Mitte Mai.

Bardentreffen in der Altstadt, Deutschlands größtes Weltmusik-Festival, Ende Juli.

Sommernacht-Filmfestival Anfang Aug.

34 Lauf an der Pegnitz
Fluss als Namensgeber und Wohltäter

Ort:

Größte Gemeinde des mittelfränkischen Landkreises Nürnberger Land. Ohne die eingemeindeten Ortsteile etwa 17 000 Einwohner.

Geschichte:

Erste urkundliche Erwähnung eines »Luipoldus de lauffe« 1243. Marktrechte 1298, Stadtrechte 1355. 1352 wird Lauf unter Kaiser Karl IV. Teil des Territoriums Neuböhmen und gerät 1373 in Besitz der Landshuter Herzöge. Annektiert 1504 von der Reichsstadt Nürnberg. Seit 1806 bayerisch.

Sehenswürdigkeiten:

Marktplatz mit Altem Rathaus und 2 Tortürmen. Johanniskirche. Wenzelschloss. Glockengießerspital. Reichelsche Schleifmühle. Industriemuseum. Alte Felsenkeller. Salvatorfriedhof. Viele stattliche Fachwerkhäuser.

Dauer des Rundgangs:

Mit Besuch des Industriemuseums, aber ohne Wirtshauseinkehr, gut 3 Std.

Anfahrt:

ÖPNV: Von Nürnberg mit S-Bahn zum Bhf. Lauf links der Pegnitz. *Kfz*: Von Nürnberg über B 14 bzw. B 2, weiter auf A 3, am »Kreuz Nürnberg« nördlich A 9 folgen bis Ausfahrt 50 »Lauf«, ausreichend Parkmöglichkeiten am Bhf. Lauf (links Pegnitz).

Bereits im 13. Jahrhundert sind entlang der Laufer Ansiedlung vier Mühlen urkundlich belegt. Die Pegnitz hat hier auf 500 Metern ein Gefälle um sechs Meter und bietet damit ideale Möglichkeiten zum Antrieb von Wasserrädern. Dem schnellen »Loufen« des Flusses, den die Einheimischen nur »Pengatz« nennen, verdanken die »Laffer« nicht nur den Namen ihrer Stadt, sondern auch einen Teil ihres Wohlstandes. Trotz erheblicher Zerstörungen im 16. Jahrhundert hat die

Stadt viel von ihrem mittelalterlichen Flair bewahren können und zählt mit Sicherheit zu einem der schönsten und attraktivsten Orte Mittelfrankens.

Vom Wenzelschloss zur Johanniskirche

Wir verlassen die S-Bahn-Station und folgen dem Hinweis Marktplatz, der uns über die Julienstraße zur Weigmannstraße und anschließend zur Altdorfer Straße führt. Unmittelbar vor der steinernen Pegnitzbrücke halten wir uns rechts und stehen auch schon vor dem gewaltigen Wenzelschloss, das Karl IV. von 1356 bis 1360 als Wasserschloss auf einer Pegnitzinsel erbauen ließ. Hoch über dem Eingangsportal eine verwitterte Büste des Heiligen Wenzel, dem Schutzpatron von Böhmen und Namensgeber des Schlosses. Der böhmische König und spätere deutsche Kaiser Karl IV. residierte des Öfteren in Lauf und nutzte das Schloss zur Sicherung des Handelswegs von Nürnberg über Lauf nach Prag. Das Highlight des Schlosses ist der inzwischen legendäre, leider aber nur im Rahmen einer offiziellen Stadtführung zugängliche Wappensaal mit 117 Steinwappen von böhmisch-schlesischen Adligen, Bischöfen und Städten. Nach dem Ende der böhmischen Herrschaft wohnte der Nürnberger Pfleger im Schloss, das für einige Jahre eine Außenstelle der Akademie der Bildenden Künste Nürnberg aufgenommen hatte.

Gleich nach Überquerung der steinernen Pegnitzbrücke biegen wir links in die Höllgasse ein und kommen zur Reichelschen Schleifmühle, in der seit 1380 Metallgegenstände wie Messer, Scheren oder Äxte durch Antrieb über ein Wasserrad bearbeitet worden waren. Erst 1988 wurde der Betrieb eingestellt, kann aber jetzt, nach aufwendigen Restaurierungsarbeiten der eifrigen Laufer Altstadtfreunde, besichtigt werden. Neben der Schleifmühle der um 1430 erbaute Judenturm: Er gehörte mit seinen sechs Schießscharten zur alten Stadtmauer und war eine wichtige Verteidigungsbastion. Später nutzte man das Gebäude als Gefängnis und Armenhaus. Es folgen in der Höllgasse Nr. 16 und Nr. 8 zwei herrlich restaurierte Fachwerkhäuser, und auch in der rechts abzweigenden Lessnergasse sind einmalig schöne Hausfassaden zu bewundern.

Am Ende der Höllgasse stoßen wir auf die Johannisgasse und kommen links zur bereits 1360 begonnenen, aus heimischem Keupersandstein errichteten Johanniskirche. Das 20 Meter lange und 10 Meter

Idyllisch auf einer Flussinsel gelegen – das Wenzelschloss

breite Kirchenschiff überrascht mit barocker Orgel, barockem Hochaltar und barocker Kanzel, ansonsten ist der Innenraum schlicht gehalten und mit den zweistöckigen Emporen eine typisch evangelische Kirche. Die Besteigung des Kirchturms zur Türmerwohnung – der Türmer war in Lauf gleichzeitig auch Musikus, spielte in Schänken auf und dirigierte die Stadtkapelle – mit berauschend schönem Ausblick auf die Stadt und die Ausläufer der Fränkischen Schweiz, kann über die Laufer Altstadtfreunde geregelt werden und ist ein echter Höhepunkt.

Die historische Altstadt

Wir verlassen St. Johannis und widmen uns jetzt ganz dem Laufer Marktplatz, einem städtebaulichen Juwel. In der Mitte das erstmals im 14. Jahrhundert gebaute, später zerstörte, wiedererrichtete und mehrmals an- und umgebaute Alte Rathaus, das seit 1976 mit einem durchaus empfehlenswerten Restaurant aufwartet. Beiderseits des Marktplatzes schöne hochgiebelige Fachwerkhäuser und stattliche Sandsteinbauten. Unter etlichen der Häuser liegen bis zu zehn Meter tiefe Keller, in denen einst Bier gelagert wurde. Eine Begehung dieser ziemlich einmaligen Gewölbe ist ebenfalls über die Altstadtfreunde möglich. Auch romantische Innenhöfe gibt es zu sehen, beispielsweise am *Hotel Garni Zum Wilden Mann*, einer altfränkischen Hofanlage am Marktplatz 21.

Für den Gang über den Marktplatz sollte man sich Zeit lassen und gelegentlich auch einen Blick in die umliegenden Gassen werfen. Unbedingt bis zum Hersbrucker Tor, dem Oberen Tor, laufen. Dahinter erreicht man die Goldene Straße, der in früheren Zeiten als wichtiger Handelsweg zwischen Nürnberg und Prag enorme Bedeutung zukam. Unmittelbar neben dem Tor befindet sich das Wirtshaus *Zwinger Melber*, ein stattliches Fachwerkhaus mit feiner Küche und einem Biergarten an der alten Stadtmauer.

Zurück auf den Marktplatz und links in die Barthstraße einbiegen. Die Häuser sind hier wesentlich bescheidener als am Markt. Eine Gedenktafel rechter Hand an Haus Nr. 4 erinnert daran, dass an dieser Stelle früher eines der zwei Kommunbrauhäuser stand, in dem vom 16. bis zu Beginn des 20. Jahrhunderts Laufer Bürger ihr Bier brauen konnten. 76 Brauberechtigte soll es einst gegeben haben. Diese Zeiten sind lange vorbei, zurzeit existiert nur noch eine einzige Brauerei in der Stadt.

Nach gut 100 Metern kommen wir zu dem Gebäude, in dem 1850 dank einer Stiftung von Anna Dietz einer der ersten bayerischen Kindergärten eröffnet wurde. Daneben die imposante Ruine der ehemaligen Pfarrkirche St. Leonhard. Das Gotteshaus war 1553 im Zweiten Markgrafenkrieg bis auf den Glockenturm und die Außenmauern zerstört und nicht wieder aufgebaut worden. Die marodierenden Horden des Markgrafen Albrecht Alcibiades hatten 1553 auch das von dem Glockengießer Hermann Kessler und seiner Ehefrau Elsbeth gestiftete Spital neben St. Leonhard niedergebrannt. Doch das Glockengießerspital ist später zu neuem Leben erweckt worden und beherbergt heute ein begehrtes Altenheim. Die Barthstraße mündet kurz darauf in die Spitalstraße. Bei Erreichen der Johannisstraße gehen wir rechts weiter zum Marktplatz und bewundern erneut die herrlichen Fachwerkhäuser.

Besinnung auf dem Salvatorfriedhof

Einen Großteil der Laufer Sehenswürdigkeiten haben wir inzwischen kennengelernt. Doch noch steht uns dreierlei bevor: der stimmungsvolle Salvatorfriedhof, die Einkehr in eines der Wirtshäuser in der Altstadt sowie die Besichtigung des Industriemuseums. Ich schlage vor, den Museumsbesuch auf den Schluss des Rundgangs zu legen und vor einer Einkehr den Friedhof aufzusuchen. Darum jetzt links vom Rathaus auf der Falknerstraße, wie die B14 hier heißt, zur Nürnberger Straße und auf der anderen Straßenseite gleich rechts auf dem schmalen Fußweg bis zum Parkplatz. Auf dem Querweg nach rechts, und schon stehen wir neben dem Friedhof, den wir durch das kleine schmiedeeiserne Gatter betreten.

Der »Gottesacker«, wie man früher sagte, wurde um 1534 angelegt. Die letzte Beisetzung fand 1968 statt, und seit 1985 wird der Friedhof als öffentlicher Park genutzt. Hochragende Bäume, eine wild wuchernde Wiese, viele alte, höchst unterschiedliche Grabsteine – die von hier ausstrahlende Stille und Besinnlichkeit kennt man sonst nur von jüdischen Friedhöfen, in denen Gräber stets unangetastet bleiben und infolge ihres allmählichen Verfalls an die Vergänglichkeit allen irdischen Lebens erinnern. So bildet der Salvatorfriedhof einen geglückten Kontrast zur Hektik und Rastlosigkeit unseres normalen Alltags.

Laufs Vergangenheit hautnah erleben

Vom Friedhof auf demselben Weg zurück zum Marktplatz – an gut geführten Gasthäusern ist hier wahrlich kein Mangel. Nach einer ausgiebigen Einkehr durchschreiten wir gestärkt und zufrieden das mächtige Nürnberger Tor, gehen zur Nürnberger Straße vor und biegen sogleich links in die Glockengießerstraße ein, die uns zur Sichartstraße bringt. Zwischen den Häusern Nr. 12 und 14 ist neuerdings ein Zugang zu einer provisorischen Moschee, eingerichtet von der Türkisch-Islamischen Union Lauf. Kurz nach der Rechtskurve erreichen wir das Laufer Industriemuseum.

Hier ist die Entwicklung vom frühindustriellen Gewerbe der Handwerker zur Hochindustrie im 20. Jahrhundert eindrucksvoll dokumentiert, und zwar in genau den Werkhallen am Pegnitzufer, in denen einst die Menschen gearbeitet haben. Der Antrieb durch mächtige Wasserräder ist ebenso zu sehen wie die Werkmaschinen einer Schmiede und

»Dem alleinigen Gott die Ehre« – Sinnspruch über der Eingangstür eines Fachwerkhauses

einer Dreherei. Gezeigt wird ergänzend, wie in der Bundesrepublik ab Mitte der 1950er-Jahre gelebt wurde, welche Möbel und Kleider damals in Mode waren, wie Urlaub gemacht und wie Partys gefeiert wurden. Es wäre wirklich schade, dieses Museum nicht zu besuchen.

Anschließend gehen wir die Sichartstraße geradeaus weiter und überqueren die Pegnitz auf der Fußgängerbrücke. Am anderen Ufer rechts das Bügeleisenhaus, so genannt wegen seiner spitzwinkligen Form. Wir halten uns links und kommen auf der Samstagstraße zur Siebenkeesstraße. Auf der linken Seite hinter einem Eisentor, zwischen Straße und Pegnitz, der kleine, öffentlich zugängliche Barthpark mit schönem Pavillon und altem Baumbestand, mit Bänken und einem Kinderspielplatz. Es ist der ehemalige Garten einer wohlhabenden Laufer Müllerfamilie, die das Anwesen 1980 an die Stadt verkauft hat. Der Blick über die rasant dahinfließende Pegnitz zum Judenturm und zur Schleifmühle macht bewusst, wie lohnend der Rundgang durch diese Stadt war.

Die Siebenkeesstraße führt zur Altdorfer Straße. Hier kennen wir uns bereits aus und finden schnell den Weg über die Weigmann- und Julienstraße zum S-Bahnhof bzw. zum Parkplatz.

Thilo Castner

Informationen:

Tourist-Information, Hellergasse 2, 91207 Lauf a. d. Pegnitz, Tel. 0 91 23/98 82 35, www.lauf.de

Industriemuseum Lauf, Sichartstr. 5–25, Tel. 0 91 23/9 90 30, www.industriemuseum-lauf.de, Mi–So 11.00–17.00.

Einkehrtipps:

Restaurant Altes Rathaus, Marktplatz 1, Tel. 0 91 23/27 00, Di–So 11.00–14.00 u. 17.00–22.00, Mo Ruhetag.

Mauermühle, Johannisstr. 16, Tel. 0 91 23/9 61 28 10, Mo–So 11.00–15.00 u. 17.30–23.00, Di Ruhetag.

Gasthof Weißes Lamm, Marktplatz 19, Tel. 0 91 23/27 07, www.gasthof-weisses-lamm.de, Mo–So 11.30–22.00, Do Ruhetag.

Der Zwinger Melber, Hersbrucker Str. 1, Tel. 0 91 23/98 32 14, www.zwinger-melber.de, Di–Fr 11.00–14.30 u. 17.00–23.00 (jeden letzten Mi im Monat u. Mai–Sep durchgehend), Sa u. So 11.00–23.00, Mo Ruhetag.

Buchtipp:

Ewald Glückert/Leonhard Herbst: *Lauf an der Pegnitz. Das Gesicht einer liebenswerten, fränkischen Stadt*, Röthenbach an der Pegnitz 1994.

Herbert u. Hannelore Liedel: *Die Pegnitz im Lauf der Zeit*, Nürnberg 2009.

Altstadtfreunde Lauf (Hg.): *Altstadtführer Lauf an der Pegnitz*, Lauf 2003.

Extras:

Altstadtfest am Marktplatz und in den umliegenden Gassen am letzten WE im Juni (Infos unter: www.altstadtfest.lauf.de).

Traditionsreiches Kunigundenfest mit Festzug, Festwagen und Musikaufführungen Anfang Juli.

Literaturtage LesArt Anfang Nov (Infos unter www.literaturtage.lauf.de).

Führungen der Laufer Altstadtfreunde zu den Felsenkellern, zur Schleifmühle und zum Turm der Johanniskirche (Anmeldung bei Herbert Höfel, Tel. 0 91 23/98 84 17, Baldur Strobel, Tel. 0 91 23/54 23 oder Georg Reuter, Tel. 0 91 23/54 33).

Neumarkt in der Oberpfalz

Die einstige Residenz der Wittelsbacher

Ort:

Große Oberpfälzer Kreisstadt im gleichnamigen Landkreis. Mit allen Eingemeindungen rund 40 000 Einwohner.

Geschichte:

1235 erstmals urkundlich erwähnt, erhält gleiche Handelsrechte wie Nürnberg. Fällt 1269 an Wittelsbacher. Stadtbefestigung zu Beginn des 14. Jahrhunderts. Im 15. und 16. Jahrhundert Residenzstadt der pfälzischen Wittelsbacher. Als Pfalzgraf Friedrich II. sein Domizil nach Heidelberg verlegt, verliert die Stadt rasch an Bedeutung. Schwere Plünderungen und Verwüstungen im Dreißigjährigen Krieg. Ab 1806 bayerisch. Im 19. Jahrhundert Entwicklung zu Industriestadt, begünstigt durch den Bau des Ludwig-Kanals sowie durch Anschluss ans bayerische Eisenbahnnetz. Am 19. April 1945 wird die historische Altstadt durch Luftangriffe der Alliierten fast völlig zerstört. Nach Ende des Zweiten Weltkriegs rascher Wiederaufbau nach historischem Vorbild.

Sehenswürdigkeiten:

Marktstraße mit Rathaus und zahlreichen schmucken Bürgerhäusern. St.-Johannes-Kirche. Residenzplatz mit Pfalzgrafenschloss, Reitstadel und Hofkirche. Schlossweiher und Stadtpark. Schreiberhaus. Pulverturm und Schuldturm. Fünf Museen. Ganz in der Nähe der Stadt die Ruine Wolfstein und die Wallfahrtskirche Mariahilf.

Dauer des Rundgangs:

Ohne Einkehr und Museumsbesuch etwa 2 Std.

Anfahrt:

ÖPNV: Von Nürnberg direkt mit RE zum Bhf. Neumarkt.
Kfz: Von Nürnberg über A 73 und B 8, vor Neumarkt beim Kreisverkehr geradeaus weiter auf Nürnberger Str., rechts über Woffenbacher Str. auf St.-Florian-Str. u. Ringstr., zuletzt rechts über Bahnhofstr. zum Parkplatz am Bhf.

Die Schäden der Bombennacht bravourös überwunden

Obwohl von den 573 Häusern der Neumarkter Innenstadt nur 48 die Bombardierung im April 1945 überstanden hatten, konnte das historische Stadtbild nahezu komplett wiederhergestellt werden. Neumarkt ist zudem nicht nur Standort einer blühenden Wirtschaft geworden, sondern verfügt mit dem Museum Lothar Fischer und dem Konzertsaal im ehemaligen Reitstadel auch über kulturelle Einrichtungen der Extraklasse. Ein Bummel durch die Altstadt zu den wichtigsten Sehenswürdigkeiten verspricht also viel Interessantes.

Über die Bahnhofstraße zur Altstadt

Wir gehen vom Bahnhofplatz geradeaus in die Bahnhofstraße. Schon nach knapp hundert Metern erreichen wir rechter Hand *Gasthof Wittmann*. Hier einzukehren würde sich später sehr lohnen, einerseits wegen der ausgezeichneten Küche, andererseits weil im hinteren Teil des Gebäudes das 1. Bayerische Metzgerei- und Weißwurstmuseum entstanden ist, das man nach Voranmeldung besichtigen kann. Dort wird man informiert, wie in früheren Zeiten Fleisch und Wurst verarbeitet wurden und welche Maschinen und Geräte der Metzger dereinst benutzte. Ganz in der Nähe, rechts von der Bahnhofstraße ab und ein Stück die Holzgartenstraße entlang, steht ein weiteres Highlight bereit, das Museum für historische Maybach-Fahrzeuge. Diese weltweit einzigartige Ausstellung wartet mit 20 chromglänzenden Luxus-Limousinen auf, und das sind mehr als zehn Prozent der erhalten gebliebenen wertvollen Fahrzeuge, von denen zwischen 1921 und 1941 lediglich 1 800 produziert worden waren. Für Autofreaks dürfte der Besuch dieses Museums deshalb wohl unverzichtbar sein.

Bis zum Theo-Betz-Platz sind es vom Bahnhof aus nur gut 400 Meter die Bahnhofstraße entlang. Hier stoßen wir auf die Ringstraße, die die historische Altstadt von Süden und Westen komplett umschließt. Rechter Hand, vor Überquerung des Platzes, betrachten wir intensiv eine etwa zwei Meter hohe Säule, auf der eindrucksvoll an das Bombeninferno am Ende des Zweiten Weltkriegs erinnert wird. Gegenüber, auf der anderen Seite des Platzes, der *Obere Ganskeller*, eine ebenfalls empfehlenswerte Einkehrmöglichkeit.

Nun aber links in die verkehrsberuhigte Obere Marktstraße. Es ist dies ein altbayerischer Straßenmarkt mit bildschönen Bürgerhäusern, die

Fassaden weiß, blau, rot oder gelb, die Giebel spitz oder stufenförmig, dazwischen Walm- und Krüppelwalmdächer, ein herrlicher Anblick. Es lohnt sich, hier ganz gemächlich entlangzuschlendern und das quirlige Geschehen ringsum zu beobachten, die Passanten, die Wirtshäuser, die Boutiquen, Läden und Fachgeschäfte. Die rechts abzweigende Rosengasse führt zum Neumarkter *Glossner-Bräu*, einer 1574 gegründeten Brauerei mit idyllischem Biergarten, Schmankerl-Lokal und einem Brauereimuseum, das nach Vereinbarung kostenfrei besichtigt werden kann.

Rathaus und St. Johannes

Am Rathausplatz mündet die Obere Marktstraße in die Untere Marktstraße. Im Rathaus, einem wuchtigen spätgotischen Gebäude, das im 15. Jahrhundert entstanden war und nach der Zerstörung 1945 in den 1950er-Jahren nach altem Vorbild wiederaufgebaut wurde, ist

Das spätgotische Neumarkter Rathaus

das Touristik-Amt untergebracht, und hier kann man sich mit allerlei Unterlagen über Neumarkt versorgen. Vor dem Rathaus drei Bronze-Stelen, ein Werk des mit zahlreichen Kunstpreisen ausgezeichneten Bildhauers Lothar Fischer, der seine Kindheit und Jugend in Neumarkt verbracht hatte und sich stets aufs Engste mit der Stadt verbunden fühlte. Das nach ihm benannte Kunstmuseum in der Weiherstraße werden wir etwas später kennenlernen.

Gleich neben dem Rathaus steht die im Juni 2015 zum Münster erhobene Stadtpfarrkirche St. Johannes, die wir genauer unter die Lupe nehmen wollen. Vor der Kirche befindet sich ein hübscher Georgsbrunnen. Wir betreten die Kirche durch das Johannes-Portal mit Szenen aus dem Leben des Täufers. Der dreischiffige Innenraum wird dominiert von hoch aufragenden Säulen, die den Blick auf den von sieben Spitzbogenfenstern umrahmten Chorraum freigeben. Der Hochaltar zeigt die Taufe Jesu durch Johannes. Zwischen Kruzifix und Mondsichelmadonna ein Zelebrationsaltar. Der romanische Taufstein im südlichen Kirchenschiff stammt aus dem 12. Jahrhundert. An den Wänden zahlreiche Epitaphien. Besonders sehenswert sind die zwei Kapellen im Rückraum der Kirche: die Marienkapelle mit dem Marienaltar und die Immanuelkapelle mit einer gelungenen Kopie des berühmten Isenheimer Altars von Matthias Grünewald.

Wir verlassen die Kirche und gehen nach rechts ein paar Schritte die Hallertorstraße entlang. Eine Tafel links an der Abzweigung zur Hafnergasse verweist darauf, dass dort die 1868 geweihte Synagoge stand, die 1938 von den Nazis geschändet worden war und 1945 im Bombenhagel völlig zerstört wurde. Das nächste Gässchen links, die Adolf-Kolping-Straße, führt zum Stadtmuseum, und vielleicht hat der eine oder andere Zeit und Lust, am Ende des Rundgangs die Exponate zur Neumarkter Stadt- und Industriegeschichte näher in Augenschein zu nehmen.

Über die Klostergasse zum Residenzplatz

Wieder zurück am Rathausplatz wollen wir uns nun zum eigentlichen Herzstück der Altstadt aufmachen, überqueren deshalb die Obere Marktstraße und biegen in die Klostergasse ein, eine Flaniermeile mit unzähligen Geschäften und Einkehrmöglichkeiten ähnlich wie in der Oberen Marktstraße. Dann links in die Gerichtsgasse einbiegen, und schon ist der Residenzplatz erreicht. Sofort fällt der Blick auf den

Reitstadel, ursprünglich als Zeughaus genutzt und später als Reithalle der stationierten Garnison. 1980/81 entstand aus den Ruinen, die der Zweite Weltkrieg hinterlassen hatte, ein modernes städtisches Kulturzentrum mit einer Ausstellungshalle und einem Konzertsaal, der wegen seiner außerordentlichen Akustik und intimen Atmosphäre inzwischen internationalen Ruf genießt. Gegenüber liegt die Hofkirche »Zu unserer Lieben Frau«, die Pfalzgraf Johann in der ersten Hälfte des 15. Jahrhunderts errichten ließ und die damals nur für Angehörige des Hofstaats offen stand – die Bürgerlichen hatten St. Johannes. Sehr imposant in der Hofkirche ist das Marmorhochgrab des Pfalzgrafen Otto II., aber schön sind auch der neugotische Hochaltar, die Orgelempore, an der linken Chorbogenwand die Steinmadonna von 1480 und an der rechten Chorwand die Figur des heiligen Sebastian von 1490.

Zeitgleich zum Bau der Hofkirche entstand das Pfalzgrafenschloss, das zwar 1520 abbrannte, aber unter Pfalzgraf Friedrich II. als Renaissanceschloss neu aufgebaut wurde. Nunmehr ist das schmucke Gebäude Sitz des Amtsgerichts. Die drei robusten Reiterfiguren auf dem Platz sind ein viel bewundertes Werk Lothar Fischers.

Das Renaissanceschloss der Pfalzgrafen

Museum Lothar Fischer oder Schlossweiher

Wir haben längst noch nicht alle Sehenswürdigkeiten gesehen, also keine Müdigkeit vortäuschen, sondern schwungvoll rechts an der Hofkirche vorbei, über den »Hofplan« wieder zur Klostergasse und anschließend durch das dekorative Klostertor. Von rechts kommt die Kapuzinerstraße mit der evangelisch-lutherischen Christuskirche, hervorgegangen aus der ehemaligen Klosterkirche der Kapuziner. Wir orientieren uns nach links und gelangen auf der Weiherstraße zur Stadtbibliothek mit dem verlockenden *Parkcafé*, und gleich daneben das 2004 eröffneten Museum Lothar Fischer, in dem 60 Skulpturen und Plastiken des großen Künstlers zu sehen sind und in dem jährlich drei Ausstellungen zur klassischen Moderne stattfinden. Liebhaber zeitgenössischer Kunst werden sich den Besuch dieses außergewöhnlichen Museums nicht entgehen lassen und wahrscheinlich zuvor oder anschließend einen Espresso oder Cappuccino im *Parkcafé* schlürfen. Allen anderen empfehle ich, den Schlossweiher gegenüber zu umrunden. Das stille, idyllisch gelegene Gewässer, einst Lieferant von Frischfisch für die Hofküche und später Eislieferant für die ortsansässigen Brauereien, ist in gut zwanzig Minuten abgelaufen und böte Gelegenheit, die vielfältigen bisherigen Eindrücke nachwirken zu lassen.

Durch den Stadtpark zum Unteren Tor

Danach wollen wir uns im Stadtpark umschauen. Wir gehen den Weg zwischen Fischer-Museum und Stadtbibliothek hinunter, folgen aber anschließend nicht dem Ilse-Haas-Weg, sondern schlendern gemütlich rechts an dem kleinen Teich vorbei, hinter dem die Rückgebäude des Pfalzgrafenschlosses liegen. Vor uns jetzt ein breites Wiesenviereck, umrahmt von knorrigen Bäumen. Wir gehen rechts die leichte Böschung hinauf und stehen unvermittelt vor einem Denkmal mit dem Konterfei von König Christoph III., der, wie auf der Umrahmung zu lesen ist, von 1441 bis zu seinem Tod 1448 Herrscher über die vereinigten Königreiche Dänemark, Schweden und Norwegen gewesen ist. Dieser in Neumarkt geborene Christoph war der einzige Sohn des Pfalzgrafen Johann und wurde durch Beschluss des dänischen Reichsrats Nachfolger seines Onkels Erik auf dem dänischen Thron, dem auch Norwegen und Schweden untertan waren – kein anderer Pfalzgraf hat eine derart traumhafte Karriere aufzuweisen …

Wir umgehen das Wiesenkarree und verlassen den Park auf der gegenüberliegenden Seite. Hier stoßen wir auf die Untere Kasernengasse mit dem Kasernengebäude, in dem die bayerischen Chevauleger-Regimenter von 1814 bis 1909 stationiert waren. Es folgt danach rechts der Schuldturm, das ehemalige Stadtgefängnis. Anschließend erreichen wir den Unteren Markt und das Untere Tor. Zum Rathaus sind es linker Hand nur ein paar Minuten.

Wer noch ein wenig durch die Nebenstraßen der Altstadt schlendern möchte, könnte das »Schreiberhaus« in der Bräugasse, die hinter der Johanneskirche rechts abzweigt, aufsuchen – der schmucke Fachwerkbau gilt als das älteste erhaltene Bürgerhaus der Stadt. Einen Abstecher wert wäre auch der Pulverturm in der Pulverturmgasse im Süden der Altstadt mit Resten der alten Stadtmauer. Oder man bummelt einfach kreuz und quer, Überraschendes findet sich in Neumarkts Gassen immer wieder.

Einkehr und Museumsbesuch

Wer seine Einkehr mit einem Museumsbesuch verbinden will, hat die Qual der Wahl zwischen *Gasthof Wittmann* in der Bahnhofstraße und dem *Moosbüffel* in der Schwesterhausgasse. Oldtimer-Fans werden nicht vergessen, die Luxus-Karossen im Maybach-Museum zu begutachten, während begeisterte Radler im Stadtmuseum die einzigartige Sammlung von Produkten der ehemaligen Velocipedfabrik Goldschmidt & Pirzer, der späteren Express-Werke, keinesfalls versäumen wollen. Gipfelstürmer erwägen vielleicht sogar einen Ausflug zur Burgruine Wolfstein oder zu der barocken Wallfahrtskirche Mariahilf. Wegbeschreibungen dazu sind im Amt für Touristik bzw. im Prospektautomaten gegenüber erhältlich.

Thilo Castner

Informationen:

Tourist-Information, Rathausplatz 1, 92318 Neumarkt i. d. OPf., Tel. 0 91 81/25 51 25, www.neumarkt.de

1. Bayerisches Metzgerei- und Weißwurstmuseum, Bahnhofstr. 21, Tel. 0 91 81/90 74 26, www.hotel-wittmann.de, Besuch und Führungen nur nach Voranmeldung möglich.

Museum für historische Maybach-Fahrzeuge, Holzgartenstr. 8, Tel. 0 91 81/4 87 71 00, www.automuseum-maybach.de, Anfang Nov–Ende Apr Di–So 11.00–17.00, Anfang Mai–Ende Okt Di–So 10.00–17.00.

Brauereimuseum im *Glossner-Bräu*, Schwesterhausgasse 9–15, Tel. 0 91 81/2 21 45, www.glossner.de, Di–So ab 16.00.

Stadtmuseum Neumarkt, Adolf-Kolping-Str. 4, Tel. 0 91 81/24 01, www.stadtmuseum.neumarkt.de, Mi–Fr u. So 14.00–17.00, im Feb geschlossen.

Museum Lothar Fischer, Weiherstr. 7 a, Tel. 0 91 81/51 03 48, www.museum-lothar-fischer.de, Mi–Fr 14.00–17.00, Sa u. So 11.00–17.00, Apr–Sep Mi–So bis 18.00.

Einkehrtipps:

Hotel & Gasthof Wittmann, Bahnhofstr. 21, Tel. 0 91 81/90 74 26, www.hotel-wittmann.de, Mo–Sa 8.00–23.30, So 9.00–15.00.

Oberer Ganskeller, Ringstr. 2, Tel. 0 91 81/51 20 35, www.obererganskeller.de, Mo–Sa 9.30–23.55, So 9.30–22.00.

Parkcafé Neumarkt, Weiherstr. 7, Tel. 0 91 81/5 20 65 59, Mo–So 9.00–1.00.

Moosbüffel, Schwesterhausgasse 9, Tel. 0 91 81/2 21 45, www.moosbueffel-neumarkt.de, Di–So ab 16.00, Mo Ruhetag.

Buchtipp:

Dennerlohr, Carin: *Neumarkt in der Oberpfalz. Stadtführer Entdecken und Genießen*, Galli-Verlag 2010.

Extras:

Wochenmarkt immer Do 8.00–17.00, mit Bauernmarkt auf dem Rathausplatz 8.00–14.00, weitere Informationen unter Tel. 0 91 81/5 13 98 18 (aktives Neumarkt e. V.) oder auf www.neumarkter-wochenmarkt.de

Bauernmarkt auf dem Unteren Markt, immer Sa 8.00–13.00.

Dreitägiges Altstadtfest Mitte Juni.

Zehntägiges Jura-Volksfest mit Pferde- und Fohlenmarkt Anfang–Mitte Aug.

Schmankerlwochen im Okt (Informationen unter: www.schmankerlwochen.de).

Neumarkter Passionsspiele alle 10 Jahre, demnächst 2019 (Informationen unter: www.passionsspiele-neumarkt.de).

Amberg

Die heimliche Hauptstadt der Oberpfalz

Ort:

Kreisfreie Stadt im Regierungsbezirk Oberpfalz. Rund 44 000 Einwohner.

Geschichte:

1034 erste urkundliche Erwähnung. Bereits im 12. Jahrhundert bedeutender Handelsplatz. Fällt Mitte des 13. Jahrhunderts an Wittelsbacher, Herzog Ludwig II. verleiht Stadtrecht. Kommt 1329 an pfälzische Linie der Wittelsbacher und wird zur Hauptstadt der Oberen Pfalz. 1341 gründen Amberg, Sulzbach und Nürnberg die »Amberger Hammereinung«, Handel mit Eisen, Erz und Salz bringt Reichtum. 1474 »Amberger Hochzeit«. Im Dreißigjährigen Krieg Niedergang des Handels. Fällt 1628 an Kurbayern und wird katholisch. Im 18. Jahrhundert im Verlauf des spanisch-österr. Erbfolgekriegs schwere Einbußen durch Besetzungen. Zudem wird Regierung 1810 nach Regensburg verlegt. Im 19. Jahrhunderts industrielle Wiederbelebung. Im 2. Weltkrieg von größeren Schäden durch Bombenangriffe verschont.

Sehenswürdigkeiten:

Alte Ringmauer mit vier Toren. Marktplatz, mit Rathaus und Ratstrinkstube. Alte Veste. Kurfürstliches Schloss, Zeughaus und Regierungskanzlei. Eh'häusl. Klösterl. Basilika St. Martin. Kirche St. Georg. Schulkirche St. Augustinus. Maltesergebäude. Stadttheater. Stadtmuseum und Luftmuseum. Mariahilfberg.

Dauer des Rundgangs:

Mit Einkehr und Besuch des Luftmuseums, aber ohne Aufstieg zum Mariahilfberg, 4–5 Std.

Anfahrt:

ÖPNV: Ab Nürnberg direkt mit RE zum Amberger Bhf.
Kfz: Ab Nürnberg A 6 bis Ausfahrt 65 »Amberg West«, weiter auf B 299, rechts auf Pfalzgrafen- und Kaiser-Ludwig-Ring zum Parkplatz am Bhf.

Ambergs Blütezeit

Im ausgehenden Mittelalter war die Oberpfalz auf Grund reicher Erzvorkommen im Großraum Amberg eines der bedeutendsten europäischen Eisenzentren, was die Amberger Kaufleute, nachdem sie von Kaiser Friedrich Barbarossa die gleichen Rechte wie die Nürnberger Kaufleute erhalten hatten, geschickt zu nutzen wussten. Eisen und Erz wurden zum wichtigsten Handelsgut, das kostengünstig auf der Vils befördert werden konnte. Das bescherte der Stadt beachtlichen Wohlstand. 1341 gründen Amberg und Sulzbach, 1387 Amberg, Sulzbach und Nürnberg die »Amberger Hammereinung«, eine Art frühes Wirtschaftskartell, das für lange Zeit hohe Einnahmen sicherte. Bereits im 13. Jahrhundert waren Rathaus und Münzstätte entstanden. Die reich gewordenen Bürger konnten eine imposante Kirche bauen, die Kurfürsten das Kurfürstliche Schloss. Legendär ist die »Amberger Hochzeit« des Pfalzgrafen Philipp mit Margarete, der Tochter des Landshuter Herzogs Ludwig des Reichen, im Jahr 1474. 400 Fürsten, Grafen, Ritter, Bischöfe und Repräsentanten der Städte mit ihrem Gefolge und Tausenden von Pferden feierten fast eine Woche lang. Belegt ist, dass u. a. 1045 Kälber, 11 100 Hühner, 400 Spansäue, 50 Ochsen und 50 Frischlinge verzehrt und 100 000 Liter Wein getrunken wurden. Damit kam man der sagenhaften »Landshuter Hochzeit«, die nur ein Jahr später stattfand, ziemlich nahe.

Obwohl diese glanzvollen Zeiten vorbei sind, gibt es auch heute noch viel Interessantes in Amberg zu erkunden. Und so ist es nicht verwunderlich, dass Amberg 2015 bei einer Abstimmung des Internetportals »HOTEL.DE«, an der 39 Städte zur Auswahl standen, zur »liebenswertesten Klein- und Mittelstadt Deutschlands« gekürt wurde.

Der Marktplatz

Wir beginnen unsere Tour am Amberger Bahnhof und schlendern mit offenen Augen die Bahnhofstraße entlang. Imponierend sind bereits hier die ersten wuchtigen, lang gestreckten Gebäude. Gleich rechts die von König Ludwig dem Bayern 1317 gestiftete Spitalkirche; gegenüber, erreichbar über den Hauseingang Nr. 10/12, die Fassade der »Alten Münze«. Die Bahnhofstraße mündet übergangslos in die Rathausstraße mit prächtigen Fassaden, am schönsten die der Häuser 2, 4 und 6. Hinter Nr. 4 findet sich das Bierhaus *Schloderer Bräu*.

Auf dem Marktplatz, der schon immer Mittelpunkt des städtischen Lebens war, halten wir kurz inne und bewundern das herrliche Rathaus. Der gotische Giebel, mit Spitzbogenblenden gegliedert, stammt aus dem 14. Jahrhundert, die gelben Arkaden darunter entstanden in der Renaissance-Zeit. Auf dem Brunnen links vor dem Rathaus steht das Brautpaar der Amberger Hochzeit, Markgraf Philipp und Margarete. Das mächtige Gebäude auf der gegenüberliegenden Seite des Platzes ist die ehemalige »Ratstrinkstube«, die jetzt als Geschäftshaus genutzt wird. Die vier Figuren an der Frontseite symbolisieren die Elemente Feuer, Wasser, Luft und Erde.

Dominiert wird der Marktplatz eindeutig von St. Martin mit dem 92 Meter hohen Turm, an dem fast ein volles Jahrhundert gebaut wurde. Der Innenraum dieser mächtigen gotischen Hallenkirche, der zweitgrößten in Nordbayern nach dem Regensburger Dom, wird durch 14 Strebepfeiler in drei Schiffe geteilt und ist eingerahmt von 19 kunstvollen Seitenkapellen mit vielen Grabplatten. Die ursprünglich katholische Kirche war mit Einführung der Reformation durch den Rat der Stadt evangelisch geworden, wurde danach calvinistisch, später wieder evangelisch und schließlich erneut katholisch. Dem häufigen Wechsel sind viele Kunstgegenstände zum Opfer gefallen, calvinistische Eiferer hatten sogar die Fresken an den Wänden weggekratzt. Die in späteren Jahren erfolgte prunkvolle Ausgestaltung passt dennoch in die gotische Basilika, die einen Vergleich mit der Nürnberger Lorenzkirche nicht zu scheuen braucht. Wir lassen uns Zeit und bestaunen die schönen Altäre und farbenfrohen Kirchenfenster.

Von der Alten Veste zum kurfürstlichen Zeughaus

Wir umgehen vom Marktplatz aus St. Martin, kommen zum Salzstadelplatz und überqueren die kleine Brücke, die uns zum Eichenforstgäßchen bringt. Hier erwartet uns gleich dreierlei. Das *Rußwurmhaus* wäre eine spätere Einkehr wert, nicht nur wegen des weltweit größten Kartoffelpuffers, des sieben Meter langen »Dotsch«, der hier hergestellt wurde, sondern v. a. wegen der exquisiten Küche. Gegenüber erhebt sich die Alte Veste, das ältere Pfalzgrafenschloss, in dem Pfalzgraf Ruprecht 1352 das Licht der Welt erblickte, der 46 Jahre später Kurfürst wurde und von 1400 bis 1410 röm.-dt. König war. Nur ein paar Schritte weiter, und wir stehen vor dem »Klösterl«, davor befindet sich die Statue von Kurfürst Friedrich V., der von Amberg aus zum böhmischen König gewählt wurde und als »Winterkönig« in die Geschichte einging.

Das Klösterl, ein historisch bemerkenswertes Gebäude aus dem 14. Jahrhundert, wurde 2006 Domizil des Luftmuseums – ein Besuch desselben kann nur wärmstens empfohlen werden. Luft wird hier erlebbar und begreifbar gemacht, mit wunderbaren Werken von Künstlern, Architekten und Designern. Museumsobjekte, die zeigen, wie man Luft sehen, fühlen und hören kann, sind z. B. ein »fliegender Teppich«, ein »Luft-Globus,« eine »Einkaufstütenorgel« und eine »Druckluftuhr«. Wer hier nicht vorbeischaut, hat etwas Einmaliges versäumt. Nicht ohne Grund schmückt sich Amberg neuerdings mit dem Zusatz »Luftkunstort«.

Weiter geht's anschließend auf dem Gässchen »Hinter der Veste«, vor der Schiffbrückgasse überqueren wir die Vils ein zweites Mal. Auf der anderen Uferseite liegt die Anlegestelle für Plättenfahrten auf dem Fluss. »Plätten« sind die zwölf Meter langen und gut zwei Meter breiten Kähne, auf denen einst Eisenerz und Salz befördert wurden. Jetzt kann sich Groß und Klein an den Wochenenden von Mai bis Ende Oktober zum Kurfürstenbad oder zum Piratenspielplatz hin- und zurückschippern lassen. Von hier haben wir auch einen tollen Blick auf die »Stadtbrille«, den doppelbögigen Durchlass der Vils, ein viel bestauntes Unikum Ambergs.

Die viel bewunderte Amberger Stadtbrille

Wir befinden uns nun auf der Schiffgasse. Vor uns liegt das ehemalige kurfürstliche Zeughaus, ein gewaltiges Gebäude, das bis Ende des 18. Jahrhunderts als Magazin zur Aufbewahrung militärischer Objekte diente und später als Salzlager Verwendung fand. Neuerdings ist dort ein Teil des Landratsamts eingezogen. Die links abzweigende Zeughausstraße führt zum Amberger Stadtmuseum. Wer die Geschichte der Stadt genauer kennenlernen möchte, wird dort umfassend informiert, z. B. über die Epoche der Kurfürsten und das Alltagsleben der Amberger Bürger im 19. Jahrhundert. Ein separates Kabinett ist dem Werk des in Amberg geborenen und international bekannten Künstlers Michael Mathias Prechtl gewidmet, der z. B. mit einem Entwurf zur Ausgestaltung des Rathaussaals auch in Nürnberg seine Spuren hinterlassen hat.

Vom Kurfürstlichen Schloss zum Maltesergebäude

Nun wieder zurück zur Schiffbrücke und auf der Schiffbrückgasse zur Regierungsstraße. Linker Hand liegt das kurfürstliche Schloss, ein riesiger Komplex, den Kurfürst Ludwig III. Anfang des 15. Jahrhunderts in Auftrag gab, nachdem die Alte Veste den Ansprüchen der Hofhaltung nicht mehr genügt hatte. Jetzt ist hier das Hauptgebäude des Landratsamts untergebracht. Vom Schlosshof hat man einen schönen Blick auf Stadtbrille und Zeughaus. Wir gehen auf der Regierungsstraße nach rechts weiter und erreichen die kurfürstliche Regierungskanzlei, einen prächtigen Renaissancebau, von dem aus die Kurfürsten das Land verwalteten. Die zwei Medaillons auf der Vorderseite des Erkers zeigen Kurfürst Friedrich II. und seine um rund 38 Jahre (!) jüngere Gemahlin Dorothea, eine dänische Königstochter. Unterhalb der zwei Konterfeis sehen wir die Wappen der Kurpfalz und des Königreichs Dänemark.

Nach ein paar Schritten biegen wir links, unmittelbar vor *Café Dobmeier*, in das enge Zuckerbäckergäßchen ein und kommen links über das Postgäßchen zum Frauenplatz mit der Frauenkirche. Der gotische Bau mit dem spitzen Turm wurde auf der Stelle errichtet, wo einst die Synagoge gestanden hatte – von 1390 auf 1391 waren die Juden aus der Stadt vertrieben worden. Während des calvinistischen Intermezzos in Amberg wurde die Kirche als Pferdestall missbraucht.

Nun gehen wir weiter die Badgasse hinunter, dann die Straße »Neustift«, und schon stehen wir vor dem 160 Meter langen Maltesergebäude. Mit dem Bau dieser außergewöhnlichen Anlage wurde 1628 begonnen, als die Stadt zu Bayern gekommen war und wieder katholisch werden sollte. Damit beauftragt wurde der von Maximilian I. nach Amberg berufene Orden der Jesuiten, die hier ihr Kolleg gründeten und die Gegenreformation geschickt in Gang setzten. Sie sorgten auch für die barocke Neugestaltung von St. Georg. – Diese Kirche wollen wir uns auf keinen Fall entgehen lassen. Wir durchschreiten das mittlere Portal des Maltesergebäudes und finden schnell den Kircheneingang. Die barocke Pracht, die sich hier geballt offenbart, wird nicht jedem uneingeschränkt gefallen. Gleichwohl sind Orgel, Kanzel, Hochaltar, die Seitenkapellen sowie Deckengemälde und Stuckreliefs außerordentlich beeindruckend und sollten in Muße wahrgenommen werden.

Eh'häusl und Schulkirche

Wieder auf dem Malteserplatz, biegen wir rechts in die Seminargasse ein. Kurz nach Überquerung der Langen Gasse treffen wir in Hausnummer 8 ein weiteres Amberger Unikum, das *Eh'häusl*. Wer früher in Amberg heiraten wollte, musste den Besitz eines Hauses nachweisen. Da dieses winzige Häuschen billig zu erwerben war, konnte es auch von weniger betuchten Bürgern gekauft werden. Einer Sage nach erwarben mehrmals arme Schlucker das Anwesen, um es nach der Heirat schnell an andere Heiratswillige weiter zu veräußern mit der Folge, dass das Häuschen immer wieder den Besitzer wechselte und dadurch vielen Besitzlosen eine Heirat ermöglicht wurde. Heute gilt das *Eh'häusl* als »kleinstes Hotel der Welt«.

Über den Viehmarkt kommen wir rechts zum Schrannenplatz. An der Südseite sehen wir ein barockes Bürgerhaus mit stattlichem Portal, gegenüber das Amberger Stadttheater, eines der schönsten Schauspielhäuser in Deutschland. Das Gebäude war ursprünglich eine dem heiligen Bernhard geweihte Kirche mit angeschlossenem Franziskanerkloster und wurde 1803 im Zuge der Säkularisation zum Theater umgebaut. Nur einen Steinwurf entfernt, in der abzweigenden Schulgasse, befindet sich ein weiterer Höhepunkt, die sogenannte Schulkirche, hervorgegangen aus einem Kloster der Salesianerinnen. In dem äußerlich wenig ansprechenden Bau erwartet den Besucher eine überwältigend schöne Rokoko-Ausstattung, ausgeführt nach Plänen von Wolfgang Dientzenhofer, dem auch die Gestaltung der Wallfahrtskirche auf dem Mariahilfberg übertragen worden war. Schwer vorstellbar, dass jemand von der filigranen Kunst in diesem kirchlichen Kleinod nicht angetan ist.

Über das Obere Apothekergässchen gelangen wir zur Georgenstraße, der Flanier- und Einkaufsmeile Ambergs. Prächtige Barock-, Renaissance- und Jugendstilhäuser geben reichlich Anlass, ab und an innezuhalten und die schön verzierten Fassaden mit Erkern und Chörlein zu bestaunen. Hier eine alte Haustür, dort in der Wandnische eine Heiligenfigur, dann ein herrschaftliches Portal – es sind immer wieder auch Kleinigkeiten, die den Reiz eines Bummels durch die Georgenstraße ausmachen. Nach Überschreiten der Kranbrücke, auf der wir nach beiden Seiten freien Blick auf die gemächlich dahinfließende Vils haben, ist der Marktplatz erreicht, und es wäre jetzt wohl an der Zeit, nach einem Wirtshaus Ausschau zu halten. Das *Rußwurmhaus* wäre da, wie bereits erwähnt, bestimmt keine schlechte Entscheidung, und auch das *Schloderer Bräu* oder *Robert's Trattoria Bavaria* kämen wahrscheinlich in die engere Wahl.

Nabburger Tor und Stadtgraben

Wer nach der Einkehr dann die Rückfahrt antritt, hat zwar eine Menge von Amberg gesehen, aber noch nicht die gut erhaltene Stadtmauer, eine gigantische, drei Kilometer lange Befestigungsanlage, die vier Stadttore hat und dereinst 97 Türme hatte. Wir gehen also die Rathausstraße in Richtung Bahnhof und biegen rechts in die Untere Nabburger

Das mächtige Nabburger Tor

Straße ein, die uns über die Straße »Hinter der Mauer« zu dem stattlichen Nabburger Tor mit Rundbogen und zwei halbkreisförmigen Türmen bringt. Wir überschreiten die Brücke und gehen links in den Graben hinunter, der früher mit Vilswasser gefüllt war und die Eroberung der Stadt so gut wie unmöglich gemacht hatte. Die Stadtmauer, die auch heute noch stellenweise über zehn Meter hoch ist, und die zweite kleinere Wehrmauer, die vor dem Graben stand, taten ihr Übriges. Der Anblick des Mauerwerks muss so Respekt einflößend gewesen sein, dass im Mittelalter kein Angreifer je ernsthaft versuchte, die Stadt zu erobern. Erst 1703, im Zuge des Spanischen Erbfolgekriegs, gelang den kaiserlichen Truppen nach wochenlanger Belagerung der Einmarsch.

Wir gehen den Graben entlang, auch auf uns wirken Mauerwerk, Türme und Graben durchaus Respekt einflößend. Nach 500 Metern bringt uns der Fußweg zur Bahnhofstraße, und damit sollte der Rundgang auch sein Ende finden, es sei denn, einige Unermüdliche wollen partout noch den Mariahilfberg erklimmen, ein durchaus erstrebenswertes Ziel. In diesem Fall rechts am Bahnhof vorbei und auf dem Kaiser-Ludwig-Ring weiter, bis links der Mariahilfbergweg abzweigt. Von da immer bergauf, mindestens 30 Minuten lang, zum Schluss über rund 100 Stufen. Oben angekommen hat man einen grandiosen Blick auf die Stadt. Ursprünglich stand dort eine Kapelle, die von gläubigen Ambergern in der Hoffnung errichtet worden war, einer grassierenden Pestepidemie Einhalt zu gebieten. Nach Überwindung der Seuche entwickelte sich die Kapelle zum vielbesuchten Wallfahrtsort. Als das Kirchlein abgebrannt war, entstand, wie bereits erwähnt, ab 1697 nach Plänen Wolfgang Dientzenhofers die jetzige Kirche, deren Stuckausstattung von den Italienern G. B. Carlone und dessen Schüler P. d'Aglio stammt. Höhepunkt der Innendekoration sind die herrlichen Deckenfresken von C. D. Asam. Auf dem Platz vor der Wallfahrtskirche findet das jährliche Bergfest statt. Für den Rückweg zum Bahnhof sind in etwa 20 Minuten einzukalkulieren.

Thilo Castner

Informationen:

Tourist-Information, Hallplatz 2, 92224 Amberg, Tel. 0 96 21/1 02 39, www.amberg.de

Stadtmuseum Amberg, Zeughausstr. 18, Tel. 0 96 21/1 02 84, www.stadtmuseum-amberg.de, Di–Fr 11.00–16.00, Sa u. So 11.00–17.00, geschlossen am 24.12., 25.12. u. 01.01.

Luftmuseum Amberg, Eichenforstgässchen 12, Tel. 0 96 21/42 08 83, www.luftmuseum.de, Apr–Sep Di–Fr 14.00–18.00, Sa u. So 11.00–18.00 (Okt–März nur bis 17.00).

Einkehrtipps:

Gaststätte Rußwurmhaus, Eichenforstgäßchen 14, Tel. 0 96 21/2 13 16, Di–So 11.00–24.00, warme Küche 11.00–14.00 u. 17.00–22.00, Mo Ruhetag.

Robert's Trattoria Bavaria, Marktplatz 11, Tel. 0 96 21/9 11 08 46, www.cafe-roberts.de, Mo–Fr 7.30–18.00, Sa 7.30–16.30, So Ruhetag.

Schloderer Bräu, Rathausstr. 4, Tel. 0 96 21/42 07 07, www.schlodererbraeu.de, Mo–Fr 7.30–24.00, Sa 7.30–1.00, So u. Fei 10.00–24.00, warme Küche 11.00–22.00 (außer Sa 23.00).

Casino Wirtshaus am Stadttheater, Schrannenplatz 8, Tel. 0 96 21/2 26 64, www.casino-wirtshaus.de, Di–So ab 10.00, warme Küche 12.00–14.00 u. 18.00–22.00, geschlossen Mo, Sonntagnachmittag (u. im Sommer Sonntagabend).

Buchtipp:

Beate Wolters: *Das Gelbe vom Ei. Ambergs Stadtverführung*, Regensburg 2012.

Extras:

Töpfer- und Krügemarkt um Georgi (23. Apr) Ende des Monats.

Altstadtfest mit vielfältigen musikalischen Darbietungen im Juni.

Brunnenfest mit Festzug zur Stadtgeschichte seit 2001 alle 2 Jahre Anfang Aug.

Jährliches Bergfest auf dem Mariahilfberg Ende Juni/Anfang Juli.

37 Sulzbach-Rosenberg

Die Herzogstadt mit Charme

Ort:

Oberpfälzer Stadt im Landkreis Amberg-Sulzbach. 19300 Einwohner.

Geschichte:

Erste urkundliche Erwähnung 1024, Besiedlung bereits im 8. Jahrhundert nachgewiesen. Bis 1188 im Besitz der Grafen von Sulzbach, fällt dann an Grafen von Hirschberg-Grogling, 1305 an Wittelsbacher Herzöge. Unter Karl IV. von 1353–1373 Hauptstadt von Neuböhmen. Fällt im Zuge des Landshuter Erbfolgekriegs an pfälzische Wittelsbacher. 1656–1790 Hauptstadt des Fürstentums Pfalz-Sulzbach. Pfalzgraf Christian August führt 1652 »Simultaneum« ein, die Gleichstellung von Katholiken und Lutheranern, gewährt auch Juden weitgehende Glaubensfreiheit. Wird 1791 der bayerischen Provinz Obere Pfalz zugeschlagen. 1822 vernichtet ein Stadtbrand ein Drittel der Altstadt. 1853 Gründung des Stahlwerks Maxhütte in benachbarter Gemeinde Rosenberg, die 1934 mit Sulzbach fusioniert wird. 2002 endgültige Schließung der Maxhütte.

Sehenswürdigkeiten:

Schloss Sulzbach. Gotisches Rathaus. Stadtpfarrkirche St. Marien. Evangelische Christuskirche. Historische Druckerei Seidel. Synagoge. Literaturarchiv. Stadtmuseum. Erstes Bayerisches Schulmuseum. Franziskaruh. Das industriehistorische Denkmal Maxhütte. Wallfahrtskirche St. Anna.

Dauer des Rundgangs:

Mit Einkehr und Besuch eines Museums, aber ohne Annaberg und Maxhütte ca. 5 Std.

Anfahrt:

ÖPNV: Von Nürnberg direkt mit RE zum Sulzbacher Bhf.
Kfz: Von Nürnberg A 6 bis Ausfahrt 64 »Sulzbach-Rosenberg«, über St 2164 auf anschließende B 14, rechts über Rosenberger Str. zum Parkplatz am Bhf.

Das »braune Gold der Oberpfalz«

Seinen Wohlstand im Mittelalter verdankte die Stadt zum erheblichen Teil den nahen Erzgruben, die teilweise bis 1977 in Betrieb waren. Eisenerz, das »braune Gold der Oberpfalz«, hatte der Region später den Ruf als »Ruhrgebiet des Mittelalters« eingebracht. Hinzu kam die günstige Verkehrslage Sulzbachs im Schnittpunkt von zwei wichtigen Handelswegen, der »Goldenen Straße« von Nürnberg nach Prag und der Verbindung Leipzig–Regensburg. Die Blütezeit der Stadt begann, als Kaiser Karl IV. Sulzbach zur Hauptstadt des neu gegründeten Territoriums Neuböhmen machte und mit wichtigen Privilegien ausstattete. So waren die Sulzbacher Händler von allen Zollabgaben in den Reichsstädten befreit, und den Bürgern der Stadt wurde die Förderung von Eisenerz in der Sulzbacher Region gestattet. Spuren aus jener Zeit sind auch heute noch unübersehbar.

Durch den Stadtpark zum Luitpoldplatz

Der Sulzbacher Bahnhof liegt etwas außerhalb, zur Innenstadt sind es aber nur rund 500 Meter. Wir gehen vom Bahnhofsgebäude gleich links auf dem Fußweg durch den Stadtpark, rechter Hand eine Bienenzuchtanlage und ein großer Weiher, vor uns die Konturen des gewaltigen Schlosses und der Turm der Stadtpfarrkirche. Sobald die Neumarkter Straße erreicht ist, halten wir uns rechts, überqueren den Rosenbach – das Flüsschen mündet hinter Rosenberg in die Vils – und passieren die Stelle, an der früher das am Ende des 19. Jahrhunderts abgebrochene Weihertor stand. Damit betreten wir die Altstadt.

Das historische Zentrum liegt etwa 28 Meter über dem Tal, entsprechend geht es nun zunächst leicht, dann steil bergauf, über den Kugelplatz zur Bergstraße. Wer möglichst viel von Sulzbach sehen will, nimmt einen kleinen Umweg in Kauf und biegt zuvor links in die Straße »Auf der Rahm« ab. Hier stößt man auf die Fürstenquelle, die, so die Legende, Graf Gebhard, der vermeintliche Stammvater der Grafschaft Sulzbach, auf einer Jagd entdeckt hatte und daraufhin beschloss, auf dem Felsen oberhalb der Quelle eine Burg zu bauen. Neben der Quelle sind Reste der alten Stadtmauer und einer der erhaltenen Türme zu sehen, der »Wipfelturm«.

Auf der Bergstraße biegen wir dann links in die Klostergasse ein und betrachten aufmerksam das prächtige Portal der Klosterkirche

St. Hedwig. Oberhalb der Doppeltür befinden sich die kunstvollen Wappen von Pfalz-Sulzbach und Hessen-Rheinfels-Rothenburg. Weiter gehen wir auf der Bergstraße, die uns auf einem Rechtsbogen zum Luitpoldplatz bringt. Gleich links liegt das Sulzbacher Schloss, eine der größten Anlagen der Wittelsbacher in Nordbayern, und das wollen wir uns etwas eingehender anschauen.

Die Geschichte des Schlosses

Begonnen wurde mit dem Bau des Schlosses bereits im 9. und 10. Jahrhundert. Unter Karl IV. war die Anlage im Spätmittelalter in den Grundzügen schon so, wie wir sie derzeit vorfinden. Ab Ende des 16. Jahrhundert residierten hier die Wittelsbacher. Pfalzgraf Ottheinrich II. ließ die zwei Schneckentürme errichten. Der alte Bergfried wurde später abgebrochen. Weitere bauliche Veränderungen veranlasste Pfalzgräfin Franziska Dorothea, die verwitwet in Sulzbach lebte. 1807 kaufte Kommerzienrat Johann Esaias von Seidel das Schloss und richtete hier seinen Druckereibetrieb ein. Vom bayerischen Staat zurückerworben, wurden die Gebäude von 1862 bis 1909 als Strafanstalt für weibliche Gefangene genutzt, danach als Kaserne für ein Infanterieregiment, ab 1920 als Männerstrafanstalt. Die häufigen Wechsel konnten

Blick vom Schloss auf den Rosenbach und den Zipfelturm

der imposanten Bausubstanz zwar nichts anhaben, aber der Glanz der Wittelsbacher Ära ist natürlich verflogen.

Wir betreten die Anlage durch den Spitzbogen, vor dem einst eine Zugbrücke war. Der Innenhof besticht durch seine enorme Größe. Schön sind die zwei Treppentürme und anmutig der Löwenbrunnen, der 1701 auf Initiative von Pfalzgraf Christian August gebaut wurde. Genutzt werden die Räumlichkeiten des Schlosses derzeit vom Staatlichen Bauamt, untergebracht sind hier zudem die Stadtbibliothek sowie die Städtische Sing- und Musikschule. Wir gehen zu der Mauer vor, die das Schloss gen Süden umringt, und haben von dort einen herrlichen Blick auf Stadtpark, Rosenbach und Reste der alten Stadtmauer mit dem Zipfelturm.

St. Marien, Rathaus und Christuskirche

Auf dem Luitpoldplatz, Sulzbachs Marktplatz, warten gleich zwei Höhepunkte auf uns. Als Erstes nehmen wir uns die Stadtpfarrkirche St. Marien vor. Wie schon kurz erwähnt, hatte Pfalzgraf Christian August 1652 verfügt, dass die Kirche von beiden Konfessionen, von Katholiken und Lutheranern, gleichberechtigt genutzt werden konnte. Das »Simultaneum« wurde erst 1957 aufgelöst, als die evangelische Gemeinde mit der Christuskirche ein eigenes Gotteshaus erhielt. St. Marien entstand in der heutigen Form im 14. und 15. Jahrhundert. An der südöstlichen Seite steht die Figur des böhmischen Schutzpatrons, des hl. Wenzel, deren Gesichtszüge denen von Karl IV. ähneln. Besonders beachtenswert im dreischiffigen Innenraum der Kirche sind die schönen Maßwerkfenster, die lang gestreckte Fürstenempore und der Hochaltar mit der Himmelfahrt Mariens, das letzte vollendete Werk von Hans Georg Asam, einem der Hauptvertreter des Spätbarock. Spätgotisch dagegen ist der zwölfeckige Taufstein und frühbarock die farbenfrohe Kanzel.

Die Hausfassaden auf dem Luitpoldplatz wirken eher unspektakulär. Interessant ist allerdings Haus Nr. 4, denn dorthin verlagerte Johann Esaias von Seidel seine Buchdruckerei, die er zuvor im Schloss untergebracht hatte. Verlegt wurde hier vorwiegend katholische und evangelische Literatur, europaweit berühmt waren v.a. die Bibeldrucke. Der Betrieb wurde zwar 1976 eingestellt, doch 2008 hat sich das neu gegründete »Forum für Kunst und Kultur« der historischen Druckerei angenommen und den alten Maschinenraum vorbildlich restauriert.

Nun aber zum Prunkstück des Luipoldplatzes, zum Sulzbacher Rathaus, einem echten Hingucker. Der gotische Bau entstand in den Jahren 1456–1466. Das Untergeschoss war ursprünglich eine Einkaufshalle, im Obergeschoss hielt der Landesherr Gericht, in den Kellerräumen kam es zu »peinlichen Befragungen« und zu Einkerkerungen. Der prächtigste Teil des Rathauses ist zweifellos die Frontseite mit Stufengiebel und schlanken Ziertürmchen. Oberhalb des Portals befindet sich ein schmucker Erker, darüber eine Rosette, umrahmt von zwei Stadtwappen und dem pfälzisch-bayerischen Wappen. Es lohnt sich, ein Weilchen stehen zu bleiben und diese herrliche Fassade in Ruhe zu betrachten.

Links vom Rathaus, in der sogenannten »Neustadt«, sind die Umrisse der schon erwähnten, Mitte der 1950er-Jahre erbauten evangelischen Christuskirche zu erkennen. Wirklich sehenswert ist dort die Altarwand in Form eines gewaltigen Marmormosaiks, mit einem beeindruckenden Kruzifix davor. Ginge man die Neustadt weiter, käme man zum Stadtmuseum – vielleicht hat der eine oder andere nach Beendigung des Rundgangs Zeit und Lust, sich dieses außerordentlich interessante Museum anzuschauen.

Auf dem Weg zurück zum Rathaus passieren wir zwei historisch bemerkenswerte Wirtshäuser. Rechts die Weinstube *Centro*, das ehemalige Gasthaus »Zur Goldenen Krone«, in dem Karl IV. einzukehren pflegte, wenn er in Sulzbach weilte, und gegenüber, im früheren Gasthof »Roter Krebs«, jetzt *Ristorante Mona Lisa*, hatte 1414 Jan Hus genächtigt, als er in Sulzbach auf seiner verhängnisvollen Reise zum Konzil in Konstanz Station machte.

Sulzbachs Flaniermeile

Unser nächstes Ziel ist nunmehr die Rosenberger Straße mit einer Vielzahl interessanter Gebäude. Gleich rechts zweigt die Synagogenstraße ab, und wir entschließen uns zu einem kurzen Abstecher zur dortigen Synagoge. Das Gebäude ist in der Reichspogromnacht im November 1938 unbeschädigt geblieben, weil Anfang des 20. Jahrhunderts kaum noch Angehörige des mosaischen Glaubens in Sulzbach lebten, weshalb die Stadt das Haus erwarb und als Museum nutzte. In den letzten Jahren ist das Gebäude nach einer grundlegenden Renovierung zu einer Erinnerungs- und Begegnungsstätte geworden, mit ausführlichen Exponaten zu Geschichte und Kultur der Sulzbacher Juden.

Zurück auf der Rosenberger Straße, sehen wir linker Hand ein imposantes dreigeschossiges Neurenaissancehaus, das ehemalige Amtsgericht, in dem seit 1976 auf Initiative des Sulzbacher Schriftstellers Walter Höllerer ein Literaturarchiv mit Dokumenten zur Nachkriegs- und Gegenwartsliteratur besteht, mit Tausenden von Briefen und Beiträgen berühmter deutscher Autoren – für Liebhaber zeitgenössischer Poesie ein wahres Paradies. Es folgen etliche gut erhaltene gotische Bürgerhäuser, rechter Hand das Weißbeckhaus mit Stufengiebel und Kastenerker, rechts Haus Nr. 15 mit ebenso schönem Erker auf roter Fassade. Auf keinen Fall übersehen sollte man den Brauereigasthof *Sperber-Bräu*, denn später hier einzukehren wäre mit Sicherheit ein kulinarischer Volltreffer.

Die imposante Stadtbefestigung

Sobald der mächtige Stadtturm erreicht ist, biegen wir links in die Lange Gasse ein und schlendern an der alten Stadtmauer entlang, die teilweise dem Hausbau weichen musste. An der Neutorgasse gehen wir rechts weiter, das Neutor war wie alle vier ehemaligen Stadttore in den 1870er-Jahren abgebrochen worden. Wir befinden uns jetzt außerhalb der historischen Altstadt. Die Stadtbefestigung mit Mauerwerk und Graben war im Norden und Osten besonders wuchtig ausgebaut worden. 1729 wurde hier von Pfalzgraf Theodor Eustach eine Baumallee angelegt; auf der gehen wir nun nach links weiter und staunen nicht schlecht, wie gewaltig und gut erhalten die Befestigungsanlage mit Türmen und Wehrgang hier ist. Schließlich erreichen wir die Stelle, wo einst das Hagtor stand und bis 1931 im Pflasterzollhäuschen Pflasterzoll erhoben wurde. Nach ein paar Metern, vorbei an der Brauerei *Fuchsbeck*, sind wir wieder auf dem Luitpoldplatz.

Ein Museumsbesuch gefällig?

Jetzt irgendwo gemütlich einzukehren wäre sicherlich eine gute Idee. Aber vielleicht könnte man zuvor noch eines der zwei Museen aufsuchen. Literaturfreaks werden sich für das Literaturarchiv entscheiden; wer sich mehr für Geschichte und Kunst interessiert, macht sich auf den Weg zum Stadtmuseum in der Neustadt. Dokumentiert wird dort Material zu verschiedenen Werkstätten wie Schmiede, Buchbinderei, Druckerei, Gerberei und Wagnerei; zudem, wie Arbeiter und

Bürgerliche früher lebten, wie die Konfessionen zur Zeit des Simultaneums miteinander »auskamen« und wie wichtig der Bergbau für die Geschichte der Stadt war. Besonders eindrucksvoll ist der nachgebaute Bergwerkstollen mit Hunt und Bergmann.

Außerdem gibt es in der Straße einige sehr schöne Hausfassaden, und an der Ecke zur Neutorgasse erinnert eine lebensgroße Figur an den Dichter und Mystiker Christian Knorr von Rosenroth, der von 1668 bis 1689 in Sulzbach lebte. Knorr von Rosenroth stand mit den berühmtesten Gelehrten seiner Zeit wie Leibniz und Henry More in Verbindung und hat eine Fülle von wissenschaftlichen Schriften verfasst. Eine nach ihm benannte und 1990 gegründete Gesellschaft pflegt das Erbe des bedeutenden Universalgelehrten.

Schulmuseum und Annaberg

Nach einer zünftigen Stärkung, möglicherweise in einem der Sulzbacher Brauereigasthöfe, könnte vor Antritt der Rückreise noch ein kleiner Ausflug in die nähere Umgebung von Sulzbach attraktiv sein. Zum Beispiel zum Ersten Bayerischen Schulmuseum in Rosenberg mit vollständig eingerichteten Klassenzimmern aus den Jahren 1875, 1920 und 1960, das am Beginn der 1980er-Jahre entstand. In unmittelbarer Nachbarschaft des Museums liegt das von der Pfalzgräfin Franziska Dorothea erbaute, idyllisch gelegene Schlösschen Franziskaruh, und gleich daneben das 1929 entstandene Ehrenmal, errichtet auf dem Stumpf der Burgruine Rosenberg. Von hier hat man einen einzigartigen Blick auf die Industrieruine der Maxhütte. Schnell erreichbar ist das Schulmuseum mit der Buslinie 421 (Einstieg Rosenberger Straße, Ausstieg Haltestelle Henneberg).

Eine dem Kalorienabbau zudem äußerst förderliche Alternative wäre ein Spaziergang zur Wallfahrtskirche St. Anna. Der etwa halbstündige Aufstieg auf dem Annabergweg mit Kreuzwegstationen ist zwar kräftezehrend, belohnt den Besucher aber reichlich mit einem fantastischen Blick auf die Stadt und das Umland. Unterhalb der Kirche befindet sich eine Loretokapelle, errichtet auf Initiative der pfälzischen Prinzessin Elisabeth Auguste, der Frau des späteren bayerischen Kurfürsten Karl Theodor. – Man muss kein Wallfahrtspilger sein, um Aufstieg und Aussicht mit Freuden genießen zu können!

Thilo Castner

Informationen:

Tourist-Information, Luitpoldplatz 25, 92237 Sulzbach-Rosenberg, Tel. 0 96 61/51 01 10, www.sulzbach-rosenberg.de

Literaturarchiv, Rosenberger Str. 9, Tel. 0 96 61/8 15 95 90, www.literaturarchiv.de, Di–Fr 9.00–17.00 (außer Fei), So 14.00–17.00.

Stadtmuseum, Neustadt 14–16, Tel. 0 96 61/8 77 68 00, www.sulzbach-rosenberg.de/museum Mi–Fr 9.00–12.00 u. 13.30–16.30, Sa, So u. Fei 13.30–16.30.

Erstes Bayerisches Schulmuseum, Schloßbergweg 10a, Tel. 0 96 61/75 33, www.schulmuseum.org, Mo–Mi 9.00–16.00, Do 9.00–15.00, So 14.00–16.30, an Fei u. während der bayer. Schulferien geschlossen.

Synagoge Sulzbach, Synagogenstr. 9, Tel. 0 96 61/ 8 77 68 21 (Stadtarchiv), www.synagoge-sulzbach.de, Mi u. So 14.00–17.00.

Einkehrtipps:

Hotel Restaurant Bayerischer Hof, Luitpoldplatz 15, Tel. 0 96 61/5 17 00, www.bayerischerhof-su-ro.de, tägl. 10.00–22.00.

Brauereigasthof Sperber-Bräu, Rosenberger Str. 14, Tel. 0 96 61/8 70 90, www.sperber-braeu.de, tägl. 11.00–22.00, kein Ruhetag.

Ristorante Mona Lisa, Luitpoldplatz 24, Tel. 0 96 61/8 15 78 42, Di–So 11.30–14.30 u. 17.00-23.00, Mo Ruhetag.

Weinstube Centro, Luitpoldplatz 23, Tel. 0 96 61/3 04 89 45, Di u. Do 11.00–14.00 u. 17.00–22.00, Fr u. Sa 17.00–1.00, So 17.00–22.00, Mo Ruhetag.

Buchtipps:

Elisabeth Vogl: *Sulzbach-Rosenberg*, Regensburg 2006.

Stadt Sulzbach-Rosenberg (Hg.): *Eisenerz und Morgenglanz. Geschichte der Stadt Sulzbach-Rosenberg*, 2 Bd. Amberg 1999.

Extras:

Stadtführungen jeden 1. u. 3. Sa im Monat von Mai–Okt, Treffpunkt 10.45 am Löwenbrunnen.

Altstadtfest am letzten Juni-WE.

Annabergfest Ende Juli.

Knorr-von-Rosenroth-Festspiele im Innenhof des Sulzbacher Schlosses alle 5 Jahre in der 2. Juli-Hälfte.

38 Weiden
Die Max-Reger-Stadt

Ort:

Kreisfreie Stadt im ostbayerischen Regierungsbezirk Oberpfalz. Rund 42 000 Einwohner.

Geschichte:

Erste urkundliche Erwähnung 1241. Fällt knapp 30 Jahre später als Bestandteil des Staufer Erbes an Wittelsbacher Herzöge; gegen Ende des 13. Jahrhunderts als Stadt bezeichnet. Kommt durch Karl IV. 1360 zu Neuböhmen. Unter Karls Sohn Wenzel mehrfach verpfändet. Ansehnlicher Wohlstand im 15. und 16. Jahrhundert. 1421 teilen sich Markgraf Friedrich von Brandenburg und Pfalzgraf Friedrich von Neumarkt die Herrschaft, Weiden hat in Folgezeit zwei Landesherren. Pest und wiederholte Plünderungen während des Dreißigjährigen Kriegs führen zu wirtschaftlichem Niedergang. 1663 Einführung des Simultaneums. Fällt 1777 an Kurbayern. Erst ab Mitte des 19. Jahrhunderts wirtschaftlicher Aufschwung (Anschluss an Bahnnetz, Ansiedlung von Glas- und Porzellanfabriken).

Sehenswürdigkeiten:

Alte Stadtmauer mit Wehrgängen und zwei Stadttoren. St. Michael Kirche. Kirche St. Josef. St. Sebastian Kirche. Marktplatz mit Altem Rathaus und schönen Renaissance-Giebelhäusern. History Point. Stadtmuseum. Waldsassener Kasten mit Internationalem Keramik-Museum. Adenauer-Anlage. Max-Reger-Haus. Max-Reger-Park und Max-Reger-Halle.

Dauer des Rundgangs:

Ohne Einkehr und Museumsbesuch gut 2 Std.

Anfahrt:

ÖPNV: Von Nürnberg direkt mit RE zum Bhf. *Kfz*: Von Nürnberg auf A 6 bis »Kreuz Oberpfälzer Wald«, weiter auf A 93 bis Ausfahrt 25 »Weiden-Süd«, auf St 2238 bis zur Dr.-Pfleger-Str., links bis zur Brenner-Schäffer-Str., erneut links bis zum Parkplatz am Bhf.

Weiden liegt im Schnittpunkt von zwei wichtigen Fernhandelsstraßen – an der von Nürnberg nach Prag führenden »Goldenen Straße« und an der Straße Magdeburg–Regensburg. Das hatte im 15. Jahrhundert vor allem den Eisenhandel belebt und die Ansiedlung reicher Handelsfamilien begünstigt, erwies sich aber während des Dreißigjährigen Kriegs als extrem nachteilig. Denn während der Kriegswirren wurde die Stadt wiederholt bald von den Söldnerheeren der Kaiserlichen, bald von schwedischen Truppen durchzogen und gebrandschatzt, mit der Folge, dass die davor wohlhabende Stadt Ende des Krieges völlig verarmt war. Umso erstaunlicher ist es, dass die Altstadt in ihrer ursprünglichen Form weitgehend erhalten geblieben ist.

Auf dem Weg in die Altstadt

Unser Rundgang beginnt am Weidener Bahnhof. Wir gehen nach links die Bahnhofstraße entlang und biegen auf dem Josef-Witt-Platz rechts in die Max-Reger-Straße ein. Hier, auf Weidens Einkaufsmeile, herrscht stets ein munteres Treiben: keine Autos, da Fußgängerzone, dafür zahllose Passanten, die von Geschäft zu Geschäft eilen. Einkaufen macht hier einfach Spaß – kaum vorstellbar, dass an diesem Ort jemand nicht zum Geldausgeben animiert wird. Wir überqueren am Ende der Straße lässig den Macerata-Platz, und die Wörthstraße bringt uns rechts zum Issy-les-Moulineux-Platz. Mit Durchschreiten des Oberen Tors ist die Altstadt erreicht.

Von Tor zu Tor

Vor uns liegt jetzt der historische Marktplatz. Was für ein erhebender Anblick! In der Mitte das Alte Rathaus mit markantem achteckigen Turm, ein opulentes Renaissancegebäude, das nach den zwei verheerenden Stadtbränden von 1536 und 1540 neu erbaut wurde. Jeweils um 11.35 und 16.35 erklingt ein Glockenspiel an der Frontseite des Rathauses. Umrahmt ist der Marktplatz von malerischen Giebelhäusern, eines schöner als das andere. Unendlich viel gibt es hier zu sehen und zu entdecken, hier kann man gemütlich entlangbummeln, nach Herzenslust Einkäufe tätigen und genussvoll einkehren – der Markt ist Flanier-, Einkaufs- und Schlemmermeile. Deshalb sollte man sich Zeit lassen und in Ruhe und mit offenen Augen vom Oberen Markt zum Unteren Markt schlendern, so wie schon zur Zeit der Goldenen Straße die

Reisenden von Tor zu Tor zogen. Jeden Mittwoch und Samstag ist im Übrigen Wochenmarkt, vorwiegend mit Produkten aus der Region.

Viele Häuser am Marktplatz haben ihre ganz eigene Geschichte, so kam beispielsweise Goethe im September 1796 auf seiner italienischen Reise durch Weiden und kehrte in Haus Nr. 11 am Oberen Markt ein, in der ehemaligen Poststation. Gleich daneben, in Haus Nr. 5, nächtigte Friedrich V. von der Pfalz im Oktober 1619 auf seiner Fahrt nach Prag – seitdem sprach man hier vom »Churpfälzer Hof«.

Der auf den ersten Blick bizarr wirkende Mauermannbrunnen ist das Werk eines einheimischen Künstlers und zeigt Szenen aus der Stadtgeschichte und des Oberpfälzer Brauchtums. Das Untere Tor, gebaut im 14. Jahrhundert, ist das Pendant zum Oberen Tor. Wir folgen dem Hinweis »History Point« und finden dort, im Schutz der alten Stadtmauer, ansprechend gestaltete Tafeln zur Stadtgeschichte. Das Lesen lohnt sich!

St. Sebastian und Waldsassener Kasten

Unmittelbar hinter dem Unteren Tor kommen wir zum Schlörplatz mit dem Denkmal von Gustav von Schlör, dem die Stadt den Anschluss an das Eisenbahnnetz zu verdanken hat. Eine der zwei großen Eichen auf dem Platz wurde 1824 anlässlich des 25-jährigen Regierungsjubiläums von König Max gepflanzt, der andere Baum ist die Friedenseiche zur Erinnerung an das Ende des Deutsch-Französischen Kriegs 1871. Nach kaum 100 Metern auf der anschließenden Sebastianstraße steht man vor St. Sebastian, Weidens zweitältester Kirche. Der Vorgängerbau von 1486 wurde durch Blitzschlag vernichtet, aber 1692–97 im Barockstil neu geschaffen. Zu sehen sind etliche Zunftstangen sowie auf der linken Seite des Chorraums ein Grabdenkmal aus Sandstein für die früh verstorbenen Zwillinge des Pfalzgrafen Friedrich von Parkstein, der zu jener Zeit residierender Landesherr in Weiden war.

Zurück Richtung Altstadt gehen wir auf der Ledererstraße, die in die Bürgermeister-Prechtl-Straße mündet. An Haus Nr. 31 verweist eine Gedenktafel darauf, dass hier bis 1901 die Familie Reger wohnte; hier verbrachte auch Max Reger, Weidens berühmtester Sohn, seine Jugendjahre. Schon als 15-Jähriger hatte er zu komponieren begonnen, in Weiden entstanden seine bedeutendsten Orgelwerke.

Wir biegen anschließend rechts in die Scheibenstraße ein und stehen vor dem Waldsassener Kasten, einem gewaltigen Barockbau aus dem Jahr 1739, einst vom Kloster Waldsassen als Getreidespeicher genutzt.

Porzellan der Firma Seltmann im Keramikmuseum

Seit 1990 ist dort das Internationale Keramik-Museum untergebracht. Ein Besuch ist sehr zu empfehlen. Zu sehen sind außergewöhnliche Keramikprodukte aus der Antike, aus Asien und Lateinamerika, außerdem Produkte der Weidener Porzellanfabriken »Christian Seltmann« und »Gebr. Bauscher«, deren Existenz wesentlich zum wirtschaftlichen Aufschwung der Stadt Anfang des 20. Jahrhunderts beigetragen hat.

Jugendstil vom Feinsten

Nach Verlassen des Museums werfen wir rasch einen Blick auf den Flurerturm am Ende der Scheibenstraße. Es ist dies das letzte Überbleibsel des äußeren Befestigungsrings. Dann weiter auf der Luitpoldstraße: Unserem scharfen Auge entgeht nicht, dass einige Hausfassaden schöne Jugendstilornamente aufweisen. Kurz nach der Feuerwache erreichen wir St. Josef, dessen zwei Türme schon von Weitem zu sehen sind. Die katholische Kirche entstand 1900/01, als das Simultaneum aufgehoben wurde und die katholische Bevölkerung damit ein eigenes Gotteshaus bekam. St. Josef ist ein wahres Juwel: Kanzel, Deckengewölbe, Orgelempore, Hochaltar, Fenster, Seitenaltäre mit herrlichen Mosaikeinlagen, Rosetten, Pflanzen, Tiersymbolen und Fabelwesen – alles atmet den Geist der Epoche, die als Jugendstil in die Kunstgeschichte eingegangen ist. Am besten ist es, sich hinzusetzen und die Einmaligkeit dieses Raumes wirken zu lassen. Wem der Jugendstil zusagt, sollte anschließend unbedingt auf der Kettelerstraße Haus Nr. 11 anschauen – prachtvoller kann eine Jugendstilfassade kaum sein.

Stadtmuseum und St. Michael

Unmittelbar neben St. Josef liegt ein kleiner Park, die Konrad-Adenauer-Anlage. Zu entdecken ist dort dreierlei: ein schlichter Gedenkstein für die während der Hitler-Diktatur ermordeten Juden; ein weiterer Gedenkstein, der anlässlich des 200. Geburtstags des Schriftstellers Joseph Freiherr von Eichendorff geschaffen wurde; und – last but not least – der Max-Reger-Grabstein, der 1930 von Weimar nach Weiden überführt wurde. Über den großen Komponisten werden wir gleich im Stadtmuseum mehr erfahren.

Wir überqueren die Bürgermeister-Prechtl-Straße und gehen in die Schulgasse Richtung Oberer Markt. Gleich links, am Eingang zur Straße »Hinter der Mauer«, sind Reste der alten Stadtmauer mit Wehrgang zu erkennen. Die Schulgasse bringt uns zum Weiden-am-See-Platz und damit zum Weidener Stadtmuseum, das im Alten Schulhaus untergebracht ist, einem gewaltigen Kastenbau aus dem 16. Jahrhundert. Das

Das fantastische Jugendstilhaus in der Kettelerstraße

Museum zeigt eine Vielzahl von Exponaten zur Geschichte der Stadt, z. B. kunstvolle Produkte der Handwerker, aber auch Wohnungseinrichtungen, z. B. eine schwarze Küche sowie eine Schlaf- und Wohnstube. Besonders interessant sind zweifellos die Max-Reger-Zimmer mit der Korrespondenz des Komponisten, mit zahlreichen Erstdrucken seiner Werke und vielen persönlichen Unterlagen, die deutlich machen, warum Max Reger zu den bekanntesten und meistgespielten Musikschaffenden um die Jahrhundertwende gehört.

Unsere ganze Aufmerksamkeit gilt danach der evangelischen Pfarrkirche St. Michael. Der heutige Bau entstand Mitte des 15. Jahrhunderts, nachdem zwei Vorgängerbauten untergegangen waren. Die Stadtbrände von 1536 und 1540 trafen auch St. Michael schwer, 1759 war zudem der alte Kirchturm eingestürzt. So hat der im Kern spätgotische Bau inzwischen eine spätbarocke Innenausstattung. Neben der reich geschnitzten Kanzel, dem filigranen Rokokogestühl und dem imposanten Hochaltar sollte auch die neue Orgel mit über 3 600 Pfeifen gewürdigt werden – auf der Vorgängerorgel hatte Max Reger oft gespielt und etliche seiner Kompositionen zur Uraufführung gebracht. Wie bereits erwähnt stand die Kirche ab 1663 Katholiken und Protestanten gleichermaßen zur Verfügung, was erst mit dem Bau von St. Josef hinfällig wurde.

Bummel durch den Max-Reger-Park

Wieder auf dem Oberen Markt, gehen wir zunächst zum Oberen Tor und schauen uns das rote Gebäude daneben näher an, das sogenannte »Veste Haus«. Es war seit dem Ende des 15. Jahrhunderts Sitz der fürstlichen Verwaltung; Pfalzgraf Friedrich von Parkstein residierte hier von 1585 bis 1593. Es ist auch das Geburtshaus von Franz Ferdinand von Rummel, dem späteren Wiener Fürstbischof.

Unser nächstes Ziel ist jetzt der Max-Reger-Park. Wir biegen links neben dem Oberen Tor in die Gasse »Hinterm Zwinger« ein und bummeln gemächlich an der Innenseite der alten Stadtmauer entlang, die mit Wehrgängen gut erhalten ist. Hinter dem Mariánské-Lázné-Platz schwenken wir nach rechts ab, überqueren ein munter dahinplätscherndes Bächlein, den Stadtmühlbach, an dem wir gleich linker Hand unseren Rundgang fortsetzen werden. Das leicht nach rechts versetzte Gebäude vor uns ist das Neue Rathaus, dahinter liegt, von unserem Standort aus nicht zu sehen, die 1991 entstandene Max-Reger-Halle, ein modernes Kultur- und Kongresszentrum, das 2009 mit dem EWC Award »Best Center« ausgezeichnet wurde.

Anschließend gehen wir dann am Stadtmühlbach entlang. Der Max-Reger-Park liegt rechter Hand, und da gibt es erneut allerhand zu sehen: ein Schachfeld mit Figuren, eine Bocciabahn, einen Fitnessparcours und, wie nicht anders zu erwarten, ein Denkmal für den größten Sohn der Stadt, geschaffen vom Weidener Bildhauer Josef Gollwitzer. Die Orgelpfeifen des Denkmals stehen für die vielen Orgelkompositionen, die Reger geschaffen hat. Die 100 Meter breite und über 300 Meter lange Parkanlage ist eine grüne Oase mit Blumenrabatten, Schatten spendenden Bäumen, bequemen Sitzgelegenheiten und lauschigen Ruheplätzen. Am Ende des Parks, kurz vor der Friedrich-Ebert-Straße, stoßen wir auf einen Pavillon mit Brunnen und unmittelbar an der Straße auf eine kleine Rokokokapelle mit einer lebensgroßen Nepomuk-Figur.

Kulinarisches zum Schluss

Wir biegen dann links in die Friedrich-Ebert-Straße ein und kommen so zum Schlörplatz, von dem aus wir schnell wieder den Marktplatz erreichen und überlegen werden, wo wir in Weidens »Schlemmermeile« einkehren wollen. Unbedingt probieren sollte man in einer der historischen Gaststätten ein leckeres Erdäpfelgericht – Kartoffelklöße gelten als Weidener Spezialität. Auch ein frisch gezapftes Zoiglbier, zum Beispiel in der Gasthausbrauerei *BräuWirt*, sollte nicht fehlen – der ungefilterte, untergärige Gerstensaft ist ein Oberpfälzer Markenzeichen.

Irgendwann wird letztendlich die Rückreise angetreten. Vielleicht bleibt aber noch Zeit für eine Schnäppchenjagd, beispielsweise im Fachgeschäft Witt Weiden, in der Schillerstraße Nähe Wittplatz, oder im Werksverkauf der Porzellanfabrik Bauscher in der Fabrikstraße, einer Seitenstraße der Bahnhofstraße.

Thilo Castner

Informationen:
Tourist-Information, Oberer Markt 1, 92637 Weiden, Tel. 09 61/81 41 31, www.weiden-tourismus.info

Stadtmuseum Weiden, Schulgasse 3a, Tel. 09 61/4 70 39 00, www.weiden.de/wen/kultur, Mo–Fr 9.00–12.00 u. 14.00–16.30, Eintritt frei.

Internationales Keramik-Museum, Luitpoldstr. 25, Tel. 09 61/3 20 30, www.die-neue-sammlung.de/weiden, Di–So 10.00–12.30 u. 14.00–16.30, Eintritt frei.

Werksverkauf Porzellanfabrik Gebr. Bauscher, Fabrikstr. 1, Tel. 09 61/82 38 00, www.bauscher.de, Mo–Fr 9.30–18.00, Sa 9.30–14.30.

Witt Weiden Fachgeschäft, Schillerstr. 7, Tel. 0 18 05/ 21 21 00, Mo–Fr 9.00–18.00, Sa 9.00–15.00.

Einkehrtipps:

Ratskeller Weiden, Unterer Markt 10, Tel. 09 61/4 21 66, tägl. 10.00–22.00.

Gasthausbrauerei BräuWirt, Untermarkt 9, Tel. 09 61/48 13 30, www.braeuwirt.de, Mo–Fr ab 11.00, Sa u. So ab 10.00, warme Küche 11.00–22.00.

Speiserestaurant Bräustüberl, Bürgermeister-Prechtl-Str. 22, Tel. 09 61/4 24 26, Mo–Do 8.00–14.00 u. 17.00–21.30, Fr–So 8.00–14.00.

Brunner Kaffeehaus, Oberer Markt 13, Tel. 09 61/4 60 80, www.brunnerbaecker.de, Mo–Sa ab 8.00, So u. Fei ab 10.00.

Buchtipp:

Curt Schuster: *Weiden um 1900. Entdeckungsreise in die jungen Jahre der Stadt*, Amberg 2007.

Extras:

Stadtführungen von Mitte Apr–Anfang Okt jeweils Sa 10.00, Treffpunkt Freitreppe des Alten Rathauses.

Bayerisch-Böhmische Kultur- und Wirtschaftstage im März.

Frühlingsfest um den 1. Mai.

Sommerserenaden von Mitte Juni–Ende Aug jeweils Mi 19.00 u. So 16.00.

Bürgerfest am letzten WE im Juni.

Kinderbürgerfest am 3. So im Juli.

Volks- und Schützenfest um den 15. Aug.

Max-Reger-Tage im Sep (Informationen unter: www.maxregertage.de).

39 Neustadt an der Waldnaab

Das Bleikristallzentrum Europas

Ort:

Oberpfälzer Kreisstadt im gleichnamigen Landkreis. Rund 6 000 Einwohner.

Geschichte:

Erste urkundliche Erwähnung 1218 als »nova civitas«. Fällt 1329 an Pfalzgrafen Rupert (Haus Wittelsbach). Kommt 24 Jahre später an Karl IV. In dieser Zeit werden die Stadtrechte verliehen. Von 1575 bis 1807 im Besitz der böhmischen Fürsten von Lobkowitz, danach bayerisch. Zwischen 1884 und 1900 Ansiedlung von drei Glasfabriken. 1945/46 großer Zustrom von Vertriebenen aus dem Sudetenland.

Sehenswürdigkeiten:

Altes und Neues Schloss. Stadtpfarrkirche St. Georg. Rathaus. Schöne Giebelhäuser am Stadtplatz. Kleiner Barockgarten. Stadtmuseum. Stadthalle. Wallfahrtskirche St. Felix und Bildkapelle.

Dauer des Rundgangs:

Mit Einkehr und Besuch des Stadtmuseums 4–5 Std.

Anfahrt:

ÖPNV: Von Nürnberg mit RE direkt zum Bhf. Neustadt/Waldnaab. *Kfz*: Von Nürnberg A 6 bis »Kreuz Oberpfälzer Wald«, A 93 bis Ausfahrt 21 »Altenstadt an der Waldnaab«, nach dem Kreisverkehr B 15 geradeaus folgen, abschließend rechts in die Johann-Dietl-Str. einbiegen, Parken am Bhf. oder an der Stadthalle.

Die kleinste Kreisstadt Bayerns hat eine bewegte Vergangenheit. Hauptsächlich geprägt wurde das Städtchen von der rund 250-jährigen Herrschaft der böhmischen Adelsfamilie von Lobkowitz, die mit zwei Schlössern, der Pfarrkirche St. Georg und der Wallfahrtskirche St. Felix überaus sehenswerte Bauten hinterlassen hat. In der Neuzeit sind es dann drei große Glashütten, die um die Jahrhundertwende in Neustadt angesiedelt wurden und den Ort zum Bleikristallzentrum Europas machte. Beides, die Hinterlassenschaften der Fürsten von Lobkowitz und die großartigen Produkte der Glasfabriken und Glasschleifereien, werden wir auf unserem Rundgang ausführlich zu sehen bekommen.

Der Stadtplatz

Die Bahnhaltestelle in Neustadt liegt an der Georgstraße, auf der wir uns nach links auf den Weg machen. Wir überqueren die Floß, ein kleines Flüsschen, das kurz darauf in die Waldnaab mündet, und gehen auf der Theisseiler-Straße bis zur Freyung weiter. Ins Zentrum der Stadt ist es jetzt nicht mehr weit. Wir halten uns rechts und haben in ein paar Minuten den historischen Stadtplatz erreicht. Es dürfte schwer fallen, in Bayern einen Ort mit nur 6 000 Einwohnern zu finden, der mit einem derartig geschlossenen Ensemble farbenfroher Giebelhäuser aufwarten kann.

Gleich rechter Hand auf dem Stadtplatz befindet sich das Rathaus mit dem Tourismusbüro, dahinter sind die Stadtkirche St. Georg und das Stadtmuseum. Diesen zwei Highlights werden wir uns etwas später ausführlich widmen; jetzt gehen wir erst einmal weiter geradeaus und staunen. Es sind vorwiegend spitze Giebelhäuser, die den Platz umsäumen, und kein Haus gleicht dem anderen. Besonders imposant ist zum einen das gelbe Haus auf der linken Seite neben der Apotheke, das ehemalige Stadtrichterhaus, zum anderen das auf der rechten Seite des Stadtplatzes, das Hanklhaus neben dem Alten Schloss, das einst eine fürstliche Bierschenke, später eine Weinschenke war und jetzt Sitz des Tourismuszentrums des Landkreises Neustadt/WN ist. Im Obergeschoss des dreigeschossigen Giebelhauses hatte Fürstin Auguste Sophie von Lobkowitz einen Betsaal einrichten lassen, der heute als Sitzungsraum des Landratsamtes genutzt wird.

Das Alte und Neue Schloss

Ab sofort gilt unsere ganze Aufmerksamkeit nunmehr den zwei wichtigsten Gebäuden der Stadt. Im Jahr 1532 war das Alte Schloss neben dem Hanklhaus in die jetzige Form umgebaut worden; es gilt nach Schätzung der Denkmalschützer als eines der bedeutendsten profanen Gebäude in der nördlichen Oberpfalz. Eine Besichtigung der Foyers ist während der Öffnungszeiten des Landratsamtes möglich, die der

Die schönsten Giebelhäuser am Markt, in der Mitte das Stadtrichterhaus

restlichen Räumlichkeiten allerdings leider nicht.

Im Neuen Schloss, das seit 1808 Sitz des Landrichters und in der Folge Sitz des Landratsamtes ist, sind die ehemalige Kapelle und die Dauerausstellung im zweiten Obergeschoss äußerst sehenswert. Fürst Philip Hyazinth von Lobkowitz hatte den quer zur Straße stehenden Trakt Ende des 17. Jahrhunderts in Auftrag gegeben, zum Bau von zwei weiteren geplanten Trakten kam es dann aber nicht. Glanzstück des Barockgebäudes sind die herrlichen Stuckarbeiten in der Schlosskapelle, ein Zyklus von 17 Bildern zum Apostolischen Glaubensbekenntnis. Interessant ist auch die Ausstellung zur Geschichte der Fürsten von Lobkowitz, die zum europäischen Hochadel zählten und neben Ländereien in Böhmen über beträchtliche Besitzungen in Schlesien und Wien verfügten. Mit ihrer Grafschaft Neustadt-Störnstein stiegen sie in den Fürstenstand des Deutschen Reichs auf, mit Sitz und Stimme im immerwährenden Reichstag.

Eine Ausstellung im ersten Stock des Neuen Schlosses ist der »Faszination Natur« gewidmet; sie zeigt in Anlehnung an historische Holzkabinette heimische Baumarten. Gegenüber dem Schloss, auf der anderen Seite des Stadtplatzes, kann man zwischen den Häusern auf das idyllische Waldnaabtal hinunterschauen – der Ausblick ist überwältigend schön. Keinesfalls versäumen dürfen wir anschließend den kleinen Barockgarten hinter dem Neuen Schloss, der im Sommer, wenn die Rosen blühen, zu einem wahren Paradiesgärtlein wird.

St. Georg und das Stadtmuseum

Nachdem wir uns den Stadtplatz ausgiebig angeschaut haben, werfen wir jetzt einen Blick in die Pfarrkirche St. Georg. Die aus dem 12. Jahrhundert stammende Vorgängerkirche wurde 1735 abgebrochen; die böhmischen Herren veranlassten einen barocken Neubau, der ihnen als Hofkirche und Grablege dienen sollte. Im Chorbogen prangt das pompöse Wappen des Fürstenhauses. Das Altarbild mit »St. Georg in der Glorie« entstand 1836, gemalt von dem Neustädter Thaddäus Rabusky, einem berühmten Sohn der Stadt. Die Innenausstattung im Rokokostil ist überaus gefällig und reichhaltig, interessant sind auch die zwölf Zunftstangen an den Wänden.

Unmittelbar hinter der Kirche liegt das Stadtmuseum, untergebracht in einem ehemaligen Schulgebäude. Vor allem wegen der kostbaren mundgeblasenen und handgeschliffenen Kunstwerke aus Bleikristall sollte ein Besuch nicht versäumt werden. Prunkstück der Unikate heimischer Glasmacher ist die einen Meter hohe Goldrubin-Überfangvase, die größte ihrer Art weltweit. Außerdem zeigt das Museum viele Exponate zur Stadtgeschichte, so einen Lederhandschuh von Karl IV., den der Kaiser als Unterpfand für eine Waldschenkung am Ort zurückgelassen hatte; ein Brauch, der bei Rechtsgeschäften im Mittelalter durchaus üblich war. Informiert wird der Besucher ferner über das bürgerliche Leben und das religiöse Brauchtum im Neustadt der früheren Jahrhunderte. Da das Museum erst um 14 Uhr öffnet, sollte der Rundgang darauf abgestimmt werden.

Auf zur Wallfahrtskirche

Das Wichtigste in der Altstadt haben wir in Augenschein genommen, nun wollen wir auch die reizvolle Umgebung näher kennenlernen, und zwar auf dem rund fünf Kilometer langen Rundwanderweg zur Wallfahrtskirche St. Felix, markiert mit rotem Punkt auf weißem Grund. Der Start befindet sich an der Museumspassage. Dann halten wir uns rechts, wir laufen geradeaus bis zur Bräuhausstraße, und dort überqueren wir anschließend links die Floßbrücke. Vor uns steht in großen Buchstaben der Hinweis »Factory Outlet«, dahinter liegen die Gebäude der letzten

Die barocke Pfarrkirche St. Georg

der drei ehemals großen Glasfabriken, der Nachtmann Bleikristall AG mit angeschlossenem Werksverkauf. Bevor der Rundgang fortgesetzt wird, dürfte es durchaus verlockend sein, sich in den Ausstellungsräumen die edlen Bleikristalle und funkelnden Kristallgläser anzuschauen. Der Eintritt ist frei.

Danach gehen wir wieder zur Floßbrücke und weiter links neben dem Fluss, bis links die Theisseilerstraße auftaucht. Hier waren wir ja schon, und da ist auch die Georgstraße und die Bahnhaltestelle. Der eine oder andere könnte der Versuchung erliegen, jetzt gleich die Rückfahrt anzutreten. Wer aber noch einigermaßen Mumm in den Knochen hat, geht frohen Muts weiter, biegt rechts in die Felixallee ein und schafft den Aufstieg zur Kirche in zehn bis 15 Minuten. Oben angekommen, sind wir gut 40 Meter über der Stadt und haben einen grandiosen Blick auf das Waldnaabtal mit dem mäandernden Fluss. In der Ferne sind die Türme der Weidener Kirchen und der markante Kegel des Parksteins klar zu sehen.

1729 hatten Kapuzinermönche hier zunächst eine hölzerne Kapelle errichtet, die jedoch so viele Pilger anzog, dass man bald mit dem Bau der jetzigen Wallfahrtskirche begann, deren Inneneinrichtung 1765 beendet war. Die Herren von Lobkowitz sorgten dafür, dass die Kirche aufwendig ausgestattet wurde, mit drei Altären, mit Fresken am Deckengewölbe, Heiligenfiguren an den Wänden, mit schöner Kanzel und ebenso schöner Orgel. Mittelpunkt des Hochaltars ist die überlebensgroße Figur des hl. Felix.

Restaurant Peters oder *Weißes Rößl*

Wir verlassen die Kirche und gehen die Felix-Allee Richtung Norden ein Stück weiter. Mit dem roten Punkt biegen wir anschließend gleich links in den Eichendorff-Weg ein und genießen die himmlische Ruhe. Am Ende des Waldwegs halten wir uns links und kommen zu der kleinen Bildkapelle, die Maria gewidmet ist. Mit dem roten Punkt schwenken wir auf der rechten Seite in die Bildstraße ab, vorbei am Gymnasium rechts und dem Beruflichem Schulzentrum links, um kurz darauf linker Hand auf schmalem Waldweg mit vielen Treppen vorsichtig »hinabzugleiten«. Wir überqueren auf einem Brücklein die Floß, gehen nach rechts und eine Weile an dem Flüsschen entlang und biegen dann ab zur Stadthalle. Hier, genauer im *Restaurant Peters*, können wir gemütlich einkehren, uns ausgiebig stärken und erholen. Eine Alternative wäre, zum Neuen Schloss weiterzugehen und auf der Knorrstraße bis zum Raiffeisenplatz zu schlendern, um dort das Speiselokal *Weißes Rößl* zu überfallen. So oder so, auf keinen Fall sollte aber versäumt werden, mit dem »Dotsch« ein Oberpfälzer Leibgericht zu probieren, auch ein Obätzter oder Leberkas sind beliebte Oberpfälzer Schmankerl.

Satt und zufrieden machen wir uns abschließend über Stadtplatz und Freyung auf den Weg zum Bahnhaltepunkt und kommen an drei Zoigl-Wirtschaften vorbei. Liebhaber des ungefilterten untergärigen Biers können hier durchaus fündig werden, müssen sich aber zuvor erkundigen, welcher Zoigl-Wirt geöffnet hat.

Thilo Castner

Informationen:

Tourist-Information Landkreis Neustadt a. d. Waldnaab, Stadtplatz 34, 92660 Neustadt an der Waldnaab, Tel. 0 96 02/79 10 50, www.oberpfaelzerwald.de

Stadtmuseum, Stadtplatz 8, Tel. 0 96 02/9 43 40, www.neustadt-waldnaab.de, Di–Fr 14.00–16.00, März–Okt auch Sa u. So 14.00–17.00.

Stadthalle, Am Hofgarten, Tel. 0 96 02/9 43 40, www.neustadt-waldnaab.de

F. X. Nachtmann Bleikristallwerke, Zacharias-Frank-Str. 7, Tel. 0 96 02/30 11 76, www.nachtmann.de, Mo–Fr 10.00–18.00, Sa 9.00–13.00.

Einkehrtipps:

Speiselokal Weißes Rößl, Raiffeisenplatz 2, Tel. 0 96 02/13 49, www.weisses-roessl.de, Mo, Mi u. Fr 10.00–14.00 u. ab 19.00, Do u. Sa 10.00–14.00, So u. Fei 9.00–14.00, Di Ruhetag.

Restaurant Peters, Am Hofgarten 1, Tel. 0 96 02/91 84 55, www.peters-restaurant.de, Di–So 11.00–23.00, Mo Ruhetag.

Pizzeria Ristorante Marina (im ehem. Gasthof »Deutsche Eiche«), Untere Vorstadt 7, Tel. 0 96 02/9 39 33 03, Mi, Do u. Sa–Mo 11.30–14.00 u. 17.00–23.00, Fr 17.00–23.00, Di Ruhetag.

Zoiglstube Aweg Stub'n, Untere Vorstadt 15, Tel. 0 96 02/61 76 54, Fr–So u. Fei ab 18.00.

Zoiglstube Zum Waldhauser, Freyung 26, Tel.0 96 02/93 98 98 (aktuelle Öffnungszeiten unter: www.zoiglinfo.de)

Zoiglstube Beim Brucksaler, Bahnhofstr. 13, Tel. 0 96 02/92 01 35 (Öffnungszeiten unter www.brucksaler.de oder www.zoiglinfo.de).

Buchtipp:

Wolfgang Benkhardt: *Natürlich. Nördlicher Oberpfälzer Wald*, Amberg, 2. Aufl. 2012.

Heinrich Ascherl: *Geschichte der Stadt und Herrschaft Neustadt an der Waldnaab*, Neustadt/WN 1982.

Extras:

Georgsmarkt im Apr.

Bürgerfest am 3. Sa im Juli.

Tirschenreuth

Im Land der tausend Teiche

Ort:

Oberpfälzer Kreisstadt im gleichnamigen Landkreis. Rund 9 100 Einwohner.

Geschichte:

Erste urkundliche Erwähnung 1134 als »Dursinrute«. 1138 im Besitz der Grafen von Leiningen, später der Herren von Hartenberg und von Ortenburg. Fällt 1217/18 an Kloster Waldsassen. Rudolf von Habsburg vergibt 1306 das Recht auf Abhaltung eines Wochenmarkts. Stadtrecht wird 1364 schriftlich fixiert. Großer Brand zerstört 1613 die Hälfte der Häuser. 10 Jahre später kommt die Stadt in den Besitz von Maximilian I. zu Bayern. 1633 erneut schwere Brandschäden, im Dreißigjährigen Krieg mehrfach Besetzungen und Plünderungen. Brennt am 30. Juli 1814 fast vollständig ab. Entdeckung von Kaolinvorkommen bei Tirschenreuth führt in den 1830er-Jahren zum Bau der ersten Porzellanfabrik.

Sehenswürdigkeiten:

Katholische Stadtpfarrkirche mit Pfarrhof. Renaissance-Rathaus. Maximilianplatz mit Dreifaltigkeitssäule, Schmeller-Denkmal und zwei Brunnen. MuseumsQuartier. Fronveste. Klettnersturm. Murschrottkapelle. Fischhofpark mit Stadtpark. Spannbandbrücke, Fischhofbrücke.

Dauer des Rundgangs:

Mit Museumsbesuch, aber ohne Einkehr, gut 2 Std.

Anfahrt:

ÖPNV: Von Nürnberg mit RE nach Weiden, von dort mit Buslinie 2705 zum ZOB Tirschenreuth. *Kfz*: Von Nürnberg auf A 6 bis »Kreuz Oberpfälzer Wald«, weiter auf A 93 bis Ausfahrt 20 »Windischeschenbach«, auf St 2181 und B 15 bis zum Großparkplatz am ZOB.

Die Tirschenreuther Teichpfanne

Mit über 3000 Teichen auf einer Fläche von 2000 Hektar ist die Region zwischen Tirschenreuth, Mitterteich und Wiesau eine der größten zusammenhängenden Teichlandschaften Deutschlands. Über Jahrhunderte lag Tirschenreuth wie auf einer Insel, umgeben von zwei gewaltigen Stadtteichen. Bereits im Mittelalter reihte sich hier Teich an Teich, alle geschaffen von Menschenhand – die Fischwirtschaft war nämlich Grundlage so mancher Existenz. Aber die Entwicklung verlief wechselhaft, viele Teiche wurden vorübergehend oder endgültig aufgegeben. Auch die zwei Tirschenreuther Stadtteiche legte man 1807 trocken. Denn mit der Bahnstrecke von Wiesau nach Tirschenreuth und dem Beginn der Porzellanfabrikation entwickelte sich das Ackerbaustädtchen im Laufe des 19. Jahrhunderts zu einer ansehnlichen Industriestadt. Fischfang und Fischzucht blieben gleichwohl bis heute eminent wichtige Wirtschaftszweige, wie wir bei dem Besuch des großartigen Tirschenreuther Fischereimuseums feststellen werden.

Zoigl-Stube und Klettnersturm

Vom Omnibusbahnhof führt ein markierter Fußweg in die Innenstadt. Auf der Badstraße kämen wir zum Maximilianplatz, wir biegen jedoch rechts in die Schmellerstraße ab, benannt nach dem Sprachforscher Johann Andreas Schmeller. Weiter dann links in die Burgstraße. Hier, im Haus Nr. 7, neben *Restaurant Mykonos*, stoßen wir auf die *Zoiglstube Rothballer*. Zu Beginn des 20. Jahrhunderts gab es noch 190 Tirschenreuther, die ihr Bier selbst brauten und es in der eigenen Wohnstube ausschenkten. Gegenwärtig gibt es zusätzlich nur noch jeweils eine Zoiglstube in der Hospitalstraße und in der Bahnhofstraße. In das städtische Kommunbrauhaus zog nach 1945 die Feuerwehr ein, inzwischen ist das Haus abgebrochen.

Wir gehen geradeaus weiter, kommen in die Stichanerstraße und steuern somit direkt auf den 30 Meter hohen Klettnersturm zu, das stolze Wahrzeichen der Stadt, das zugleich fast das einzige Überbleibsel der einst stattlichen Stadtmauer ist. Ganz oben, nach 86 Stufen, war die Wohnung des Türmers, der Wache zu halten hatte und zur vollen Stunde die Glocke schlagen musste.

Nur ein paar Schritte sind es zur evangelischen Erlöserkirche mit dem markanten braun-weiß gestreiften Turm. Dabei überqueren wir die Tirschenreuther Waldnaab. An der Brücke ist ein Gedenkstein, der daran erinnert, dass Kurfürst Friedrich V. mit Gemahlin und großem Tross auf seiner Reise nach Prag am 19. Oktober 1619 auch in Tirschenreuth Station machte, bevor er wenig später in Prag zum böhmischen König gekrönt wurde.

Die »gute Stube« von Tirschenreuth

Unser nächstes Ziel ist jetzt der viereckige, 235 Meter lange und 47Meter breite Maximilianplatz, vom Klettnersturm über den Unnaplatz erreichbar. Die »gute Stube« gilt als einer der schönsten und größten Marktplätze in der Oberpfalz, mit einer Vielzahl von Cafés und Wirtshäusern, mit Geschäften und Läden aller Art. In der Mitte des Platzes ist ein breiter Streifen mit gepflegten Blumenrabatten, idyllisch eingerahmt von einer Kastanienallee. Wir gehen vom Unteren zum Oberen Markt hinauf und entdecken auf dem Mittelstreifen zunächst den Tuchmacher-Brunnen, dann den Karpfen-Brunnen – neben Schleien und Hechten ist der Karpfen der in der Teichpfanne am häufigsten gezüchtete Süßwasserfisch. Auch das Schmeller-Denkmal übersehen wir nicht. Was den Universitätsprofessor und Doktor der Philosophie zum größten Sohn der Stadt werden ließ, werden wir später im MuseumsQuartier erfahren. Die bombastische Dreifaltigkeitssäule am oberen Ende des Marktplatzes ist eine der wenigen komplett erhaltenen Pestsäulen in Bayern. Unterhalb der figürlichen Darstellung von Vater, Sohn und Heiligem Geist sind Maria Immaculata und die zwei Heiligen Franziskus und Johannes von Nepomuk dargestellt, ein Werk aus dem 18. Jahrhundert.

Das mit Abstand imponierendste Bauwerk ist fraglos das Rathaus. Das schmucke Renaissancegebäude entstand 1583 und wurde – wie die meisten Häuser der Innenstadt – durch den verheerenden Stadtbrand von 1814 schwer beschädigt. Der zweistöckige Erker zeigt die Wappen der Kurpfalz und des Pfalzgrafen Johann Casimir. Es lohnt sich, auf einer Bank Platz zu nehmen und das schöne Ambiente ringsum zu genießen.

Die Pfarr- und Wallfahrtskirche

Es lohnt sich auch, einen Blick in die nahe katholische Stadtpfarrkirche zu werfen. An der Südostseite des Gotteshauses, hinter dem schmiedeeisernen Gitter, befindet sich eine Ölberggruppe. Kurz darauf folgt der Marienbrunnen, der von Bildhauer Engelbert Süß aus Mitterteich 1992 geschaffen wurde. Er zeigt Maria als Schutzmantelmadonna. Sehenswert in der Kirche ist vor allem der geschnitzte spätgotische Flügelaltar aus der Zeit um 1500 mit der Kreuzigung Christi im Mittelteil und den zwölf Aposteln nebst vier Heiligen in den Seitenflügeln. Interessant sind auch die farbigen Prozessionsstangen, die regelmäßig gebraucht werden dürften, da an jedem 13. im Monat Wallfahrten zur Marienkirche erfolgen.

Wir verlassen die Kirche und stehen auf dem Kirchplatz. Der barocke Pfarrhof aus dem Jahr 1720 ist eines der wenigen Gebäude, die die Feuersbrunst von 1814 schadlos überstanden haben. In das Storchennest auf dem breiten Walmdach zieht Jahr für Jahr ein Weißstorchenpaar ein.

Ein Museum der Extraklasse

Ein Höhepunkt des Tages wird sicherlich das MuseumsQuartier werden. Flugs vom Oberen Markt die Hoermanngasse hinunter, anschließend rechts ein paar Meter die Hochwartstraße entlang und dann links an der Tourist-Information vorbei – und schon stehen wir vor dem Eingang des Museums, das im Prinzip aus sieben verschiedenen Abteilungen besteht. Am eindrucksvollsten davon ist eindeutig das Fischereimuseum. Auf drei Stockwerken wird die tausendjährige Geschichte der Teichwirtschaft dargestellt. In großen Aquarien tummeln sich große und kleine Fische aus den heimischen Gewässern. Alles, was zum Angeln und Fischen gehört, wie Arbeitsgeräte und -kleidung, Netze und Boote, ist zu sehen und wird, anhand unzähliger Bilder und spannender Tonaufnahmen, anschaulich erläutert.

Ein tunnelartiger Gang bringt uns in das ehemalige Kloster der Armen Schulschwestern, in dessen Räumlichkeiten die weiteren Exponate des Museums untergebracht sind. Dazu gehört eine Sammlung kunstvoller Tirschenreuther Krippen, wohl geschnitzt an langen Wintertagen von einfachen Leuten, die wahre Wunderwerke schufen.

Ein anderer Raum ist dem Porzellan gewidmet, das von 1838 bis 1994 in Tirschenreuth gefertigt wurde, zum Bestand gehören etliche Kaffee- und Teeservice, Vasen, Figuren und Ofenkacheln. Auch die Geschichte der Stadt ist aufgearbeitet, darunter mit besonderer Hingabe das Leben Johann Andreas Schmellers, des bedeutenden Sprach- und

Mundartforschers. Sein vierbändiges *Bayerisches Wörterbuch*, geschaffen in den Jahren 1827 bis 1836, gilt nach wie vor als Standardwerk. Teil des Museums ist auch das »Haus am Teich« auf der gegenüberliegenden Straßenseite. Die fünf Meter langen und fast 2,5 Meter hohen Großaquarien dort sind echte Hingucker.

Die Tirschenreuther Teiche

Wir verlassen das Museum und gehen neben dem Haus am Teich in Richtung Fischhofpark, dem Gelände der Landesgartenschau im Jahr 2013. Das langgezogene Gebäude rechter Hand ist die ehemalige Fronveste, in der die Naturalabgaben der Ackerbürger an den Schlossherrn gelagert wurden. Hier sind auch noch Reste der alten Stadtmauer zu sehen.

Vor uns liegen jetzt die Gewässer der Tirschenreuther Teichpfanne, in vorderster Linie der Stadtteich. Auf den Tafeln des Fischlehrpfads wird erläutert, welche Bedeutung Fischzucht und Fischfang in der Region haben, und nicht nur die zwei bunten Karpfen verdeutlichen, welcher Fisch hier die größte Rolle spielt. Rechter Hand ist das Hotel und Restaurant *Seenario*, ein Wirtshaus, das wir uns vormerken sollten. Nun aber stracks zu der 88 Meter langen Max-Gleißner-Brücke, einem europaweit einmaligen Bauwerk, das lediglich aus zwei Spannbändern

Die Fischhofbrücke und der Fischhof, in dem heute das Amtsgericht untergebracht ist

und 1200 Holzteilen besteht und das uns über den Stadtteich zum Fischhof bringt. Es ist dies der ehemalige Zehnthof des Waldsassener Klosters und war lange Zeit auch der Sommersitz der Äbte aus Waldsassen, die ab 1218 über Jahrhunderte in der Stadt das Sagen hatten. Nunmehr ist das Amtsgericht in das Gebäude eingezogen.

Anschließend überqueren wir die 92 Meter lange barocke Fischhofbrücke, die Mitte des 18. Jahrhunderts von einem Waldsassener Laienbruder erbaut wurde. Die zehn wuchtigen Granitbögen ähneln der Steinernen Brücke in Regensburg. Animiert von den zwei anmutigen Statuen der römischen Göttinnen Ceres und Justitia genießen wir das herrliche Panorama. Der sechs Hektar große Stadtteich wurde im Zuge der Landesgartenschau neu angelegt, nachdem, wie bereits kurz erwähnt, die Stadtteiche 1808 trockengelegt worden waren.

Murschrottkapelle und St. Kunigund

Auf der gegenüberliegenden Uferseite halten wir uns links, schlendern entspannt ein Stück die Mähringer Straße entlang und biegen kurz darauf erneut links in die Dammstraße ab. Zuvor ein Blick auf den *Goldenen Anker*, dem wahrscheinlich ältesten Gasthof der Stadt; wer neugierig ist, geht noch ein paar Schritte weiter und kommt zur winzigen Murschrottkapelle. Von hier begann 1692 die Tirschenreuther Wallfahrt zur Stadtpfarrkirche, ausgelöst durch ein Heilungswunder – Maria war um Hilfe angerufen worden, und die an »hitzigem Fieber« Erkrankten wurden wieder gesund.

Über die Dammstraße erreichen wir rechts den Luitpoldplatz, der beherrscht wird von der Nordfassade der neugotischen St. Kunigund-Kirche, die zum Kloster der Armen Schulschwestern gehörte. Ein Hinweis im Mauerwerk der Kirche verweist darauf, dass jeweils um 9.05, 12.05, 18.05 und 21.55 ein Glockenspiel erklingt. Über die Hochwarterstraße und die Hoermanngasse kommen wir dann wieder auf den Maximilianplatz. Wer gleich die Heimreise antreten möchte, findet über die Badstraße auf der Südseite der »guten Stube« sicherlich schnell und problemlos den Weg zum Omnibusbahnhof.

Gourmets können sich freuen

Irgendwann während des Rundgangs oder jetzt ganz zum Schluss kehren wir natürlich ein, vielleicht im bereits erwähnten Restaurant

Seenario am Stadtteich oder in einem der Wirtshäuser am Maximilianplatz. Karpfen gibt es bekanntlich nur in den Monaten von September bis April, aber auch alle anderen Fischgerichte versprechen kulinarischen Hochgenuss, vor allem mit einem kühlen, frisch eingeschenkten Bier aus der Region.

Thilo Castner

Informationen:

Tourist-Information, Regensburger Str. 6, 95643 Tirschenreuth, Tel. 0 96 31/60 02 48, www.stadt-tirschenreuth.de

Einkehrtipps:

Café/Restaurant Seenario, Platz am See 1 u. 2, Tel. 0 96 31/79 93 41 17, www.hotel-seenario.de, Mo u. Mi–So 11.30–22.00, warme Küche 11.30–14.00 u. 17.00–21.00, Di Ruhetag.

Gasthof Schwan, Maximilianplatz 34, Tel. 0 96 31/7 99 34 27, Mo u. Mi–Fr 9.00–21.00, Sa u. So 10.00–21.00, Di Ruhetag.

Konditorei Café Verena, Maximilianplatz 37, Tel. 0 96 31/ 60 00 95, Mo–Fr 8.00–18.00, Sa 8.00–17.00, So 13.00–17.00.

Konditorei Café Rieß, Maximilianplatz 9, Tel. 0 96 31/13 89, Mo–Fr 7.30–18.00, So 13.00–17.00, Sa Ruhetag.

Buchtipp:

Eberhard Polland: *Stadtführer Tirschenreuth*, Tirschenreuth 2013.

Norbert Grüner: *Tirschenreuth. Eine Stadt blüht auf*, Amberg 2013.

Extras:

Bauernmarkt auf Maximilianplatz mit Verkauf landwirtschaftlicher und gärtnerischer Produkte jeden Do 8.00–13.30.

Handwerkliche Ausstellungen am Palmsonntag (und alle Brunnen floral geschmückt!).

Ostermarkt am Ostersonntag.

Peter-und-Paul-Markt im Juni.

Tirschenreuther Passion und *Oberpfälzer Jedermann* jeweils abwechselnd alle 5 Jahre im Kettelerhaus.

Zu den Autoren

Jan Castner, geboren 1969, ist Oberstudienrat an einem Bamberger Gymnasium und schreibt normalerweise in seiner Freizeit Schulbücher. Geboren in Nürnberg und aufgewachsen in Mittelfranken, unterrichtet er heute in Oberfranken die Fächer Deutsch, Geschichte und Sozialkunde, nachdem er vorher lange Jahre in Unterfranken tätig war. Auf diesem und zahlreichen anderen Wegen hat er so seine fränkische Heimat im wahrsten Sinne des Wortes erfahren und kennengelernt.

Dr. Thilo Castner, Jahrgang 1935, war bis 1998 Studiendirektor an der Städtischen Wirtschaftsschule Nürnberg und ist seitdem fast pausenlos in seiner fränkischen Heimat unterwegs, um immer wieder neue, verborgene Schätze Frankens zu entdecken. Er ist freier Mitarbeiter der *Nürnberger Nachrichten* und der Wochenzeitschrift *Das Parlament*, sowie Autor des ersten *Wirtshaus-Verführers*, des *Großstadt-Verführers*, des *Kleinstadt-Verführers* (1 und 2) und u. a. Koautor der Ausflugs-Verführer *Franken*, *Fränkische Schweiz* sowie *Weinfranken* (1 und 2). Alle erschienen im ars vivendi verlag.

Bildnachweis

andiz275/fotolia: S. 100; Jim Albright: S. 156, 158; Bayreuth Marketing und Tourismus: S. 80, 82, 84; Jan Castner: S. 51; Thilo Castner: S. 16, 21, 22, 24, 43, 44, 61, 89, 91, 148, 155, 222, 225, 290, 299, 300, 306; crimson/fotolia: S. 308; Alexander Damme/fotolia: S. 134; Hajo Dietz: S. 218; Otto Durst/fotolia: S. 192, 198, 206, 209, 273, 275, 282; Dr. Otmar Fugmann: S. 38; Werner Hilpert/fotolia: S. 75, 126; Andreas Hub: S. 215; Sabine Ismaier: S. 236; Rico K./fotolia: S. 15; Kur-, Kongress- & Touristik-GmbH Bad Windsheim: S. 150; laguna35/fotolia: S. 111; Laiotz/fotolia: S. 259; Klaus Maigut: S. 169; mojolo/fotolia: S. 128; Erich Malter: S. 216, 239; Markt Hirschaid: S. 105, 107; marleym/fotolia: S. 315; Joachim Opelka/fotolia: S. 113; oxie99/fotolia: S. 285; panoramarx/fotolia: S. 162; Jochen Quast/theater erlangen: S. 240; Stefan Schaller: S. 176, 178; Markus Spiske/fotolia: 59; Stadt Feuchtwangen: S. 164; Stadt Forchheim: S. 97, 98; Stadt Haßfurt: S. 118, 121, 122; Stadt Herzogenaurach: S. 231, 232; Stadt Höchstadt a. d. Aisch: S. 247, 248, 251; Stadt Hof: S.49, 53; Stadt Neustadt a. d. Aisch: S. 140, 142, 143; Stadt Neustadt bei Coburg: S. 29; Stadt Roth: S. 190; Stadt Schwabach: S. 201; tempic/istock: S. 256; Tourist-Information Stadt Kitzingen: S. 133; Tourist-Information Stadt Kulmbach: S. 65, 67, 68; Gerhild Wächter: S. 184, 186; Weimar/fotolia: S. 266, 269; Ingrid Wenzel: S. 171; Steffan Wicklein: S. 36.

Umschlag vorne: o. l. (Tirschenreuth) marleym/fotolia; o. r. (Bamberg) Joachim Opelka/fotolia; u. l. (Nürnberg) tempic/istock; u. r. (Dinkelsbühl) Ingrid Wenzel. Umschlag hinten: (Volkach) mojolo/fotolia

Register

Feste

Kirchen, Kapellen, Klöster

Märkte

Museen

Sehenswürdigkeiten

> Rathäuser

> Tore, Türme

> Schlösser, Residenzen, Burgen

> Parks, Gärten

Zusätzl. Freizeittipps

EUROPÄISCHE
METROPOLREGION
NÜRNBERG
Entdecke
die Regio
und spare!
BAMBINO
ENTDECKER
PASS.COM
FREIZEIT ERLEBNIS KULTUR
Jugendlicher
ENTDECKER
PASS.COM
Erwachsener
ENTDECKER
PASS.COM
FREIZEIT ERLEBNIS KULTUR
metropolregion nürnberg
Weitere Infos:
Hotline 0921 / 802 576 oder unter
www.entdeckerpass.co
AVS
Data Management
& Customer Care